U0360599

国家出版基金项目
NATIONAL PUBLICATION FOUNDATION

新时代外国语言文学
新发展研究丛书

总主编　罗选民　庄智象

计算语言学新发展研究

Computational Linguistics: New Perspectives and Development

张霄军 / 著

清华大学出版社
北　京

内 容 简 介

本书在介绍计算语言学基础理论和方法的同时，兼顾了自然语言处理领域的具体应用，重点介绍了各个语言处理模型与技术的最新发展成果，尤其突出了中文信息处理的最新研究进展。本书包括词汇形态分析、汉语自动分词、自动词性标注、局部句法分析、完全句法分析、语义标注与分析、形式语言理论与自然语言生成、多语言机器翻译和文本智能挖掘，共九章，同时提供词性标记集和数学基础的内容做为附录。

本书既适合具有一定语言学和计算机科学基础的高等院校学生、教师以及研究机构的研究者，也适合希望深入了解自然语言处理的计算机算法工程师阅读，还可供对人工智能、计算语言学和自然语言处理感兴趣的学生和希望进入自然语言处理应用领域的研究者参考使用。

图书在版编目（CIP）数据

计算语言学新发展研究 / 张霄军著. —北京：清华大学出版社，2023.12
（新时代外国语言文学新发展研究丛书）
ISBN 978-7-302-57338-8

Ⅰ. ①计… Ⅱ. ①张… Ⅲ. ①计算语言学—研究 Ⅳ. ① H087

中国版本图书馆 CIP 数据核字（2021）第 018001 号

策划编辑： 郝建华
责任编辑： 郝建华 周 航
封面设计： 黄华斌
责任校对： 王凤芝
责任印制： 丛怀宇

出版发行： 清华大学出版社
　　　　网　　址：https://www.tup.com.cn, https://www.wqxuetang.com
　　　　地　　址：北京清华大学学研大厦 A 座　　邮　　编：100084
　　　　社 总 机：010-83470000　　　　　　邮　　购：010-62786544
　　　　投稿与读者服务：010-62776969, c-service@tup.tsinghua.edu.cn
　　　　质量反馈：010-62772015, zhiliang@tup.tsinghua.edu.cn
印 刷 者： 大厂回族自治县彩虹印刷有限公司
装 订 者： 三河市启晨纸制品加工有限公司
经　　销： 全国新华书店
开　　本： 155mm×230mm　　　　**印　张：** 19　　　　**字　数：** 307 千字
版　　次： 2023 年 12 月第 1 版　　　　**印　次：** 2023 年 12 月第 1 次印刷
定　　价： 128.00 元

产品编号：088196-01

中国英汉语比较研究会
"新时代外国语言文学新发展研究丛书"
编委会名单

总　　序

外国语言文学是我国人文社会科学的一个重要组成部分。自 1862 年同文馆始建，我国的外国语言文学学科已历经一百五十余年。一百多年来，外国语言文学学科一直伴随着国家的发展、社会的变迁而发展壮大，推动了社会的进步，促进了政治、经济、文化、教育、科技、外交等各项事业的发展，增强了与国际社会的交流、沟通与合作，每个发展阶段无不体现出时代的要求和特征。

20 世纪之前，中国语言研究的关注点主要在语文学和训诂学层面，由于"字"研究是核心，缺乏区分词类的语法标准，语法分析经常是拿孤立词的意义作为基本标准。1898 年诞生了中国第一部语法著作《马氏文通》，尽管"字"研究仍然占据主导地位，但该书宣告了语法作为独立学科的存在，预示着语言学这块待开垦的土地即将迎来生机盎然的新纪元。1919 年，反帝反封建的"五四运动"掀起了中国新文化运动的浪潮，语言文学研究（包括外国语言文学研究）得到蓬勃发展。中华人民共和国成立后，尤其是改革开放以来，外国语言文学学科的发展势头持续迅猛。至 20 世纪末，学术体系日臻完善，研究理念、方法、手段等日趋科学、先进，几乎达到与国际研究领先水平同频共振的程度，取得了令人瞩目的成绩，有力地推动和促进了人文社会科学的建设，并支持和服务于改革开放和各项事业的发展。

无独有偶，在处于转型时期的"五四运动"前后，翻译成为显学，成为了解外国文化、思想、教育、科技、政治和社会的重要途径和窗口，成为改造旧中国的利器。在那个时期，翻译家由边缘走向中国的学术中心，一批著名思想家、翻译家，通过对外国语言文学的文献和作品的译介塑造了中国现代性，其学术贡献彪炳史册，为中国学术培育作出了重大贡献。许多西方学术理论、学科都是经过翻译才得以为中国高校所熟悉和接受，如王国维翻译教育学和农学的基础读本、吴宓翻译哈佛大学白璧德的新人文主义美学作品等。这些翻译文本从一个侧面促成了中国高等教育学科体系的发展和完善，社会学、人类学、民俗学、美学、教育学等，几乎都是在这一时期得以创建和发展的。翻译服务对于文化交流交融和促进文明互鉴，功不可没，而翻译学也在经历了语文学、语言学、文化学等转向之后，日趋成熟，如今在让中国了解世界、让世界了解中国，尤其是"一带一路"建设、人类命运共同体构建，讲好中国故事、传递好中国声音等方面承担着重要使命与责任，任重而道远。

20世纪初，外国文学深刻地影响了中国现代文学的形成，犹如鲁迅所言，要学普罗米修斯，为中国的旧文学窃来"天国之火"，发出中国文学革命的呐喊，在直面人生、救治心灵、改造社会方面起到不可替代的作用。大量的外国先进文化也因此传入中国，为塑造中国现代性发挥了重大作用。从清末开始特别是"五四运动"以来，外国文学的引进和译介蔚然成风。经过几代翻译家和学者的持续努力，在翻译、评论、研究、教学等诸多方面成果累累。改革开放之后，外国文学研究更是进入繁荣时代，对外国作家及其作品的研究逐渐深化，在外国文学史的研究和著述方面越来越成熟，在文学理论与文学批评的译介和研究方面、在不断创新国外文学思想潮流中，基本上与欧美学术界同步进展。

外国文学翻译与研究的重大意义，在于展示了世界各国文学的优秀传统，在文学主题深化、表现形式多样化、题材类型丰富化、批评方法论的借鉴等方面显示出生机与活力，显著地启发了中国文学界不断形成新的文学观，使中国现当代文学创作获得了丰富的艺术资源，同时也有力地推动了高校相关领域学术研究的开展。

进入21世纪，中国的外国语言学研究得到了空前的发展，不仅及时引进了西方语言学研究的最新成果，还将这些理论运用到汉语研究的实践；不仅有介绍、评价，也有批评，更有审辨性的借鉴和吸收。英语、汉语比较研究得到空前重视，成绩卓著，"两张皮"现象得到很大改善。此外，在心理语言学、神经语言学和认知语言学等与当代科学技术联系紧密的学科领域，外国语言学学者充当了排头兵，与世界分享语言学研究的新成果和新发现。一些外语教学的先进理念和语言政策的研究成果为国家制定外语教育政策和发展战略也作出了积极的贡献。

习近平总书记指出："要着力推进国际传播能力建设，创新对外宣传方式，加强话语体系建设，着力打造融通中外的新概念新范畴新表述，讲好中国故事，传播好中国声音，增强在国际上的话语权。"为贯彻这一要求，教育部近期提出要全面推进新工科、新医科、新农科、新文科等建设。新文科概念正式得到国家教育部门的认可，并被赋予新的内涵和定位，即以全球新技术革命、新经济发展、中国特色社会主义新时代为背景，突破传统的文科思维模式与文科建构体系，创建与新时代、新思想、新科技、新文化相呼应的新文科理论框架和研究范式。新文科具备传统文科和跨学科的特点，注重科学技术、战略创新和融合发展，立足中国，面向世界。

新文科建设理念对外国语言文学学科建设提出了新目标、新任务、新要求、新格局。具体而言，新文科旗帜下的外国语言文学学科的发展目标是：服务国家教育发展战略的知识体系框架，兼备迎接新科技革命的挑战能力，彰显人文学科与交叉学科的深度交融特点，夯实中外政治、文化、社会、历史等通识课程的建设，打通跨专业、跨领域的学习机制，确立多维立体互动教学模式。这些新文科要素将助推新文科精神、内涵、理念得以彻底贯彻落实到教育实践中，为国家培养出更多具有融合创新的专业能力，具有国际化视野，理解和通晓对象国人文、历史、地理、语言的人文社科领域外语人才。

进入新时代，我国外国语言文学的教育、教学和研究发生了巨大变化，无论是理论的探索和创新，方法的探讨和应用，还是具体的实验和实践，都成绩斐然。回顾、总结、梳理和提炼一个年代的学术发展，尤其是从理论、方法和实践等几个层面展开研究，更有其学科和学术价值及现实和深远意义。

鉴于上述理念和思考，我们策划、组织、编写了这套"新时代外国语言文学新发展研究丛书"，旨在分析和归纳近十年来我国外国语言文学学科重大理论的构建、研究领域的探索、核心议题的研讨、研究方法的探讨，以及各领域成果在我国的应用与实践，发现目前研究中存在的主要不足，为外国语言文学学科发展提出可资借鉴的建议。我们希望本丛书的出版，能够帮助该领域的研究者、学习者和爱好者了解和掌握学科前沿的最新发展成果，熟悉并了解现状，知晓存在的问题，探索发展趋势和路径，从而助力中国学者构建融通中外的话语体系，用学术成果来阐述中国故事，最终产生能屹立于世界学术之林的中国学派！

本丛书由中国英汉语比较研究会联合上海时代教育出版研究中心组织研发，由研究会下属 29 个二级分支机构协同创新、共同打造而成。罗选民和庄智象审阅了全部书稿提纲；研究会秘书处聘请了二十余位专家对书稿提纲逐一复审和批改；黄国文终审并批改了大部分书稿提纲。

本丛书的作者大都是知名学者或中青年骨干，接受过严格的学术训练，有很好的学术造诣，并在各自的研究领域有丰硕的科研成果，他们所承担的著作也分别都是迄今该领域动员资源最多的科研项目之一。本丛书主要包括"外国语言学""外国文学""翻译学""比较文学与跨文化研究"和"国别和区域研究"五个领域，集中反映和展示各自领域的最新理论、方法和实践的研究成果，每部著作内容涵盖理论界定、研究范畴、研究视角、研究方法、研究范式，同时也提出存在的问题，指明发展的前景。总之，本丛书基于外国语言文学学科的五个主要方向，借助基础研究与应用研究的有机契合、共时研究与历时研究的相辅相成、定量研究与定性研究的有效融合，科学系统地概括、总结、梳理、提炼近十年外国语言文学学科的发展历程、研究现状以及未来的发展趋势，为我国外国语言文学学科高质量建设与发展呈现可视性极强的研究成果，以期在提升国家软实力、构建人类命运共同体过程中承担起更重要的使命和责任。

感谢清华大学出版社和上海时代教育出版研究中心的大力支持。我们希望在研究会与出版社及研究中心的共同努力下，打造一套外国语言文学研究学术精品，向伟大的中国共产党建党一百周年献上一份诚挚的厚礼！

罗选民　庄智象

2021 年 6 月

新时代的计算语言学（代序）

  Grishman（1986：4）将"计算语言学"（computational linguistics）定义为"一门研究如何利用计算机来理解和生成自然语言的科学"。这指明了计算语言学的研究目标和研究手段。理解和生成自然语言，是计算语言学的研究目标；利用计算机，是计算语言学的研究手段。更确切地说，是"利用计算机建立传输说话者所表述和听话者所理解的信息的计算模型"（Hausser，2014：xix）。Allen（1995：3）则认为计算语言学的目标应该表述为："利用计算机科学的算法和数据结构来建立语言的计算理论。"

  要实现语言的生成，首先得要实现计算机对自然语言的理解。有人认为，现阶段提出理解目标不切实际，因为目前占主流地位的统计方法和深度学习的方法所达到的目标只是处理，还谈不上理解。更进一步说，并非经过理解才能处理。但是，统计方法只是解决问题的方法之一，它不能处理所有的语言问题；深度学习也不能真正理解语言，计算机所理解的人类语言不过是一种模仿或者复述。只有真正理解了人类语言，才能实现语言的生成。

  要使计算机理解自然语言，必须使之具备以下自然语言知识（Allen，1995）：

- 语音和音系学知识：主要关注语音怎样转化为词；
- 形态学知识：主要关注词素怎样构成词；
- 句法知识：主要关注词怎样构成句子；
- 语义知识：主要关注词义怎样构成句义；
- 语用知识：主要关注句子在不同语境中的使用；
- 语篇知识：主要关注上下句之间的关系；
- 世界知识：主要指说话者和听话者所具备的对外部世界的认知。

  通常来说，计算机要具备的自然语言知识似乎和传统语言学和现代语言学的内容大致相当。传统语言学着重语言事实的描写，经验性质比较突出。现代语言学，例如乔姆斯基语言学（Chomskyan linguistics），理论性非常强，已经脱离了经验科学的范畴，我们称之为"理论语言学"。但计算语言学和这两者是有本质区别的。

理论语言学和计算语言学都是研究自然语言的，但服务对象有所不同：前者是面向人的，后者是面向计算机的。计算语言学是一门实验科学，所以它提出的问题既要符合自然语言处理的实际需要，又要用现有的计算机技术解决。超出计算机的能力，就不具有可行性。此外，计算语言学中研究对象的定义必须明确，不能含糊。例如汉语"词"的定义，理论语言学上的定义是：词是最小的、能独立运用的语言单位，但这一定义并不清晰。语言学家也分析了词的一些特征，例如"结合紧密、使用稳定"等，但没有定量标准，这样的定义对计算机来说是无益的。计算语言学中"词"的定义，简言之，能在分词词表中找到的就是词，否则就不是词，或者是未登录词。这样，计算机就在词表中查找，能找到的就是词，找不到的就划归到未登录词里做下一步处理。

理论语言学研究主要不是考虑计算机的应用，因此无法提出自然语言处理的问题和理论。例如，汉语自动分词（Chinese word segmentqtion）问题就是从中文信息处理角度提出来的，汉语理论语言学研究从来没有、也不可能提出这样的问题[1]。此外，理论语言学不一定要形式化，也没有为形式化提供任何手段。形式化是数学表示的问题，包括两个方面：一是问题本身的形式化描述；二是解决问题的方法的形式化描述，后者通常用数学模型来体现。要让计算机掌握和具备以上的语言知识，计算语言学研究者首先得将这些知识形式化，并将其用算法的形式在计算机上加以实现。

从宏观上看，计算语言学的基本方法有两种：基于规则的方法和基于经验的方法。前者的理论基础是语言学上的理性主义（rationalism），以乔姆斯基理论为代表。乔姆斯基（Chomsky，1986：5）认为人的语言知识"通过某种方式表现在我们的心智之中，最终表现在我们的大脑之中，这种知识的结构我们希望能够抽象地描写出来，用具体的原则、根据物质机制描写出来"。语言学研究的目标是人类的这种语言能力，

---

1 "词式书写"在拼音文本或者拼音和汉字对照文本中早就开始尝试，已经普遍使用，但是在汉字文本的书面语中还在尝试，如中南大学出版社出版的《语言理论》（彭泽润、李葆嘉主编）。彭泽润认为，他坚持词式书写汉语是为了让汉语和世界接轨，并没有太多理论语言学或者语言研究上的考虑。

言语是语言能力的具体表现，不是语言学应该关注的重点。理性主义方法的特点是演绎法，从原则和参数演绎出规则，从规则推导出具体的句子。乔姆斯基语言学虽然不属于计算语言学，但对于计算语言学的形成和发展有重大影响。基于规则的计算语言学研究方法中的理性主义体现在两个方面：第一，目标定位于"自然语言理解"，希望在理解的基础上来处理自然语言；第二，方法的核心是"基于规则"，希望根据通过内省和演绎得到的一整套规则来处理自然语言。

而基于经验的方法的理论基础是经验主义（empiricism），来源于香农的信息论。信息论认为语言事件（语言表现）是有概率的，可以通过统计得到这些概率，从而对自然语言处理（natural language processing，NLP）的各种具体问题进行决策。经验主义方法的特点是归纳法，集中体现为语料库语言学。与理性主义相对立，经验主义认为，完成自然语言处理任务不一定要经过理解的阶段，通过内省和演绎得到的规则往往是颗粒度较大的语言知识，只有通过运用统计方法，才能自动获得大量的、带概率的小颗粒度语言知识，从而处理大规模真实文本。

冯志伟（2005）将计算机对语言的研究和处理划分为以下四个阶段：

（1）把需要研究的问题在语言学上加以形式化，建立语言的形式化模型，使之能以一定的数学形式，严密而规整地表示出来；

（2）把这种严密而规整的数学形式表示为算法，使之在计算上形式化；

（3）根据算法编写计算机程序，使之在计算机上加以实现，建立各种实用的自然语言处理系统；

（4）对于建立的自然语言处理系统进行评测，使之不断地改进质量和性能，以满足用户的要求。

自然语言处理的这四个阶段可以简单概括为：数学模型→算法表示→程序实现→质量评测。计算语言学会涉及上述四个阶段的哪个阶段或者哪些阶段，目前学界和业界对此认识并不明晰，计算语言学和自然语言处理的学科分界尚不明确。

一般情况下，学界对于计算语言学和自然语言处理这两个术语是不加区分的。因为两者的本质是基本相同的，区别可能仅仅在于自然语言处理更注重实践，而计算语言学较重视理论。在《牛津计算语言学手册》

（*The Oxford Handbook of Computational Linguistics*）第一版（2003）中尚能看到两者的明显区别：全书分为三部分——第一部分"基础篇"、第二部分"方法与资源篇"、第三部分"应用篇"，自然语言处理的内容大都被放在第三部分"应用篇"；然而在其第二版（2014）中已然很难发现两者的界限了：全书分为四部分——第一部分"语言学基础篇"、第二部分"计算基础篇"、第三部分"语言处理任务"和第四部分"自然语言处理应用"，其中第三部分和第四部分占据全书的大部分体量，但对计算语言学和自然语言处理并未做区分。然而，Roland Hausser 在其全三版《计算语言学基础》（*Foundations of Computational Linguistics*）教材中坚持语言的可计算性和形式语言学，从未涉及任何具体的语言处理任务，以示计算语言学"坚壁清野"，不与自然语言处理发生任何学科交叉。

我们相信，在学科交叉和学科融合的大背景下，坚持一个学科的纯洁性既无必要也不现实，但一个学科有一个学科本身的发展规律和学科特点，丢掉特点去迎合热点是一件极其危险的事情。尽管两者的本质是基本相同的，但总体而言自然语言处理更注重实践，而计算语言学较重视理论。也可以说，计算语言学是建构自然语言处理系统的理论基础（刘海涛，2001），两者还是应该各自有所侧重的。Manaris（1998：1）认为自然语言处理可以定义为"研究在人与人交际中以及在人与计算机交际中的语言问题的一门学科，即研究表示语言能力和语言应用的模型，建立计算框架来实现这样的语言模型，提出相应的方法不断地加以完善，根据模型设计各种实用系统，并探讨这些实用系统的评测技术"。

也有学者认为，自然语言处理就是计算语言学的应用领域。随着计算机速度的加快和存储量的增加，计算语言学在语音合成、语音识别、文字识别、拼写检查、语法检查应用领域进行了商品化开发。除了早期开始的机器翻译和信息检索等应用研究进一步得到发展之外，计算语言学在信息抽取、问答系统、自动文摘、术语的自动抽取和标引、文本数据挖掘、自然语言接口，计算机辅助语言教学（computer-assisted language learning）等新兴的应用研究中，都有了长足的进展。此外，计算语言学的技术在多媒体系统（multimedia system）和多模态系统

（multimodal system）中也得到了应用。

汉字识别的核心技术是字形特征的抽取和模式识别，识别结果是否能组织为有意义的文本，取决于自然语言理解。语音识别和语音合成则需要用到文语转换技术，即从文本到标音符号的相互转换，其中多音字的处理是关键。自动校对可大大减轻人工校对工作量，使这一环节跟出版业的其他环节的自动化相适应。计算机辅助语言教学属于现代教育技术，如果没有自然语言处理技术的支持，电子教案可以说是纸质教案的翻版。好的教学软件应该包括更多的人机交互活动，例如习题的自动生成、作业的自动批改。机器翻译的意义毋庸赘言，这是一种综合性最强的应用。仅就文本形式的翻译而言，就需要用到知识表示方法、机译词典构造、源语言的分析、目标语言的生成等技术。如果是口语现场翻译，还需要有语音识别、语音合成以及人机接口技术的配合。智能检索，包括信息检索、信息抽取、文本挖掘、话题跟踪、文本分类、文本过滤、问答系统等，是当前最热门的应用。文本分类是智能检索的一个重要方面，对于网站新闻频道的自动更新具有特殊意义。例如，中国搜索在线报告，他们的新闻频道就是使用文本分类技术而自动更新的，其他网站的最新消息可在两分钟内在他们的频道得到反映。自动文摘可帮助人们快速、准确、全面地获取信息，特别是因特网上的信息。简单的原文浓缩，就能起到一定的作用。哪些句子最能代表原文内容，需要根据其出现位置、所含词语进行计算。如果要用不同于原文的句子来表示，还需要用到语句分析和语句生成技术。

但计算语言学的研究内容和其主要应用不是一一对应的，后者应符合市场需要。有些基础研究本来就不是瞄准直接应用的，例如句法分析技术可在多种应用系统中起作用，但不可能独立成为一种社会大众需要的应用。也很难讲在上述应用场景中，计算语言学到底在自然语言处理任务的哪个（哪些）环节作出了贡献。

一般认为计算语言学是语言学的分支，自然语言处理是计算机科学的子学科。但是现在由于计算语言学和自然语言处理之间的界限越来越模糊，甚至两个领域的学者常常去参加同样的会议，交流各自的研究工作也完全没有障碍，于是就有了一个说法：计算语言学和自然语言处理都是跨语言学和计算机科学的交叉学科。然而，Ryan Cotterell 博士和

Emily M. Bender 教授几年前在推特上发起的一场有关"自然语言处理是不是交叉学科"的争论[1]却将此引入纵深，同时也引发了对计算语言学学科属性的深层次讨论。

Ryan Cotterell 认为自然语言处理的研究成果并没有吸收语言学方面最新的进展，因此不被公认为是跨学科的。他更加坦率地认为语言学和自然语言处理已经分离开了，甚至表示自然语言处理在过去 10 到 20 年的发展与近期语言学的研究无关，理由是他认为交叉学科必须建立在两个学科共同的工作基础上，而目前自然语言处理的工作大部分不符合这个定义。Emily Bender 则认为如果问题要求多个领域的专业知识有效地接近，一个研究领域原则上就是跨学科的。据此定义，自然语言处理原则上就是跨学科的。但她同时又同意 Ryan 的观点，说自然语言处理在实践中大多不是学科交叉的，同样也不认为语言学的所有子领域都和自然语言处理相关。因此她的观点是：学习语言如何工作以及（或者）与有相关经验的人合作，会让自然语言处理发展得更好。无独有偶，现代语音识别和自然语言处理研究的先驱 Frederick Jelinek 曾经说过："每当我开除一个语言学家，语音识别系统就更准确了。"后来他又改口说"我的一些最好的朋友是语言学家"（曾江，2020）。由此看来，为了从事计算语言学和自然语言处理的研究，语言学家很有必要更新知识，很有必要学习数学和计算机科学的知识。

如果把计算语言学或自然语言处理领域分为两大派别，即计算机主义者和语言学主义者，随着人工智能、机器学习在自然语言处理领域影响力不断增大，计算机主义者逐渐演化成人工智能／机器学习主义者，而 Bender 教授则是坚定的语言学主义者。她认为自然语言处理领域越来越看重神经模型、人工智能算法而忽视传统、忽视语言本体，而且对模型和算法的过分赞誉和夸大宣传主要是由于对语言形式和语言意义的误解造成的，一个直接的理由就是"语言模型无法学习语义，因为语言模型仅仅使用语言形式作为训练数据，并没有碰触到语言意义本身"（Bender & Koller，2020：5185）。

相对于自然语言处理工程问题，计算语言学主要致力于用计算的方

1　详见"AI 科技评论"的原创微信推文"一条 Twitter 引发的学术争论：NLP 是交叉学科吗？"（2017–11–11）。

法来回答语言学的科学问题。语言学的核心问题包括语言表征和语言知识的性质，如何在语言的产生、理解中获得和运用语言学知识。对这类问题的回答，有助于描述人类的语言能力，也有助于解释实际记录的语言数据和行为的分布。在计算语言学中，我们用更形式化的答案来回答这些问题。语言学家关心人类计算了什么以及是如何计算的，所以我们将语言表征和语法通过数学的形式来定义，研究它们的数学属性，并设计有效的算法来学习、生成和理解。只要这些算法可以实际运行，就可以测试我们的模型，看它们是否能作出合理的预测。

语言学也考虑一些"非核心"的语言问题，例如社会语言学、历史语言学、生理语言学或者神经语言学等。这些学科问题本质上和计算语言学是平等的，都是在用一套模型和算法让语言数据看起来合理。从这个角度来说，计算语言学并不试图去对日常用语进行建模，而是将语言学家所作的推论自动化。这潜在地就使我们能够处理更大的数据集（甚至新的数据）并得出更准确的结论。同样的，计算语言学家可能会设计软件工具来帮助记录濒危语言。那么，很明显计算语言学具有跨学科的性质。

以机器翻译为例，计算语言学致力于机器翻译的主要目标是解释和探究翻译的本质以及翻译活动的过程，但自然语言处理工程师则不会考虑机器翻译有没有解释翻译的本质是什么或者翻译人员是如何工作的，他们在意的是机器翻译系统能否产生一个合理、精确、流畅的翻译结果。机器翻译也有自己的衡量方法用以评价和提高这些机器翻译质量，而不是理解翻译的本质。因此套用人工翻译的评价标准和体系（如"信、达、雅"）去衡量机器翻译的译文质量的做法本身就不可取，也不可信。

从学科属性上来说，计算语言学到目前为止，理论体系尚未建立，还不能算是一门理论科学。一方面，其主流方法（统计方法和神经网络方法）是经验主义的，这充分表明计算语言学还是一门经验科学。另一方面，计算语言学又的确是一门实验科学，其理论和方法的正确性都需要通过在计算机上做实验来得到证明。而理论语言学则不是一门实验科学，有些问题本质上无法通过实验来研究，例如语言的发展规律。

近年来，随着人工智能的崛起，自然语言处理也走向了智能化，出现了计算语言学的另外三种主义——符号主义（symbolicism）、连接主义（connectionism）和行为主义（actionism）。符号主义又称为逻辑主义、心理学派或计算机学派，原理主要为物理符号系统（即符号操作系统）假设和有限合理性原理。连接主义又称为仿生学派或生理学派，主要原理为神经网络及神经网络间的连接机制与学习算法。行为主义又称为进化主义或控制论学派，原理为控制论及感知–动作型控制系统。

符号主义认为人工智能源于数理逻辑。数理逻辑从 19 世纪末起得以迅速发展，到 20 世纪 30 年代开始用于描述智能行为。计算机出现后，又在计算机上实现了逻辑演绎系统。其有代表性的成果为启发式程序LT 逻辑理论家，它证明了 38 条数学定理，表明了可以应用计算机研究人的思维过程，模拟人类智能活动。正是这些符号主义者，早在 1956 年首先采用"人工智能"这个术语，后来又发展了启发式算法、专家系统、知识工程理论与技术等，并在 20 世纪 80 年代取得很大发展。符号主义曾长期一枝独秀，为人工智能的发展作出重要贡献，尤其是专家系统的成功开发与应用，对人工智能走向工程应用和实现理论联系实际具有特别重要的意义。在人工智能的其他学派出现之后，符号主义仍然是人工智能的主流派别。这个学派的代表人物有 Newell、Simon、Nilsson 等。

连接主义认为人工智能源于仿生学，特别是对人脑模型的研究。它的代表性成果是 1943 年由生理学家 McCulloch 和数理逻辑学家 Pitts 创立的脑模型，即 MP 模型，开创了用电子装置模仿人脑结构和功能的新途径。它从神经元开始研究神经网络模型和脑模型，开辟了人工智能的又一发展道路。20 世纪 60~70 年代，连接主义，尤其是对以感知机为代表的脑模型的研究出现过热潮，由于受到当时的理论模型、生物原型和技术条件的限制，脑模型研究在 20 世纪 70 年代后期至 80 年代初期落入低潮。直到 Hopfield 教授在 1982 年和 1984 年发表两篇重要论文，提出用硬件模拟神经网络以后，连接主义才又重新抬头。1986 年，Rumelhart et al.（1986）提出多层网络中的反向传播（back propogation，BP）算法。此后，连接主义势头大振，从模型到算法，从理论分析到工程实现，为神经网络计算机走向市场打下基础。现在，对人工神经网络（Artificial Neural Network，ANN）的研究热情仍然较高，但研究成果未达预期。

行为主义认为人工智能源于控制论。控制论思想早在 20 世纪 40～50 年代就成为时代思潮的重要部分，影响了早期的人工智能工作者。Wiener et al.（1948）提出的控制论和自组织系统以及钱学森等人提出的工程控制论和生物控制论，影响了许多领域。控制论把神经系统的工作原理与信息理论、控制理论、逻辑以及计算机联系起来。早期的研究工作重点是模拟人在控制过程中的智能行为和作用，如对自寻优、自适应、自镇定、自组织和自学习等控制论系统的研究，并进行"控制论动物"的研制。到 20 世纪 60 年代，上述控制论系统的研究取得一定进展，播下了智能控制和智能机器人的种子，并在 20 世纪 80 年代诞生了智能控制和智能机器人系统。行为主义是 20 世纪末才以人工智能新学派的面孔出现的，引起许多人的兴趣。这一学派的代表作者首推 Brooks 的六足行走机器人，它被看作新一代的"控制论动物"，是基于感知 - 动作模式模拟昆虫行为的控制系统。

近来学界对自然语言处理领域发展的反思和态度转变可以总结为两种理论构建视角，即自底向上（bottom-up）和自顶向下（top-down）的理论构建。在自底向上的视角下，学术界研究是通过发现和解决具体的研究挑战驱动的，如果科学研究能完全解决一个具体挑战，或者部分解决，那就可以被视作一项学术成果，只要这些让人满意的成果是频繁出现且不断攀升的，就会带来一种持续进步的总体氛围。与之相对的自顶向下视角则聚焦远期终极目标，为整个领域提供一套完整统一的理论体系。自顶向下的视角会带来焦虑感，因为我们还不能完全解释所有现象，还会出现更加棘手的问题，那就是自底向上的进步到底有没有把我们领向正确的方向。同样的任务从自底向上的视角看是自然语言处理问题，而从自顶向下的视角看就成了计算语言学的问题。毫无疑问，自然语言处理正以飞速攀登的速度进步，每年各领域自然语言处理任务的解决办法都通过更好预训练的语言模型得到显著改进，都能达到目前最好的水平（state-of-the-art，SOTA）。但是，如果从自顶向下的角度看，我们如此飞速攀登的山峰，究竟是不是"正确的"山呢？不知道当今飞速进步会把我们带向什么样的最终目标，是普遍语言智能（general linguistic intelligence），还是一个可以通过图灵测试（Turing test）的系统？

但计算语言学与自然语言处理的学科属性的争论和各自研究重点的区别仍然悬而未决，或许无法解决。不管争论的结果是什么，都是有益的，因为讨论会促使人们反复思考自己的观点。因此，大部分学者对"计算语言学"和"自然语言处理"这两个术语的使用只是遵循各自的使用习惯而未作细致区分，甚至有时两者是混用的。如果非要给两者加以界定，那可能计算语言学更"理论"，而自然语言处理更偏向"应用"。

纵观计算语言学发展史，计算语言学家经历了多次主流变革。基于语法规则和专家知识的方法让位于统计方法，如今大部分研究又吸收了神经网络和深度学习方法。每一代研究者都觉得他们解决了相关问题并且不断进步，但是当每种范式出现不可解决的致命缺陷，该范式随即就会被抛弃。那么，应该如何尽量让计算语言学的科研攀登是在一座正确的山上呢？Bender & Koller 在论文中提出了五种"爬山攻略"（hillclimbing diagnostics）：

第一，对语言问题保持谦卑与敬畏，多问一些自顶向下的问题。神经网络并不是自然语言处理领域第一个取得成功的方法，应该也不会是最后一个。

第二，了解自然语言处理下游任务的局限性。比如 CAMRP 这样的人工赛道任务（见第 6 章）可以帮助某一个领域的研究尽早取得突破，但是不要妄想测试数据的语言分布能完全模拟现实语言世界的整体分布。

第三，重视和支持新赛道，但要慎重选择和创建新任务。比如，在第十三届语言资源与评测国际会议（LREC 2020）上举行的第一届古代汉语分词和词性标注国际评测（EvaHan）就大力推动了古汉语信息处理和古籍数字人文研究（见第 2 章）。

第四，要通过多任务来评价语义模型。比如，面向通用目标的自然语言理解系统评价 SuperGLUE（Wang et al.，2019）就是通过多个任务来评价一个系统的语义理解模型，而不是让系统只完成某个单项任务来进行评价。

第五，对系统取得的"成功"和所犯的"错误"都要彻底分析。有时大规模预训练语言模型所取得的"成功"并无必要，这是因为该系统只是"学习"了语义而并非真正"理解"了语义。大规模语言模型如GPT-4等大大提高了自然语言处理各任务系统的性能，但计算机对自然语言的理解能力仍不能满足自然交流的需求，即使出现了人工智能生成内容（artificial intelligence generated content，AIGC）的人机交互平台ChatGPT，语义障碍依旧是制约该领域研究摘取"人工智能王冠上的宝石"的瓶颈（见第 7 章）。

作为一本用汉语介绍计算语言学新发展研究的著作，本书特别关注了中文信息处理的前沿进展，如汉语自动分词尤其是古汉语和中古汉语自动分词研究（见第 2 章）、汉语小句复合体和汉语依存关系与语言网络问题（见第 5 章）、汉语语义资源建设（见第 6 章）等，这是十分必要的。

冯志伟

2023 年 10 月

目　　录

第 1 章
词汇形态分析

通常来说，"词"是一种基本的原始意义单位。例如，house 在人的心理表征中描述为"一种带有屋顶和烟囱的斜体建筑，前后院可能有草坪，用于家庭居住"。当 house 出现在具体文本中时，读者会根据语境判断其含义（如在 her grandmother's house 和 the White House 中的含义就是有区别的）。但仍然可以断定 house 在大部分语境中的含义都是和它的基本意义密切相关的。当然，还有比"词"更小的意义单位——词素或者语素（morpheme），如 houses 就是由 house 和 -s 两个语素构成。

有些书写系统也不能明白地表述"词"的形态特点。例如，汉语的书写体系的一个典型特点就是词与词之间没有空格，因此要判断一个汉语"词"是很不清晰的。英语中也有相似的例子：我们认为 homework 是一个词，但实际上它是由两个词组成的——home 和 work，即表示"在 home 完成的 work"。除了这样的合成词，英语中还有许多形态现象使得英语"词"的判断出现问题，例如，Joe's 是一个词还是两个词？doesn't 真的是两个词汇的形态融合吗？

另一个对于"词是基本的原始意义单位"构成挑战的是成语。

例 1　She's gone off the deep end.（她勃然大怒。）

例 1 中，off the deep end 里的各个"词"都具有和 crazy 区别甚大的基本意义，但它们组合在一起却表达的是 crazy 的基本意义。

1.1 词与词汇形态学

1.1.1 词型与词例

自然语言里"词"的定义不明晰，人脑的词库也不同于计算机的词库，因此，要让计算机理解人的词汇，必须首先进行词处理。计算语言学中的"词"定义非常机械化：词表（lexicon）中存在的词就是词，词表中不存在的词叫未登录词。这个"词表"不是纸质词典中词条（entry）列表的简称，而是机器可读词条（machine-readable entry）列表的词。

词表中的词一般比较明确，但是在例 2 和例 3 中：

例 2   I saw₁ the sharp saw₂.

例 3   我花₁钱买花₂。

词形（word form）——包括文字形式和语音形式——相同的"saw₁"和"saw₂"以及"花₁"和"花₂"在词表中是属于同一个词还是分属不同的词？如果是属于同一个词，那这个词表词就有多个词性；如果不属于同一个词，那词表收词的标准又是什么？这里我们需要区分"词型"（word type）和"词例"（word token）两个概念。

"词例"的外延比较明确，普遍认为词例就是词在文本（如果是在口语中则为言语）中表现出的实例。但如果要推究其内涵，就不能不跟"词型"这一概念发生关系，因为我们总得问，某个词例是哪个词型的"例"。词型是从词例中概括出来的，但概括到什么程度，人们会有不同的理解。如例 3 中的"花₁"和"花₂"，有人会认为是同一词型，也有人会认为是分属不同词型。如果将例 3 扩展为：

例 4   我花₁钱买花₂，但从来不种花₃。

"花₃"与"花₁"和"花₂"会不会是同一词型？计算语言学认为，词表中词型的设定是为词处理服务的，因此对词汇在词型上进行划分要根据词处理过程中的具体任务来定。一般来说，词形不同是一条划分标准，即在文字形式和语音形式上有区别的词就不是同一词型，如同音异义词（homonym，如 mail 和 male）和同形异义词［homograph，如

"fine"（好的）和 "fine"（罚款）] 就是不同的词型。另一条划分标准是根据词的语法范畴或者语法功能进行区分，如例 4 中的 "花$_1$" "花$_2$" 和 "花$_3$"："花$_1$" 在句子中充当谓语中心词而 "花$_2$" 和 "花$_3$" 充当句子宾语，因此 "花$_2$" 和 "花$_3$" 属于同一词型，与词型 "花$_1$" 有所区分。由此，我们可以给词表一个清晰的定义：词表是词型的集合，其中任意两个词型应该在词形（包括文字形式和语音形式）上有所区别，或者在语法范畴和语法功能上有所区别。

词表在计算机中是以数据库的形式存储的。简单地讲，词汇形态分析就是将自然语言里的 "词" 预处理为计算机能够识别和处理的词表词。

何谓形态分析（morphological analysis）？西方语言形态丰富，除了构词形态（词缀等），还有构形形态（词尾等）。前者是构成词汇意义不同的词，后者是构成同一个词的不同语法形式。其语法手段不仅有附加法，还有屈折法和异根法（例如 go，went，gone）等。因此形态分析包括两个方面：第一，构词形态分析，将一个合成词分解为前缀、词根、后缀等成分；第二，构形形态分析，将一个单词的变形还原为基形并得到其词法属性（复数、人称、时态等）。构词形态分析有利于信息检索；构形形态分析对于自动句法分析至关重要。

1.1.2　词汇形态学

单个英语词汇不是原子，它是由语素构成的，如 misunderstandings 可以分解为四个语素 mis-understand-ing-s。英语的语素分为词根（root）和词缀（affix）两种。词根是一个单词最核心的语素，代表这个词最主要的含义，也叫词干（stem）。词缀可以分为前缀（prefix）、后缀（suffix）、中缀（infix）和环缀（circumfix）4 种。

从语素构成单词的方法主要有两大类：屈折（inflection）和派生（derivation）。屈折把词干和一个语法语素结合起来，形成的单词一般和原来的词干属于同一个词类（word class），还会产生诸如 "一致关系" 之类的句法功能。派生把词干和一个词缀结合起来，但是形成的单词一般属于不同词类，具有不同含义。英语的名词通常只有两种屈折变化：一个词缀表示复数，一个词缀表示领属。动词的屈折变化稍为复杂。英文动词有三种：主要动词（如 eat、sleep）、情态动词（如 can、will、should）和基础动词（如 be、have、do）。主要动词还分规则动词和不规则动词，不同种类的变换各有不同。但英语的派生却相当复杂。名词可以由动词或形容词变换得到，形容词也可以从名词和动词派生。

1.2 词法分析

在计算语言学中，词汇形态分析又叫"词法分析"。词法分析手段有三种：首字母小写（lowercase）、词干化（stemming）和词根化（lemmatization）。首字母小写是将句首单词的第一个字母小写，这样得到的词汇就能够与词表中的词完全匹配；词干化是将单词缩减为词干形式，如 cars 缩减到 car；词根化将单词转变为词根形式，如 drove 转换成 drive。

虽然词干化和词根化都要使词汇成为词根形式，两者的区别主要体现在实现形式上：词干化主要采取某种固定的算法来做缩减，如去除 -s，去除 -ing 加 -e，将 -tional 变为 -tion 等；词根化主要是采用保存某种字典的方式做转变。比如，字典中有 driving 到 drive，drove 到 drive，am/is/are 到 be 的映射，做转变时，查字典即可。实际上，词干化和词根化不是互斥关系，是有交集的，有的词利用这两种方式都能达到相同的转换，如从 driving 到 drive 的词根（干）化。图 1.1 就是利用 NLTK 工具包的词干提取和词根化的 Python 代码。

```
1   from nltk.stem.wordnet import WordNetLemmatizer
2   lem = WordNetLemmatizer()
3
4   from nltk.stem.porter import PorterStemmer
5   stem = PorterStemmer()
6
7   word = "multiplying"
8   lem.lemmatize(word, 'v')
9   >>> "multiply"
10
11  stem.stem(word)
12  >>>"multipli"
```

图 1.1 NLTK 工具包中词根化和词干化的 Python 代码

　　词法分析在计算语言学中一般被称为"词例化"（tokenization），是指将一个文本分解为词汇、标点、数字及句首词首字母大写等语言学单位的过程。词例化对自动句法分析则至关重要。计算机在文本处理时首先要做的就是句子划分（sentence split），英文句子的划分是根据标点来确定句子左右边界的，但有些词汇中包括标点，这就会影响到句子划分的精确度。如带小数点的数词 3.141 5，带句点的缩略词 Mr.、Inc. 等，这些词汇中的句点都可能会被误判为句子的右边界。我们通常会认为，汉语缺乏分隔标记就要预先分词，而英语文本中的单词有分隔标记，不需要预先自动分词。这其实是一种误解——英语文本也需要切分（张霄军，2008）。其中，单词切分涉及的内容包括缩略词（如 cubiccentimeter → cc 等）、带连字符的单词（如 self-awareness，行末连字符连接的单词等）、数字和特殊表达（如 15/05/76、3：30pm、123km/hr 等）、带撇号标记的单词（如 they are → they're，Wolverhampton → W'hampton 等）、合成词判定（green house 等复合词到底要不要切分）等。

1.3　词法分析技术研究综述及进展

　　词法分析技术一般有以下三种类型：

　　（1）描述性的。把单词及其变形分别作为一个词条存入词典，这样形态分析就是一个查找词典的过程，简单易行。缺点是当词汇量增大且变形复杂多样时，时间耗费很大。例如法语动词有几十种变形，若用这种方法，动词词条就要翻几十倍。

　　（2）过程性的。把单词及其变形合起来作为一个词条存入词典，根据形态变化规律，对当前词形进行分析，找到其基形和词法属性。

　　（3）基于规则的。跟过程性的分析基本相同，最大的区别在于后者将分析算法和具体语言的具体规则分开。规则存放在规则库中，算法是统一的。优点是便于维护规则库，不必每次维护都导致修改程序。

1.3.1 词法分析器

机器要处理自然语言，必须先识别词汇，因此一个成熟可用的词法分析器至关重要。要创建一个词法分析器，至少需要：

（1）词表：词干和词缀表及其基本信息，如一个词干是名词词干还是动词词干；

（2）形态顺序规则：关于形态顺序的模型，解释在一个词内什么样的语素跟在什么样的语素后面，如英语表示复数的语素要跟在名词后面而不是前面；

（3）正词法规则：当两个语素结合时在拼写上发生什么变换，如y->ie。

目前，用来识别词汇形态变化的分析器有两种：有限状态自动机（finite state automaton，FSA）和有限状态转录机（finite state transducer，FST）。

1. 有限状态自动机

有限状态自动机是解决词汇形态问题的主要方法，能够用有限状态自动机识别的语言被称为正则表达式（regular expression）。一个经典例子是用有限状态自动机来识别羊的语言，我们把羊的语言定义为集合{baa!，baaa!，baaaa!，...}构成的任何字符串。

描述这种羊的语言的正则表达式是 baa+!，其中 + 是一个通配符，表示其前面的单元，即字母 a，出现了一次或者多次。图 1.2 模拟了正则表达式的一个有限状态自动机，这是一个有向图，包括点（或结点）的有限集合和两个点之间的有向连接的弧的集合。圆圈表示点，箭头表示弧，这样一个自动机有五个状态，状态 0（q_0）是初始状态，用进入的箭头表示；状态 4（q_4）是最后状态或接收状态，用双圈来表示，另外还有四个转移，用弧来表示。

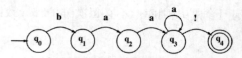

图 1.2　有限状态自动机识别羊的语言

自动机从 q_0 开始，反复进行如下过程：

（1）寻找输入的下一个字母，如果与自动机中离开当前状态的弧相匹配，那么就穿过这个弧，移动到下一个状态；

（2）如果输入的字母已经读完，那么进入接收状态（q_4），自动机就成功识别了输入；

（3）如果自动机总不能进入最后状态，或者输入已经读完，又或者某些输入与自动机的弧不匹配，或是自动机在某个非最后状态停住了，即自动机拒绝了（未能成功识别）输入。

将识别羊的语言的有限状态自动机用于识别英语形容词和副词，就会是图 1.3 的表示：

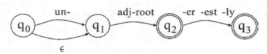

图 1.3　有限状态自动机识别英语形容词和副词

用于识别英语名词的单复数，就会是图 1.4 的表示：

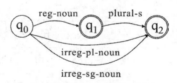

图 1.4　有限状态自动机识别英语名词

而要用来识别英语词汇的屈折形态，可以用下面这个复杂的有限状态自动机（见图 1.5）：

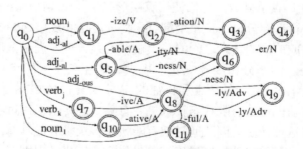

图 1.5　有限状态自动机识别词汇的屈折形态

2. 有限状态转录机

　　有限状态自动机主要表达正则语言，主要作用是识别语言。但如果要生成语言，则需要有限状态转录机。有限状态转录机既能够识别语言，也能够产生语言，也就是说，它可以分析输入，也可以将输入转化成另一种表达方式。

　　例如，输入一些词汇，有限状态转录机输出其形态分析结果如表 1.1 所示：

表 1.1　　有限状态转录机输出词汇形态分析结果

输入	形态分析输出
cats	cat+N+PL
cat	cat+N+SG
cities	city+N+PL
geese	goose+N+PL
goose	（goose+N+SG）或者（goose+V）
gooses	goose+V+3SG
merging	merge+V+PRES-PART
caught	（catch+V+PAST-PART）或者（catch+V+PAST）

　　输入词汇 cats，经过形态分析后可以得到 cat+N+PL，这样我们就知道 cats 是一个复数名词。其中 +N 这个特征表示该词是名词，+SG 表示单数，+PL 表示复数。我们使用双层形态学（two-level morphology）的方法来进行形态分析。把一个词表示为词汇层和表层之间的对应，词汇层表示组成该词的语素之间的简单毗邻关系，表层表示该层实际拼写的最终情况。形态分析要建立映射规则，把在表层上的字母序列（如 cats）映射为词汇层上的语素和特征的序列（cat+N+PL），两个层之间的映射的自动机就是有限状态转录机。有限状态转录机通过有限状态自动机来实现这种转录，因此通常把有限状态转录机看成具有两层的有限状态自动机。有限自动机通过确定符号集合来定义／识别形式语言，而

有限状态转录机则定义符号串（symbol sequence）之间的关系，这样就可以从另一个角度把有限状态转录机看作读一个符号串并生成另一个符号串的机器。因此，有限状态转录机可以作为识别器（recognizer）和生成器（generator），还可以作为翻译器（translator）用来读取一个符号串和输出另一个符号串，以及作为关联器（relater）来计算两个集合之间的关系。

1.3.2　词法分析研究进展

自然语言作为一种人力资源，倾向于遵循创造者随机性的内在本质。这意味着，当"产生"自然语言时，会在语言上增加随机状态。但计算机不太擅长处理随机性（尽管使用机器学习算法已将随机性的影响降到最低）。尝试减少随机性，使其更接近预定义的标准，我们称这个过程为"归一化"（normalization）。归一化有助于减少计算机必须处理的不同信息的数量，从而提高效率。归一化试图使事物更接近正态分布，当归一化自然语言输入时，希望以"良好"和"可预测"的形状使事物符合预期。

词例化可以放到更大的语法范畴去讨论，即"词汇归一化"（lexical normalization）。归一化就是计算机在处理自然语言文本时对文本噪声的一种去噪过程，这种噪声是由单个单词的多种表示产生的，如 play、player、played、plays 和 playing 是动词 play 的多种表示形式。虽然含义不一样，但是在上下文中是相似的，词汇归一化就是要把这些各种形式的单词归为一种。还有一种词汇噪声是由网络文本的词汇特征、速记或者光学字符识别（optical character recognition，OCR）错误产生的，如将 new pix comming tomoroe 归一化为 new pictures coming tomorrow。归一化是具有文本特征工程的关键步骤，因为它将高维特征（N 个不同特征）转化成低维空间（1 个特征），这是任何机器学习模型的理想要求。最常见的词汇归一化的方法就是词例化，即词根化和词干化。

词例化还可以放到更大的范畴去讨论，即文本归一化。文本归一化同时关注句子结构和词汇，前者涉及标点符号的处理（要不要删除结尾的标点符号？要不要删除重复的标点符号？要不要删除全部的标点符号？），后者不仅是词汇归一化，还包括缩略词归一化（如将 the U.S. 和 U.S.A. 归一化为 USA）、单词口音归一化（如将外来词 naïve 归一化为 naive）、数字替换（将所有数字替换为阿拉伯数字，如将"二十三"替换为"23"）、特殊符号替换（如将 $ 替换为"美元"）等。文本归一化还可以用于网络语料爬取和文本处理的预处理，在网络语料爬取阶段，爬取工具一般根据（半）结构化网络文本中的锚文来选择合适的语料进行采集（张霄军等，2004），这样采集的语料中就包含了大量的网页链接、人名、公司名等敏感信息以及"不合时宜"的文本等。要使后续自然语言处理任务使用这些爬取的语料，就要对这些"生语料"进行预处理：为便于计算机对语料进行字符处理，语料文本越纯粹越好，也就是只保留文本内容，不含其他比如排版信息、Word 文件中的宏命令、网页文件中的 LOGO 等，因此语料库文件多数采用纯文本格式。针对不同语言的字符在计算机中的内码编码体系不同，为保证语料齐全一般在格式转换时选择大字符集 Unicode（张霄军、陈小荷，2008）。

深度学习（deep learning，DL）将词汇归一化视为文本预处理和语料清洗问题。我们分别以在 LexNorm 和 LexNorm2015 语料上进行的词汇归一化研究为例，来介绍统计算法和深度学习算法在词法分析任务上的研究进展。

1. LexNorm 数据集词汇归一化研究

LexNorm 语料库是由 Han & Baldwin（2011）创建的，其中 2577 条推文词汇数据集经常被用来作为词汇归一化实验的训练语料，该数据集通常是以归一化处理非标准词汇的准确率作为系统评价的标准。

Yang & Eisenstein（2013）采用无监督对数线性（log-linear）统计模型，应用最大似然估计（maximum likelihood）和蒙特卡洛（Monte Carlo）算法对模型进行训练，构建了 UNLOL 归一化系统，该系统在 LexNorm 语料上取得了 82.06% 的词汇归一化准确率；Xu et al.（2015）提出了一种基于音节的词汇归一化方法，基于音节的处理不仅能够带来更多的候选词，还能够和相关词汇进行匹配比对，提高归一化的效率，实验表明该系统的词汇归一化准确率提升到了 86.08%；Li & Liu（2015）

将词性标注和词汇归一化进行一体化处理，融合了三个有监督和两个无监督词汇归一化处理系统，取得了 87.58% 的词汇归一化准确率；van der Goot & van Noord（2017）提出了一种基于单词拼写校对和词嵌入模块的词汇生成模型 MoNoise，训练了随机森林分类器（random forest classifier）来对词汇归一化的特征进行分类，词汇生成实验结果表明 MoNoise 达到了 87.63% 的词汇归一化准确度。

2. LexNorm2015 数据集词汇归一化研究

LexNorm2015 语料库是由 Baldwin et al.（2015）为 WNUT2015 的"词汇归一化评测"任务而创建的，也是用社交媒体词汇建立数据集，用来作为词汇归一化实验的训练语料和测试语料，该数据集评价词汇归一化系统的标准有精确率（precision）、召回率（recall）和 F1 值（F1 score）。

Jin（2015）在 WNUT2015 的评测报告中利用了候选词汇的历史知识和字符串相似度信息，采用随机森林和新的相似度算法，取得了 90.61% 的词汇归一化精确率、78.65% 的召回率和 84.21% 的 F1 值。

1.4　词法分析应用

在信息检索中，检索系统希望通过输入相同词干的不同关键词检索到相同主题的信息，这时就需要用到词干分析器（stemmer）或者词根分析器（lemmatizer）了，词干化和词根化在信息检索中发挥了作用。最常用的词干分析器是 Porter stemmer（Porter，1980），该分析器的词干化算法实现依赖于一连串的重写规则。从这个层面上讲，Porter stemmer 可以看作一个词表无关的有限状态机（lexicon-free FST）。如果不考虑未登录词，一般分析到词干即可，不需要词根分析器。但如果要考虑未登录词，则应分析到词根，例如 impossibilities → im + poss + ibil + it + ies。

在机器翻译中进行文本词例化时，主要遵循的指导原则是将文本简化为一个小范围内的标记序列，比如当单词 house 后面出现逗号或者为该词加上引号时，词例化要能够对这些标点符号加以标记；当出现合成词时，词例化要能够对其进行合理拆分；要能够后正确区分单词首字母的大小写（如 Mr Fisher 和 a fisher）。在翻译过程的另一端，我们希望文本以其自然形式展现在用户面前，因此需要进行单词还原（detokenization），重新将标点符号归位并复原其他词例化的过程，同时，还需要句子首字母恢复大写（re-case）。当然，此类前处理和后处理过程均可以用专用工具完成（宗成庆、张霄军，2012）。

上述词汇归一化方法在字符级别的统计机器翻译中取得了不俗的成绩，然而，随着神经网络编码 – 解码模型（encoder-decoder）在机器翻译中的广泛应用和神经网络机器翻译质量显著提高，文本归一化方法明显没有跟上机器翻译的发展节奏。尽管有不同的神经网络方法已经被用于文本归一化的任务，但在字符级别的统计机器翻译系统中进行测试，其翻译质量并没有明显提升。Lusetti et al.（2018）将编码 – 解码模型应用于瑞士德语社交媒体文本归一化处理，特别是在解码时区分了目标语言的颗粒度：字符和单词，最终在字符级别统计机器翻译系统测试中改进了机器翻译性能，系统性能从基线系统（baseline）的 84.45% 提升到了 87.22%。

第 2 章
汉语自动分词

英语读者对于"词"的理解可能更为直接，因为英语"词"都是以空格隔开的，每个空格隔开的单位都是一个"词"。但是，有些书写系统就不能明白地表述"词"的形态特点。例如，汉语的书写体系的一个典型特点就是词与词之间没有空格，因此要判断一个汉语"词"是很不清晰的。

如前文所述，词表在计算机中是以数据库的形式存储的。词表分为分词词表（segmentation lexicon）和标注词表（tagging lexicon），前者主要服务于汉语自动分词，后者主要服务于词性标注。本章主要讲述汉语自动分词。

计算机处理汉语，首先要把汉语句子中的词切分开来，因此，词语切分是语言信息处理的最基础的技术之一。在口语处理中，任何语言都有一个分词问题。在书面语处理中，分词对于汉语是必不可少的，因为书面汉语中除了标点之外，词跟词之间没有任何界限标记。

这里只讨论书面汉语的分词问题。通俗地说，所谓自动分词就是用计算机给包含汉字在内的字符串加上词语分隔标记，如例1：

例 1　他 / 经常 / 使用 /Trados/ 计算机 / 辅助 / 翻译 / 软件 /。

从例1可以看出，书面汉语中的字符（character）以汉字为主，另外还有中文标点，也可能出现一些西文字符。标点和西文字符把整个字符串（character string）分割为若干个子串（sub-string），其中一些子串纯粹由汉字构成，自动分词实际上主要是针对这些子串进行的。

自动分词速度快，一致性好（取决于词表和分词算法），但难以利用专家的语言知识，智能水平较低，因此差错率较高。在处理大规模语料时，通常是先用计算机自动分词，然后用辅助软件纠错或手工校对。

汉语自动分词在信息检索和词典编纂方面发挥着巨大作用。例如，用户检索关键词"上海"，并不希望得到"上海洋馆""瞄上海归"这样的例子。检索前先做自动分词，可以大大提高查准率。利用计算机来编纂词典，其前提是从大规模语料中自动获取词汇，通过语境的比较而识别同一个词形的不同意义，在这一过程中也需要自动分词。

国家标准《信息处理用现代汉语分词规范》（GB/T 13715-92，以下简称"《规范》"）于1992年10月4日颁布，提出了指导现代汉语分词的一些原则，并且分13个词类对分词过程中的各种问题作了具体的规定。如果没有分词规范，大家各搞一套，分词语料就难以作为共享资源，分词软件测试就没有统一的标准。《规范》中使用了一个术语——"分词单位"（segmentation unit）：汉语信息处理使用的、具有确定的语义或语法功能的基本单位。其意图在于避免纯理论的争论，把重点放在解决具体问题，为汉语信息处理服务上。

《规范》体现了汉语分词的若干原则，如语义原则（分词单位应有确定的语义）、语法原则（分词单位应有确定的语法功能）、语音原则（双音节的语素组合倾向于作为一个分词单位）和实用原则（为汉语信息处理服务）等。在对专有名词的分词处理上，《规范》参照了《汉语拼音正词法》，对姓和名做切分处理；而处理组织名和地名时，将专名部分跟通名部分分开，参照了《中国地名汉语拼音字母拼写规则》。但《规范》是建立词表的依据，而不是分词的直接依据。词表才是分词的基本资源和直接依据，应该把关于词的知识尽量反映在词表之中。

2.1　传统的汉语自动分词方法

自动分词有多种方法，传统方法主要是两种类型。一是机械匹配法，将待切分的汉字串跟词表中的词条进行匹配，能匹配上的就切分开来。

二是基于统计的方法，词表中有每个词条的概率，统计方法是要在多种可能的切分路径中找出概率最大的路径。机械匹配法中最著名的是"最大匹配法"（maximum matching），而基于统计的方法中最常用的是"最大概率法"（maximum probability）。

2.1.1　最大匹配法

最大匹配法的基本思路是：从待切分的汉字串中找出尽可能长的词并切分开来。根据长词优先这一原则，最大匹配法切分出来的词串最短（按词数计算），因此也可以叫作"最少分词法"。匹配时可以有两种扫描方向：一是从字串开头扫描到末尾，称为正向扫描，二是从字串末尾扫描到开头，称为逆向扫描。假定词表中存在的词（默认汉语单字都成词）有："建立""社会""主义""社会主义""市场""经济""体制"，那么用正向扫描最大匹配法来切分汉字串"要建立社会主义市场经济体制"的过程如图 2.1 所示。

要建立社会主义市场经济体制	<NULL>
建立社会主义市场经济体制	要 /
社会主义市场经济体制	要 / 建立 /
市场经济体制	要 / 建立 / 社会主义 /
经济体制	要 / 建立 / 社会主义 / 市场 /
体制	要 / 建立 / 社会主义 / 市场 / 经济 /
<NULL>	要 / 建立 / 社会主义 / 市场 / 经济 / 体制 /

图 2.1　正向最大匹配法示例

而用逆向扫描最大匹配法来切分汉字串"要建立社会主义市场经济体制"的过程则如图 2.2 所示。

要建立社会主义市场经济体制	<NULL>
要建立社会主义市场经济	体制 /
要建立社会主义市场	经济 / 体制 /
要建立社会主义	市场 / 经济 / 体制 /
要建立	社会主义 / 市场 / 经济 / 体制 /
要	建立 / 社会主义 / 市场 / 经济 / 体制 /
<NULL>	要 / 建立 / 社会主义 / 市场 / 经济 / 体制 /

图 2.2   逆向最大匹配法示例

所谓"匹配"就是一个查词表的过程，查到了就叫作匹配成功，否则叫作匹配失败。词表中"社会""主义""社会主义"这三个词条，都能跟待切分汉字串"社会主义市场经济体制"相匹配，但根据长词优先原则，应该优先跟"社会主义"这个词条匹配，这就是"最大匹配"的意思。在一般情况下，优先匹配长词是正确的，但在特定情况下，匹配短词是正确的。例如，"研究生命的起源"应该匹配"研究"而不是"研究生"。又如，"（他）将来我校作报告"应该匹配"将"而不是"将来"。

上面只列出匹配成功的情形，实际的匹配过程要复杂得多。如果是整词二分查找，通常要取一个最大词长。比如 4，先从待切分串的左边复制最多 4 个汉字作为候选词，然后用候选词去查词表：如果匹配成功或者候选词只有一个汉字，就把它切出来附到已切分串后边，否则从候选词后边去掉一个汉字再去匹配，如此循环。例如，在上面的例子中，先取"要建立社"作为候选词，匹配失败时候选词依次变为"要建立""要建""要"。由此看来，最大词长定得越大，匹配失败的情形就越多，切分速度就越慢。

正向和逆向扫描都还不能完全实现正确切分。例如，假定"上海""上海大学""大学""大学城"和"书店"都是词表词，待切分串为"上海大学城书店"，取最大词长为 4，按正向扫描将切分为"上海大

学 / 城 / 书店", 而正确切分形式应该是 "上海 / 大学城 / 书店"。又如, 假定 "社会主义" "市场经济" 和 "经济体制" 都是词表词, 待切分串为 "社会主义市场经济体制", 取最大词长为 4, 按逆向扫描将切分为 "社会主义 / 市场 / 经济体制 /", 而正确切分应该是 "社会主义 / 市场经济 / 体制"。

　　用最大匹配法分词, 主要有两个问题: 一是未登录词问题, 二是切分歧义问题。未登录词即词表中没有收录的词 (包括专名和新词), 按照最大匹配法, 待切分词串中的未登录词通常会被切分为一个个单字。切分歧义有两种基本类型。一种是交集型歧义, 例如 "太平淡" 有两种切法: "太 / 平淡 /" 和 "太平 / 淡 /", 这是切在哪儿的问题。另一种是组合型歧义, 例如 "将来" 可以切开为两个词, 也可以不切开, 这是切不切的问题。

2.1.2　最大概率法

　　最大概率法是一种基于统计的分词方法。其基本思路是: 一个字串有多种切分形式, 即对应于多个词串时, 可以通过计算从中挑选出一个概率最大的词串作为切分结果。例如, 假定词表中有词条 "结合" "合成" "成分" "分子" 和 "子时", 待切分词串为 "结合成分子时", 那么采用不同切分方法, 我们都有可能得到 "结合 / 成 / 分子 / 时 /" "结合 / 成分 / 子时 /" "结 / 合成 / 分子 / 时 /" 等许多种切法, 但只有第一种切法是正确的, 也可以说第一种切分方法的概率是最高的。

　　词串概率用其中每个词的概率的乘积来表示。词的概率一般指词在语料库中的出现概率, 如果语料库规模足够大, 可以用词的出现频率来近似。例如, 语料库总词次为 1 300 万, "结" 出现 3 471 次, "结合" 出现 3 721 次, 则概率分别为 0.267‰ 和 0.286‰。表 2.1 是待切分词串中各词的频数和频率 (‰):

表 2.1 待切分词串"结合成分子时"中各词在语料库中的频数和频率

词	结	结合	合	合成	成	成分	分	分子	子	子时	时
频数	3 471	3 721	3 946	832	20 608	1 605	17 880	4 457	6 453	13	43 223
频率	0.267	0.286	0.304	0.064	1.585	0.123	1.375	0.343	0.496	0.001	3.325

由以上数据可得,"结合成分子时"切分为"结合 / 成 / 分子 / 时 /"的概率最大。[1] 如果每个词的频率都相等(换言之,不利用词频数据),最大概率法就退化为最大匹配法。上面例子的各种切分形式中,分词最少的"结合 / 成分 / 子时 /"将被选中,跟最大匹配法的切分结果相同。

上面这种方法只选择一个概率最大的词串,由于只考虑每个词本身的出现概率,没有考虑上下文的因素,因此在计算词串概率时对每个词的概率的选择往往是相同的,计算复杂度较大。因此可以考虑上下文因素,一种办法是用词串中每个词的条件概率的乘积来计算词串的概率。例如,在词串"结合 / 成 / 分子 / 时 /"中,"成"的条件概率写为 P(成 | 结合),意思是:当前一词已确定为"结合"时当前词为"成"的概率。这种规定了先后顺序("结合"在前,"成"在后)的条件概率又叫作"转移概率"(transition probability),仍然可以用频率来近似表达。例如,如果"结合 / 成"出现 500 次,"成"出现 20 000 次,那么"成"的转移概率为 500/20 000=0.025。词的转移概率反映了词对上文的依赖关系,可以证明,在寻找词串的最大概率的过程中,同时也反映了词对相邻词的依赖。如果使用词的转移概率,词串"结合 / 成 / 分子 / 时 /"的概率则为:P(结合)×P(成 | 结合)×P(分子 | 成)×P(时 | 分子)。这里我们只考虑了当前词的前一个词,称作二元模型(bigram)。如果考虑前二个词,则称作三元模型(trigram)。总之,考虑前 N–1 个词,称作 N 元模型(N-gram)。可以证明,N 越大则正确率越高,但随之而来的问题是计算量越大和数据稀疏越严重。例如,在一个大规模语料库中,可以指望"结合 / 成"(二元)有一定的出现次数,

---

1　计算词串概率时,为了避免概率乘积过小,无法比较,可取每个词的概率的负对数(费用),然后相加,这时总费用最小的词串也就是概率最大的词串。

但很难指望"结合 / 成 / 分子 /"（三元）一定出现。如果只考虑当前词，可称作一元模型（unigram）。

　　上面说到词的概率都是指词的出现概率，词串的概率则是每个词的出现概率的乘积。当我们说"结合 / 成 / 分子 / 时 /"的概率时，其意义是：从一个分词语料库中随机地取四个词，这四个词恰好依次是"结合""成""分子""时"的概率。可以想象，这个概率非常之小。设字串"结合成分子时"总共有 N 种切分形式，即对应于 N 个词串，按这种方法计算，这 N 个词串的概率之和并不等于 1.0。

　　也有人将词的概率解释为字串的成词概率。每个词同时也是一个字串（串长≥1），一个字串的成词概率就是该字串作为词的出现概率除以该字串的出现概率。用频率来近似概率，可以表示为：字串成词概率 = N_1（字串成词）/ N_2（字串）。

　　例如，在一个 200 万字的语料库中，"结合"作为词出现 328 次，而作为字串总共出现了 342 次，那么"结合"的成词概率就是 328/342=0.96。

　　一些我们认为肯定是词的字串，实际上成词概率并不高。例如，"支部"似乎当然是词。在 200 万字语料中，"支部"出现 52 次，作为词则只有 20 次，没有作为词出现的 32 词分别出现在词串"这支部队"（5 次）和"党支部"（27 次）中，因此"支部"的成词概率为 20/52=0.385。成词概率的大小跟出现次数没有必然关系，而是主要反映字串在切分过程中的复杂性：成词概率大，说明该字串切分复杂性小。[1] 最大匹配法和最大概率法都没有考虑这一重要因素。最大匹配法把词表中的每个字串都视为当然的词，只是体现了长词优先的原则。最大概率法则用出现概率来表示词的概率，对于一些出现较少但成词概率高的字串是不公平的。

1　成词概率小，切分复杂性未必大。例如，"蝴"的成词概率几乎为 0，但切分形式并不复杂，因为它几乎只有一种切分形式，即左边有词界，而右边没有词界（后跟"蝶"）。严格地说，应该统计每个字串的各种切分形式的频率，用"熵"（entropy）来表示字串的切分复杂性。

2.2　未登录词识别

词表中没有收录的词叫作未登录词，最大概率法对未登录词的识别和切分毫无帮助。为什么会产生未登录词呢？根本原因是我们无法将真实文本中的词尽数罗列，例如数词和专有名词是无限的，普通新词是随着语言的发展而经常产生的。因此，未登录词可以划分为以下类型：

（1）专有名词，包括人名、地名、组织机构名、商标品牌名、外族人名地名的汉译名等；

（2）复杂数词，例如"2 046"和"两千零四十六"，再如日期、时间、金额、编号等；

（3）新词，如"给力""强拆"等；

（4）方言词，如陕西方言词"锅盔"（一种面食）、重庆方言词"梁算儿"（蚯蚓）等；

（5）专业术语，如"机助人译""云计算"等。

前两种未登录词又叫"命名实体"（named entity）。

文本中的命名实体往往负载着重要信息，在信息检索、信息抽取中起着关键作用，因此受到特别关注。命名实体之间的关系（例如"张××老师"和"张老师"之间的同指关系）以及命名实体跟指代性词语之间的关系（例如某个地名和"此处"之间的同指关系）的研究，被称为"指代消解"（anaphor resolution），已经成为新的研究热点。未登录词识别研究，尤其是命名实体研究和指代消解研究不仅适用于中文信息处理，也适用于所有语种的信息处理，本节仅以汉语处理为例。

未登录词识别的一般步骤可以叙述为：

步骤1：找出某类词语的内部特征，例如长度、用字、语法结构和语义结构等，根据这些特征生成候选新词语的集合；

步骤2：用上下文规则、语料库统计、局部统计等方法对候选集合进行筛选。

第1步通常使用基于规则的方法，第2步通常使用基于统计的方法。以上两个步骤得到的新词语集合还需经过人工审查才能作为最终结果。

2.2.1　姓名识别

姓名的完整形式为："姓氏 + 人名"。姓氏有单姓、复姓（如"欧阳"）和双姓（如"范徐"）之分，其中单姓占绝大多数。人名有单名和双名之分，两者比例大致为 12∶88。从 17 万个姓名的资料库中统计得到 729 个姓氏，前 365 个高频姓氏的覆盖率达 99%，分布相对集中，有利于识别姓名的左边界；同时得到 3 345 个人名用字，其中使用频率最高的前 1 141 个用字，占总人名用字的 99%。在双名中区分人名首字和尾字，有利于识别姓名的右边界。

姓名的不完整形式如：小李、老王、陈总、袁某、刘、淑芳、秦叔叔、黄老师、钱总经理，其中"小""老"是前缀，"总""某"是准后缀，"工人""老师""经理"等是身份词。身份词有的出现在姓名前面，如"工人"；有的出现在姓名后面，如"女士"；有的两可，如"教授"。此外，一些动词如"说""指出""认为""表示"等（我们称之为"述人动词"）也是识别姓名的线索。

根据上述线索，姓名识别可以这样进行：

步骤 1：从汉字串或分词碎片中建立候选姓名集合；

步骤 2：计算每个候选姓名的概率：

$$P（姓名）=P（姓）\times P（名）\times P（单名），$$

或 $P（姓名）=P（姓）\times P（名_1）\times P（名_2）\times P（双名）$

其中，$P（姓）=$ 该字作姓氏次数 / 该字的出现次数，

$$P（名）=该字作人名次数 / 该字的出现次数。$$

步骤 3：删除概率过低的候选姓名；

步骤 4：输出集合中剩下的候选姓名。

关于姓氏用字或人名用字的概率，有的直接用该字在姓名资料库中的频率来估计，不太合理。例如，"张"比"陈"出现更多，按这种方法估计，"张"作为姓氏的概率大于"陈"，但"张"还有量词和动词的用法，"陈"基本上用作姓氏，所以实际上"陈"作为姓氏的概率应该大于"张"。对于语料库或姓名资料库之外的姓名用字，需要凭语感来估计其概率：如果某字只作姓氏，如"遆"，或者某两字是复姓（如

"欧阳"等），则 P（姓）=1.0；如果某字只作人名，如"筱""逵"，则 P（名）=1.0。

姓名中还可能含有普通双字词，例如，"余波""黄河燕""王宝库"分别是单姓单名成词，单姓双名的前两字或后两字成词的例子，第三种情形最为常见。对于这种情况，需要统计出姓名中的双字词词表，凡在该词表中的双字词都要单独或跟前一字或后一字作为姓名候选。

2.2.2　地名识别

中国地名的特征是用字自由、分散，在 17 637 个地名中，用汉字 2 595 个；有相对集中的覆盖能力，前 100 字可覆盖 50%，前 900 字可覆盖 90%；长度无特别限制，短者如"京""津"，长者如"双江拉祜族佤族布朗族傣族自治县"；可含高频单字词，如"西直门"；可含多字词，如"兵书宝剑峡"；结构方式一般是"专名 + 通名"；常常以层级式和并列式连续出现。总的来说，中国地名的识别比汉人姓名的识别较为困难。

刘开瑛（2000）在中国地名委员会编纂的《中华人民共和国地名录》[1] 全部中国地名基础上构建了面向地名自动识别的机器可读的中国地名库，并在 CPB 和 280 万新闻语料中的地名分析和统计基础上构建了中国地名用字库、中国地名用词库、二元同现库、并列关系词库和地名指示词词库，以机器自动抽取辅以人工抽取的方式构建了地名识别规则库，并建立了正向和逆向两种地名识别推理机制。在上述地名知识库基础上开发并实现了中国地名自动识别系统，实验测试结果为：召回率 93.8%，准确率 86.7%[2]。

1　中国地名委员会编.《中华人民共和国地名录》.北京：中国社会出版社，1994。该书共收集 88 026 个地名，是目前收录我国地名最多的大型标准地名工具书。

2　召回率和准确率是衡量自动识别系统性能优劣的指标，计算公式分别为：召回率 = 正确识别的地名数 / 总的地名数 ×100%；准确率 = 正确识别的地名数 / 识别出的地名总数 ×100%。

用户想要查询宋诗《过长安市》[1] 中 "长安" 这个地理区域的相关信息，首先要识别出标题中所包含的一个地名。因此我们（张霄军，2010）以字段 "过长安市" 为例来说明地名的识别过程：

步骤 1：输入原始文本：过长安市；

步骤 2：根据各字在 CPB 中作地名首字、中间字和尾字的总次数，以及各字在真实文本中作地名首字、中间字和尾字的总次数，计算出各字作地名首字、中间字和尾字的概率 $Ps(c)$、$Pm(c)$ 和 $Pe(c)$，见表 2.2；

表 2.2 "过""长""安""市" 在 CPB 中的概率

	过	长	安	市
$Ps(c)$	0	0.009 9	0.008 7	0.003
$Pm(c)$	0	0.000 2	0.010 0	0.015
$Pe(c)$	0	0.000 1	0.015 0	0.345

步骤 3：选取地名初筛选阈值：$t1=0.005$，$t2=0.012$，$t3=0.2$。阈值的选取的依据是利用每次在真实文本语料中训练时得到的相关数据计算 CPB 中所有地名的概率值，这样所选的阈值就可以覆盖 CPB 中 99% 的地名。一般来说，只有大于阈值的字段才被认为是候选地名；

步骤 4：地名初筛选得到候选地名字段：长安市。由于字段 "过长安市" 无其他上下文信息，故而采用无分词的正向初筛选推理机制。在这一过程中，如果字段 $Sp=C_1...C_i...C_n$ 同时满足条件：$Ps(c_1)>t1$、$Pm(c_i)>t2$ 和 $Pe(c_n)>t3$，则认为 Sp 为候选地名；

步骤 5：收集上下文信息："长安市" 之前 "过" 是以地名指示词，其尾字 "市" 是地名特征词；

步骤 6：利用规则进一步确定地名字段：首先根据确认规则 2，即 "如果候选地名字段前是一前向地名指示词，则候选地名字段左界确定"，确定字段左界为 "长"；再根据筛选规则 1，即 "某一字段前或后有地名特征词出现，则对该字段进行无分词的地名初筛选"，确定字段右界为尾字 "市"；

1　全诗为：算橘租菱小市哗，堰头桥尾约千家。人家已尽无人处，时见芙蓉一岸花。

步骤7：最后识别结果为：长安市。

2.2.3　机构名识别

机构名一般以通名结尾，前面含有专名或一些普通词语，机构名识别应在人名、地名识别的基础上进行，实际上相当于短语捆绑。有人认为机构名是以机构通名为中心的偏正式复合词，其语法特征是，修饰部分一般只含名词（普名或专名）、序数词、形容词和动词，不带"的"。机构名的构造模式为："地名＋团体＋序数＋人名＋专造名＋产品／对象＋功能／方式／等级＋学科／行业＋机构通名"，其中，机构通名（如"大学""厂""中心"）必须出现，地名（如"南京"）、团体（如"中国人民解放军"）、人名（如"白求恩"）、专造名（如"清华"）这四种成分至少出现一个。

其他成分有：序数（如"第三"），产品／对象（如"汽车""有色金属"），功能／方式／等级（如"制造""国立""高级"），学科／行业（如"医科""林业"）。识别机构名时可以机构通名为触发条件，向左逐个检查修饰语是否符合构造模式（类别与顺序），直到发现不符合构造模式的词为止。对机构名称构造模式的研究无须赘述，参见张小衡等（1997）研究的高校名称构造模式研究。

2.2.4　新词识别

普通新词的识别应在专名识别之后进行，利用单字成词概率来求单字词串概率，当单字词串概率小于阈值时，很可能是个普通新词。然后将候选新词跟已登录词从构词模式上进行比较。例如，"冷射"（足球）为候选新词，比较已登录词，有"冷藏""冷冻""冷笑"等是以"冷"为第一词素，有"直射""平射""斜射"等是以"射"为第二词素。可以假设，多数新词是根据已登录词来仿造的，如果构词模式相同（这里是形容词＋动词），候选新词在相应位置都有相似的已登录词支持，就可以鉴定为一个普通新词。

计算每个汉字的构词概率：P（cat，pos，len），其中，cat 是词类，pos 是位置，len 是词长。例如，对于四字动词，某字出现在其第二字位置的概率是 $P(v, 2, 4)$。计算时用该字在四字动词第一位置出现的次数除以该字的出现次数，即 $P(v, 2, 4|c_2) = N(v, 2, 4|c_2)/N(c_2)$，即这样就无须进行单字的词性标注。

判断一个候选新词的词类，用各个字的构词概率的乘积来衡量。例如，某个候选新词是两个字组成的，则它为动词的概率为：$P(v|c_1, c_2) = P(v, 1, 2|c_1) \times P(v, 2, 2|c_2)$。

对于每个词类，应分别定出阈值，以免偏向某个词类，例如名词出现概率高，其阈值就大。如果某个候选新词在若干个词类上都超过阈值，就给出若干个候选词类；如果候选新词在每个词类上都低于阈值，就给出缺省词类（一般为名词）。

2.2.5 指代消解

仍然以宋诗《过长安市》为例：用户在输入查询条件为"长安"时会出现大量"长安县""长安堡""长安岭""长安区"等与用户所需信息无关的文档，输入查询条件为"长安市"时也会出现有浙江德清县境内的、安徽绩溪县境内的和安徽合肥县境内的至少三个"长安市"，用户仍然无法判定哪些文档为有效文档。因此，同名地名现象可能导致在地理信息检索系统中检索精确度的降低。系统如何从三个"长安市"中选择本诗标题中的历史地理信息同时消解其余非用户所需的信息？同名地名包括重复地名和古今同名两类。前者是一种共时的语言和社会现象，指在某一特定时期内同时存在着具有相同地名的不同地理区域。而后者是一个客观存在的历时现象，尤其指古代和现代的同名异地现象。以"长安"为例，《古代地名词典》[1]中列举县、乡镇级行政单位名为"长安"的共有 21 处，CHGIS 系统中查到的"长安"则有

---

1 《古代地名词典》是古博网推出的一款可供在线查询的中国古代地名词典。

53 处。就现今陕西省西安市南郊的"长安"而言，1949 年后也经历了从"长安县"到"长安区"的更名。指代消解就是要找出这些同名地名和古今同名之间的关系，从而确定文本中的"长安市"到底是指哪个地名。

同名地名和古今同名的指代消解有赖于一个时空数据库。CHGIS 是一个典型的时态数据库。其中用于记录地名信息的时间语素为时间区间，如"长安州"的起止时间分别为 1357 年和 1361 年，即时间区间为 1357—1361。当然，因为历史的原因，CHGIS 中时间元素的表达还有待完善，如很多包含"长安"字样的古地名的时间区间表述都很不确切或者有误。空间数据库能够对空间数据进行有效的表示、存储和处理，是 GIS 系统的核心支撑软件（李昭原，2007）。时态数据库和空间数据库共同组成时空数据库。面向历史地理信息检索的同名地名的指代消解，既需要利用时态数据库中的时间元素判定地名的历时变化信息，又需要空间数据库提供充分的空间信息满足多层自然语言查询条件的设置。

2.3 切分歧义

在切分歧义的处理上，最大概率法对于组合型歧义的消解基本无效，因为它跟最大匹配法相似，倾向于最少分词：词串较短（分出来的词较少，或者说每个词较长），则词串概率往往较大。对于交集型歧义，则分两种情况：一种是语料库中"存在两种以上经常可实现的切分形式"的交集型歧义，如"应用于"既可以切分为应 / 用于 /，又可以切分为应用 / 于 /，这种交集型歧义被称为"真歧义"；另一种是语料库中"只有一种切分形式是可实现的"，如"充分发挥"，只可以切分为充分 / 发挥 /，这种交集型歧义被称为"伪歧义"（孙茂松，1999）。最大概率法对伪歧义消解效果好，真歧义消解效果差。

2.3.1　术语的辨析

汉语自动分词中，一般将切分歧义分为两类：交集型歧义和组合型歧义。梁南元（1987：44–52）最早对切分歧义现象进行比较系统的考察，并给出了这两种歧义类型的定义：

定义 1　汉字串 AJB 被称作交集型切分歧义，如果满足 AJ、JB 同时为词（A、J、B 同时为汉字串）；

定义 2　汉字串 AB 被称作组合型切分歧义，如果满足 AB、A、B 同时为词。

根据这两个定义，他对一个 48 092 字的自然科学、社会科学样本进行了统计：交集型切分歧义 518 个，多义组合型歧义 42 个。据此推断，中文文本中切分歧义的出现频度约为 1.2 次 /100 字，交集型切分歧义与组合型切分歧义的出现比例约为 12：1。也就是说，在全部切分歧义的实例中，交集型歧义约为 90%，是影响切分正确率的主要问题。

然而，刘挺、王开铸（1998）的调查却得出了截然相反的结论：中文文本中交集型切分歧义与组合型切分歧义的出现比例约为 1：22。由于汉语中大多数单字都可以独立成词，因此如果按照上述组合型歧义的定义，出现这样矛盾的比例是不足为奇的。

对于交集型歧义的定义是没有歧义的。孙茂松、邹嘉彦（2001）认为是组合型歧义的定义有疏漏，所以造成了上述两种矛盾的调查结果，下面这种定义才符合组合型歧义的本意：

定义 3　汉字串 AB 被称作组合型切分歧义，如果满足（1）AB、A、B 同时为词；（2）中文文本中至少存在一个前后语境 C，在语境 C 的约束下，A、B 在语法和语义上都成立。

但这种看似严格的定义却对上述矛盾的结果依然无法解释，比如例 2：

例 2　（a）商店的商品都被醒目地标出了价格。
　　　（b）该营业所直接标 / 出了涨跌的钱数。

汉字串"标出了"和"标 / 出了"在具体的语境中无论从语义还是语法上都是成立的，但在同一系统中却有可能出现不同的切分标记。像这样在语义和语法上都一致却有不同切分形式的分词单位符合定义3，但不是组合型歧义，这就说明定义3仍然有问题。孙茂松（1999）称语料库中如例句2的切分现象为"切分不一致"，黄昌宁（2005）称之为"切分变异"，这就涉及汉语自动分词中几个概念的辨析问题。

孙茂松（1999）是最早注意到汉语分词中的"切分不一致"现象的，他将切分不一致分成两类：一是相同语义的结构体出现不同的切分形式（如"猪肉"是始终从分还是始终从合）；二是相同类型的结构体出现不同的切分形式（如"猪肉"始终从分那"牛肉"是否也应该始终从分，从合亦然）。第二种类型较为复杂，本节只就第一种类型进行辨析。最早提出"切分变异"概念的是黄昌宁（2005），但他是用这一概念来替代"不一致性"这个术语，与我们所论及的"切分变异"不是同一概念。

为了论述方便，我们（张霄军等，2008）首先通过例句来定义这三个概念：分词不一致、组合型歧义和切分变异。

例3　（a）人们朝向不同的出口。

　　　（b）他们有不 / 同的理想。

　　　（c）我们出发的时间不 / 同。

上述三句中的"不同"一词在语义上都是"不一样，不一致"的意思，但（a）句中"不同"从合而（b）、（c）句中从分，这就属于切分不一致现象；（a）句和（c）句中的"不同"虽然语义相同，但语法功能不同，一个从分一个从合，这属于组合型歧义；（a）句和（b）句中的"不同"在语义和语法上都完全相同，但一个从分一个从合，这属于切分变异。

由此，我们得出定义：

定义 4　语义相同的双语素或多语素分词单位，在同一分词系统中有不止一种的切分形式，叫作切分不一致。

定义 5　语义相同但语法不同的双语素或多语素分词单位，在同一系统中有不止一种的切分形式，属于组合型歧义。

定义 6　语义和语法都相同的双语素或多语素分词单位，在同一系统中有不止一种的切分形式，叫作切分变异。

　　由此可见定义 4 囊括了定义 5 和定义 6，但要指出的是这里的定义 5，即组合型歧义的定义并不完整，只是一部分组合型歧义（所以定义中用了"属于"一词而没有使用"叫作"）。如：

　　例 4　（d）美国要坚决奉行"一个中国""不 / 同台湾发展外交关系"的外交原则。

　　（d）句和（a）句中的"不同"其语义和语法都不相同，是属于组合型歧义，但不属于分词不一致当中的"组合型歧义"。据此，给出"组合型歧义"的完整定义：

　　定义 7　语义成立但语法不同的双语素或多语素分词单位，在同一系统中有不止一种的切分形式，叫作组合型歧义。

　　"语义成立"是指汉语文本中至少存在一个前后语境，在该语境的约束下，作为分词单位的语素在语义上能够解释。反例如："他用了两个半天写完了这篇文章"中"两个半 / 天"在语义上不成立；又如"我们出发的时间相同"中"相 / 同"在语义上也不成立。在同一分词系统中，语义成立既包括相同词型的语义相同，也包括相同词型的语义不同两种情况。很明显，上述分词不一致中讨论的组合型歧义专指后者。

　　同时我们也定义了"切分变异"：

　　定义 8　结构类型和语音节奏都相同的双语素或多语素的分词单位，其类型结构形式和分词单位的语法意义都是相同的，但在同一分词系统中却给出了不同的切分形式叫分词变异。

2.3.2　交集型歧义切分的处理

　　处理交集型歧义切分有三种方法。一是基于规则的方法，针对每种交集型歧义字串制定具体的消歧规则，说明在何种条件下应该如何切分，对条件的描述可能要用到语法知识和语义知识。这种方法的关键在于规则的提取，尤其是语义规则的抽取，所以一般用于自动切分后的人工校对，这里不做详细介绍。二是基于统计的方法，即前文介绍过的最大概率法。值得一提的是，陈小荷（2004）用基于词的二元模型对两个各 200 万字的语料库中的三字长交集型字串进行了消歧实验，封闭测试正确率达到 99% 以上，开放测试正确率达到 90% 以上，比以往最好结果（封闭率 92%，开放率 78%）有明显的提高。方法很简单：计算路径概率时，只取交集型歧义字串本身两个词（a/bc 或 ab/c）以及上下文各一个词。三是基于记忆的方法，把实际上只有一种切分方式的交集型歧义字串做成一个表，切分时就按规定的切分方式进行处理。孙茂松（1999）首先提出用基于记忆的方法来解决交集型歧义切分问题。他把句子中不被别的交集型歧义字串所包含的交集型歧义字串称为"最大交集型歧义字串"。例如，"你任何时候都可以来找我"这一个句子中，"任何时""何时候"和"任何时候"都是交集型歧义字串，但只有"任何时候"是最大交集型歧义字串。显然，我们应该把注意力集中在如何处理最大交集型歧义字串上，因为既然是"最大"，消歧时就不必再考虑上下文因素了。他区分的另一对概念是"真/伪切分歧义"。真歧义是指语料库中"存在两种以上经常可实现的切分形式"，例如，"应用于"在"我国首次将卫星导航技术应用于植物保护"中切分为"应用/于/"，在"按规定，变价收入应用于固定资产的更新改造"中切分为"应/用于/"。伪歧义是指语料库中"只有一种切分形式是可实现的"，例如，"充分发挥"可以有两种切分形式："充分/发挥/"和"充/分发/挥"，但经观察大规模真实文本，只有第一种切分形式是正确的。统计结果表明，在前 4 619 个高频最大交集型歧义字串中，伪歧义占 92.6%，如果把那些基本上只有一种切分形式的也归入伪歧义，则比例高达 98%。也就是说，真正需要借助上下文环境来消歧的交集型歧义字串只占很少的比例，绝大多数可以凭借一个表（记录歧义字串及其规定的切分形式）来解决。李斌（2005）采用全切分方法，在 4 亿字人民日报语料上采集严格定义的高频最大交集型歧义字段 14 906 条，随机抽取了相应的 1 354 270 条带有上下文信息的实例进行人工判定，不仅获取了重要的资源，而且证实：绝大多数是伪歧义，真歧义只占 1.5%，而且这 224 个真歧义字段中，有强势切分的（≥90%）达 157 个。

2.3.3　组合型歧义切分的处理

组合型歧义的消除，难度更大。一般可以从以下两个方面着手。

第一，有的字串的两种切分形式频率悬殊，例如"都会"在语料库中应该切开（副词＋助动词）的情形占95%，而"将来"不应切开的情形占97%。如果没有更好的消歧手段，可以把这种字串一律按照高频形式来切分，取得较高的消歧率。

第二，运用上下文特征统计数据。不同切分形式所在句子会出现不同的词语，统计词语类别的频度（向量），消歧时计算向量之间的相似度，根据相似度大小确定应取哪一种切分形式。肖云（2001）提出，把组合型歧义消解看成一个词义消歧（word sense disambiguation）问题。例如，"才能"作为一个名词时，上下文出现的相关词语有"的""表演""艺术""把""创造""个人"等，切分为副词"才"和助动词"能"时，上下文相关词语有"产品""后""获得""正确""抓住"等。这些相关词语可以用计算机从大规模语料库中统计得到，可以根据其出现频率等因素给予不同的加权以表明在消歧中的不同的重要性。曲维光等（2006）建立了一个语境计算模型，可以提高组合型消歧精确率。训练阶段针对特定的组合型歧义字段建立从分（前、后）语境相对词频表，从合（前、后）语境相对词频表，所谓相对词频就是语境词在训练例句中的频率除以它在整个语料库中的频率。消歧阶段则分别计算从分概率之和、从合概率之和，以决定到底应该从分还是从合。在组合型歧义消解实验中，选择"才能"和"学会"这两个例子进行实验，利用语境计算模型训练得到的模型参数进行开放测试，精确率分别为96.83%和96.51%。

2.4　汉语自动分词研究进展

赵海等（2017）回顾了汉语自动分词在2007—2017年十年间的技术进展，尤其是自深度学习渗透到自然语言处理以来的主要工作，基本结论是：汉语自动分词的监督机器学习方法在从非神经网络方法到神经网络方法的迁移中尚未展示出明显的技术优势。汉语自动分词的机器学习模型的构建，依然需要平衡考虑已知词和未登录词的识别问题。尽管迄今为止深度学习应用于汉语自动分词尚未能全面超越传统的机器学习方法。

Collobert et al.（2011）提出使用神经网络解决自然语言处理问题，尤其是序列标注类问题的一般框架，这一框架抽取滑动窗口内的特征，在每一个窗口内解决标签分类问题。在此基础上，Zheng et al.（2013）提出神经网络中文分词方法，首次验证了深度学习方法应用到中文分词任务上的可行性。他们的工作直接借用了 Collobert 模型的结构，将字向量作为系统输入，技术贡献包括：第一，使用了大规模文本上预训练的字向量表示来改进监督学习；第二，使用类似感知机的训练方式取代传统的最大似然方法，以加速神经网络训练。由于结构化建模的缺陷，该模型的精度远逊于传统最大概率法模型的佼佼者。

Pei et al.（2014）对 Zheng et al.（2013）的模型做了重要改进，引入了标签向量来更精细地刻画标签之间的转移关系，提出了一种新型神经网络即最大间隔张量神经网络（max-margin tensor neural network，MMTNN）并将其用于分词任务。MMTNN 使用标签向量和张量变化来捕捉标签与标签之间、标签与上下文之间的关系。另外，为了降低计算复杂度和防止过拟合，他们还专门提出一种新型张量分解方式。随后，为了更完整精细地对分词上下文建模，Chen et al.（2015a）提出一种带有自适应门结构的递归神经网络（gated recursive neural network，GRNN）抽取 N-gram 特征，其中的两种定制的门结构（重置门和更新门）被用来控制 N-gram 信息的融合和抽取。与前述两项研究中简单拼接字级信息不同，该模型用到了更深的网络结构，为免于传统优化方法所受到的梯度扩散的制约，该工作使用了有监督逐层训练的方法。同年，Chen et al.（2015b）针对滑动窗口的局部性，提出用长短期记忆神经网络（long short-term memory neural networks，LSTM）来捕捉长距离依赖，克服了过往的序列标注方法只能从固定大小的滑动窗口抽取特征的部分不足。Xu & Sun（2016）将 GRNN 和 LSTM 联合起来使用。该工作可以看作结合了 Chen et al.（2015a）和 Chen et al.（2015b）两者的模型。该模型中，先用双向 LSTM（bidirectional LSTM，BiLSTM）提取上下文敏感的局部信息，然后在滑动窗口内将这些局部信息用带门结构的递归神经网络融合起来，最后用作标签分类的依据。LSTM 是神经网络模型家族中和线性链条件随机场同等角色的结构化建模工具，随着它被引入分词学习，神经网络模型在分词性能上开始可以和传统机器学习模型相抗衡。

Ma & Hinrichs（2015）提出一种基于字的切分动作匹配算法，该算法在保持相当程度的分词性能的同时，有着不亚于传统方法的速度优势。具体来说，该文提出一种新型的向量匹配算法，可以视为传统序列标注方法的一种扩展，在训练和测试阶段都只有线性的时间复杂度。该工作首次严肃考虑了神经模型分词的计算效率问题并遵循了严格的 SIGHAN Bakeoff 封闭测试的要求，只使用了简单的特征集合，而完全不依赖训练集之外的语言资源。Zhang et al.（2016）提出一种基于转移的模型用于分词，并将传统的特征模板和神经网络自动提取的特征结合起来，在神经网络自动提取的特征和传统的离散特征的融合方法做了尝试。结果表明，通过结合两种特征，分词精度可以得到进一步提升。Liu et al.（2016）首次将零阶半马尔可夫随机场应用到神经分词模型中，并分析了不同字向量和词向量对分词效果的影响，用直接的切分块嵌入表示和间接的输入单元融合表示来刻画切分块，同时考察了多种融合方式和多种切分块嵌入表示。

Cai & Zhao（2016）则彻底放弃滑动窗口，提出对分词句子直接建模的方法，以捕捉分词的全部历史信息，提出一个带自适应门结构的组合神经网络分词模型。该模型在封闭测试意义上取得了和传统模型接近的分词性能。在该方法中，词向量表示通过其字向量生成，并用 LSTM 网络的打分模型对词向量序列打分。这种方法直接对分词结构进行建模，能利用字、词、句三个层次的信息，是首个能完整捕捉切分和输入历史的方法。该文所提的分词系统框架可以分为三个模块：一个依据字序列的词向量生成组合门网络（gated combination neural network, GCNN）；一个能对不同切分从最终结果（也就是词序列）上进行打分的估值网络；一种寻找拥有最大分数的切分的搜索算法。第一个模块近似于模拟汉语造词法过程，这对于未登录词识别有着重要意义；第二个模块从全句的角度对分词的结果从流畅度和合理性上进行打分，能最大限度地利用分词上下文；第三个模块则使在指数级的切分空间中寻找最可能的切分最优解。Cai et al.（2017）在 Cai & Zhao（2016）的基础上，通过简化网络结构，混合字词输入以及使用早期更新（early update）等收敛性更好的训练策略，设计了基于贪心搜索（greedy search）的快速分词系统。该算法与之前的深度学习算法相比不仅在速度上有了巨大提升，分词精度也得到了进一定提高。实验结果还表明，词级信息比字级信息对于机器学习更有效，但是仅仅依赖词级信息不可避免会削弱深度学习模型在陌生环境下的泛化能力。

自从词嵌入（word embedding）表示达到数值计算的实用化阶段之后，深度学习开始席卷自然语言处理领域。原则上，嵌入向量承载了一部分字或词的句法和语义信息，应该能带来进一步的性能提升。然而，对比这十年深度学习自动分词模型与传统自动分词模型（见表 3.3）的性能，可以得出两个基本结论：神经网络分词所取得的性能效果仅与传统分词系统大体相当；相当一部分的神经网络分词系统所报告的性能改进来自于经由字或词嵌入表示所额外引入的外部语言资源信息，而非模型本身或字词嵌入表示方式所导致的性能改进。

表 2.3　深度学习自动分词模型与传统自动分词模型比对

分词模型	传统模型	神经网络模型
分类模型	Xue (2003)	
Markov 模型	Ng&Low (2004), Low et al. (2005)	Zheng et al. (2013), Pei et al. (2014)
标准串学习建模	CRF: Peng et al. (2004) Semi-CRF: Andrew (2006), Sun et al. (2009)	LSTM: Chen et al. (2015b), Liu et al. (2016)
全局模型	Zhang & Clark (2007)	Cai & Zhao (2016), Cai et al. (2017)

虽然典型的深度学习模型皆以降低特征工程代价的优势而著称，但是对于分词任务的特征工程压力的缓解却相当有限。因而，期望神经分词模型带来进一步性能改进的方向在于：第一，有效集成字或者词的嵌

入式表示，充分利用其中蕴含的有效句法和语义信息；第二，将神经网络的学习能力有效地和已有的传统结构化建模方法结合，如在经典的最大概率法 N-gram 模型中用等价的相应网络结构进行置换。深度学习意义下的神经网络归类于人工智能的联结主义思潮，由于其带有先天性的内在拓扑结构，如果能克服其训练计算低效的弊病，它就应该是本身需要结构化学习的自然语言处理任务的理想建模方式。这是我们在深度学习时代看到更多样化的结构建模方法用于中文分词任务的主要原因。但同时，在深度学习时期，一方面分词技术日臻成熟，另一方面由于词向量技术，特别是上下文敏感的词向量技术的发展，已有许多研究纷纷绕开分词的步骤，直接使用汉字作为输入。香侬科技 Y. Meng 等指出，对很多使用深度学习的计算语言学任务而言，分词的必要性正在下降。

2.5　古汉语和中古汉语自动分词

从古籍数字化的角度而言，要建立高效实用的古籍语料库，必须进行一定深度的古籍文献语料加工，自动分词则是语料加工非常重要的一步。一方面，经过自动分词的古籍语料是供古籍研究者进行知识获取的有价值的资源，可以提高文献的复用性和实用价值。另一方面，就古汉语和中古汉语文献而言，对原始文献进行高精度的自动分词，有利于对古汉语和中古汉语的语言词汇风貌、风格特征等做更为细致的科学研究。例如，值得关注的问题有：不同体裁的传世经典词汇使用的异同如何？风格特征是否迥异？汉语词汇系统双音节化的嬗变过程如何？经典汉语辞书（如《尔雅》《方言》）编纂的理据性如何等。想要系统研究这些问题，少不了要对文献进行准确的自动分词。

对先秦及其他古汉语和中古汉语文献的自动分词，目前已经有一些研究成果。中国台湾"中央研究院"对以《十三经》为主的先秦文献进行了分词并构建了搜索知识库；邱冰、皇甫娟（2008）根据现代汉语分词研究，采用了字符串匹配与统计相结合的分词方法，以逆向最大匹配算法为主，同时统计已出现词语的频率与汉字间的互信息，反作用于分词程序；Fang et al.（2009）以《茶经》等古籍为对象，基于树剪枝的思想构建了典籍文本快速切分的模型算法，分词的 $F1$ 值约为 86%；石民等（2010）基于 CRF 模型对古汉语自动分词进行实验，分词时考虑到古汉语单音节词占优势，使用四词位标记集，实验表明在模板中添加二元共现特征有利于 $F1$ 值的提高，在《左传》的开放测试语料中，分词 $F1$ 值能够达到 94.60%；段磊等（2012）使用 N-gram、频率、互信息、假设检验对《史记》中双字词的自动发现进行了实验，总体上来看，三次互信息由于一定程度上解决了数据稀疏，表现出比较好的性能；徐润华、陈小荷（2012）提出一种利用结构化后的注疏帮助分词的办法；留金腾等（2013）对《淮南子》的分词进行探讨，使用了六词位标注集 $\{B_1、B_2、B_3、M、E、S\}$，采取一元字特征、二元字特征、长度增益特征、偏旁特征、模式特征、词缀特征等，在使用种子数据的帮助下分词 $F1$ 值能达到 83.70%；陈小荷等（2013）认为现代汉语通用的自动分词方法并不完全适用于先秦文献的自动分词任务，他们分别从利用统计模型和利用相关注疏文献这两个角度对先秦文献进行自动分词的尝试，并详细介绍这两种自动分词方法的实现过程和优劣比较。钱智勇等（2014）采用隐马尔可夫模型对《楚辞》进行分词，实验借助词典与叠音词和"兮"的规则，在封闭测试集上的分词 $F1$ 值达到 97%，在开放测试集上的分词 $F1$ 值达到 85%；王嘉灵（2014）在使用条件随加场（conditional random field，CRF）模型对《汉书》进行分词时，尝试加入上古音、上古韵的特征，实验认为上古音对《汉书》分词有帮助，但上古韵的作用不显著，最优分词效果的 $F1$ 值达到 94.4%；黄水清等（2015）使用 CRF 模型，通过字类别、语音、概率的特征，并借助《春秋经传引得》文本基础上制定的外部词汇特征知识，以《左传》和《晏子春秋》探讨了先秦文献的分词，其最高 $F1$ 值达到 97.47%；王晓玉、李斌（2017）运用 CRF 模型和词典相结合的方法，探讨了中古汉语的自动分词问题，实验研究了中古汉语人工分词结果中易出现的分词不一致问题对自动分词的影响，并同时在 CRF 分词中引入字符分类、字典信息两种特征，在封闭测试中分词 $F1$ 值达到 99% 以上，开放测试中达到 89%～95%；杨世超（2017）分别比较了 CRF、RNN、LSTM、

BiLSTM 模型在古汉语分词上的性能，实验表明 Bi-LSTM 性能最好，能够比 CRF 的 $F1$ 值高约 3%；Fu et al.（2019）讨论了利用隐马尔可夫模型对中医药古籍的自动分词，其 $F1$ 值在 90% 左右，但使用的是简体语料；程宁等（2020）使用 Word2Vec-BiLSTM-CRF 对跨时代古汉语文本的断句分词词性标注一体化进行了研究，分词任务的 $F1$ 值为 85.73%；梁社会（2021）利用最大匹配法，以《孟子》的三部注疏文献——《孟子集注》《孟子注疏》和《孟子正义》——为基本实验语料进行了自动分词实验，自动生成注疏词表，用最大匹配法得到了最佳的自动分词效果。

　　将深度学习技术引入古汉语和中古汉语自动分词研究也有进展。俞敬松等（2020）研究了非参数贝叶斯模型和双向编码器表示模型结合起来进行古文自动分词，其无指导分词语料数量很多，方法消耗算力较大，且存在将无指导训练中的训练语料作为测试语料的情况；张琪等（2021）采用涵盖"经史子集"的 25 部先秦典籍作为训练语料，在未加入任何人工特征的前提下，基于 BERT-BiGRU-CRF 构建了先秦典籍分词词性一体化标注模型，在开放测试中分词准确率达到 95.98%。袁义国（2022）使用以 BERT 预训练方法训练得到的 SikuRoBERTa 对字进行向量化表示，并采用拼接部首向量的方法提高了编码层的向量化表示质量。利用 RoBERTa-BiLSTM-CRF 在《左传》训练集上训练得到的词法分析模型与基线模型相比，在自动分词任务上的 $F1$ 值提高了 1.18%，在《史记》测试集上自动分词的 $F1$ 值为 91.42%，在《资治通鉴》测试集上自动分词的 $F1$ 值为 92.27%，具有一定的泛化能力。

　　王阳阳（2018）运用 R 语言对《红楼梦》著作进行文本自动分词和词频统计，从高频词汇和虚字两个研究角度分析《红楼梦》前八十回与后四十回文本特征的差异性。从高频词汇角度，通过制作分组高频词汇频数折线图，分析折线图的波动，初步表明《红楼梦》前八十回和后四十回文本特征存在差异；从虚字角度，通过监督学习方法中的朴素贝叶斯模型（naive Bayes model）与反向传播神经网络，以虚字作为文本特征对《红楼梦》一百二十回作分类处理，并计算分类准确率，研究表明《红楼梦》前八十回和后四十回文本特征存在显著差异。研究结果表明,《红楼梦》前八十回和后四十回作者不是同一个人。

在命名实体识别上,汪青青(2009)使用 CRF 模型探究了《左传》的人名识别,使用的特征包括姓和氏、名和字、爵位和谥号、性别、人名用字,使用六个一元特征模板与五字位标记集,在开放测试中可以达到 84.03% 的 $F1$ 值;肖磊(2009)采用 CRF 对《左传》中的地名进行识别,先以字符本身为特征,然后逐渐增加分词词性、部首特征,在开放测试中可以达到 94.71% 的 $F1$ 值;朱晓(2012)基于规则对编年体史书中的人名识别进行实验,这种规则识别很依赖于官职称号的出现,对于没有出现官职的人名,识别性能较差;皇甫晶、王凌云(2013)探讨了基于规则的方法识别纪传体古籍《三国志》中的人名;汤亚芬(2013)通过 CRF 模型,使用词汇、词性、词汇长度、虚词词性、边界词等五个特征的特征模板探讨了先秦古籍中的人名自动识别,其最优 $F1$ 值达到 91.52%;第十九届中国计算语言学大会(CCL2020)进行的"古联杯"古籍文献命名实体识别评测大赛,是促进 BERT 预训练模型面向古汉语文本进行应用的一个契机,获得最好成绩的前四名都使用到了 BERT 或其改进模型,不过也存在只使用简体古汉语语料或混合使用繁体与简体的古汉语语料进行预训练的问题;崔竞烽等(2020)比较了 CRF、BiLSTM、BiLSTM-CRF 和 BERT 四个模型对有关菊花的古典诗词中涉及的时间、地点、季节、花名、花色、人物和节日七类命名实体进行识别实验,其结论认为 BERT 模型效果最优,$F1$ 值可以达到 91.60%;徐晨飞等(2020)以《方志物产》云南卷为例,探讨了 BiRNN、BiLSTM、BiLSTM-CRF、BERT 四个模型在物产别名、人名、产地(地名)以及引书(书名)四种实体的识别效果,其结果认为 BiLSTM-CRF 对引书书名这一实体的识别效果最好,BERT 模型对人名这一实体识别效果最优;Yan 等(2020)运用混合门控卷积神经网络对大规模史书古籍中的命名实体识别问题进行研究,其 $F1$ 值可达 86.99%;李娜(2021)构建了基于 CRF 的古汉语地名自动识别模型,以标注的《方志物产》山西卷中的 9 085 条句子作为语料,采用十折交叉验证,最佳模型 $F1$ 值达到 94.57%;杜悦等(2021)基于经过自动分词与人工标注的 25 本先秦典籍构建古籍语料库,分别基于不同规模的语料库和 BiLSTM、BiLSTM-Attention、BiLSTM-CRF、BiLSTM-CRF-Attention、BiRNN 和 BiRNN-CRF、BERT 等七种深度学习模型，从中抽取构成历史事件的相应实体并进行效果对比，其实验结果表明 BiLSTM-CRF 与 BERT 模型的 $F1$ 值最高，分别达到 86.59% 和 86.44%。

训诂学家通过钻研古典文献及其注疏获得丰富的语言知识，因此，使用自然语言处理技术对古文献注疏中的词语知识进行自动挖掘，并将其作为一种资源用于开放测试，将有助于古汉语信息处理的发展和传统的古典文献研究。资源和数据是词法分析的两大支撑，但现代汉语与古代汉语有所不同，现代汉语词法分析的资源（包括词表、评测数据集等）不能简单地移植于古代汉语词法分析。第一届国际古代汉语分词和词性标注评测 EvaHan 是国内外首次举办的古代汉语分词和词性标注评测，于 2021 年 12 月 20 日正式启动并公布训练集，2022 年 3 月 31 日公布测试集，4 月 7 日参赛队提交待评测结果并由组织者完成评测。共有来自 13 个高校或公司的 14 支队伍参赛，提交了 55 份待评测结果。本次评测设置了两个测试集与两种评测模态，全面考察了各参赛队古汉语分词和词性标注系统的性能。数据以《左传》前十卷为训练集，后两卷为基测集，《史记》和《资治通鉴》中的部分语料选作盲测集。两种评测模态的不同在于是否限定参赛使用的预训练模型、训练集与外部特征。复旦大学王鹏宇团队提交的系统（Wang & Ren，2022）在本次评测中斩获多项最佳成绩，他们在《左传》测试集上得到的结果达到了目前古汉语词法分析的最高水平，分词和词性标注的 $F1$ 值分别达到 96.03% 和 92.05%，其采用的局部语义增强策略与外部知识融合策略对古汉语文本信息处理有着启发性意义。他们通过计算语义相似度，获取与当前句子最相似的几部先秦古籍中的句子，将其作为辅助解决 Monte-Carlo Dropout 所得到的不确定样本的标注问题，较好地实现了语言知识与人工智能的融合。

近年来，随着大规模预训练模型如双向编码器表示（bidirectional encoder representations from transformers，BERT）、生成式预训练（generative pre-training，GPT）等无监督深度学习算法的广泛应用，高质量标注语料的需求大量减少，学术界对自动分词和词性标注的关注度有所减低，但未登录词识别和命名实体识别等任务的应用需求有所增加。在无监督预训练模型中，词处理（包括汉语自动分词、英语形态分析、词性标注等）都被看作文本序列标注任务的子任务，倾向于一体化处理的模式。例如无监督分词方法不能提供高质量的分词结果，但在新词发现领域却有优势，如TopWORDS（Deng et al., 2016）。而有监督分词方法，虽然在封闭测试上表现很好，但是当应用到开放域时，表现并不稳定，往往无法正确识别技术词汇。另外，从方法论上而言，并没有合适的框架可以将文本分词和词语发现连接起来。他们的研究是探索如何将两类方法的优势有机结合，提出一个系统融合的解决思路：首先引入贝叶斯框架，将高效的词语发现器TopWORDS和强大的分词工具PKUSEG结合，开发出更高效的工具TopWORDS-Seg，该工具能同时进行文本分词和命名实体识别；其次在基准数据集和开放域数据上建立评价标准，同时测评不同方法文本分词和命名实体识别的表现。经过测评发现，TopWORDS-Seg在开放域文本处理任务上的效果明显优于其他方法。

第 3 章
自动词性标注

词在文本中扮演的角色各不相同。有的词是名词，指真实世界里的客观事物（如 house），或者抽象事物（如 freedom），有的词在句子中只起功能作用，如介词 in。粗略地讲，可以将"词"划分为两大类，一类为实体词（content word），指的是事物、动作和特性；一类为功能词（function word），是将实体词联系在一起的词。

语言学家通常用开放词类（open class）和封闭词类（close class）来区分这两种词。实体词是开放词类，因为只要有新生事物（如 COVID-19）进入我们的心理世界，就会产生和接受新词，开放词类对新词的数量是没有限制的；而封闭词类里的功能词的数量是基本固定的，起码在近几十年是不会发生太大变化的（如 whom 被废弃使用的过程就非常缓慢）。

英语词汇中有 1 万多词条属于开放词类，而封闭此类大概只包括了几百个词条。按照词汇学的分类方法，下列词性（part-of-speech, POS）的词一般属于封闭词类：

代词：she，who，I，others，...
助动词：can，may，should，are，...
小品词：up，off，down，...
数词：one，two，first，...
连词：and，or，because，after，...
介词：in，on，over，under，before，...
限定词：a，the，every，some，all，any，...
而名词、动词、形容词和副词则属于开放词类。

词性标注就是标注出文本中每个词在特定语境中的词性（名词、动词、形容词等）及其相应的语法功能，有时词性标注也叫词类标注。换言之，词性标注是一个根据词例在词表中寻找所属词型的过程。执行这一过程之后，就可以把对词例的语法功能的查询范围缩小（对于同形词或兼类词而言），把对词例的词汇意义的查询范围缩小（对于同形词或兼类词恰好是多义词的情形而言）。词性标注不是对词例的语法功能的标注，词例的语法功能只有在完全的句法分析中才能确定。在语言信息处理中，词性标注有什么意义呢？

第一，确定词例可能的语法功能，为句法分析打基础，便于在标注语料库中检索句法结构，通常是把词性标注看成句法分析的一种预处理过程；

第二，为同音字标注、多音字标注和词义标注提供支持。一音多字、一字多音、一词多类和一词多义，都是语言中的歧义现象，其间有一定的依赖关系。例如，许多多义词的义项可以从词性上加以分化。也就是说，词性标注之后，词汇歧义能够得到很大程度上的消解。

词性标注有三个主要问题：

（1）采用何种词性标记集；

（2）如何消除兼类词的词性歧义；

（3）如何猜测未登录词的词性。

这三个问题在中英文词性标注中都存在，本节在内容上兼顾中英两种语言。问题（1）是问题（2）和（3）的理论基础，问题（2）和（3）是方法论的问题。

3.1　词性标记集及词性标注示例

词性标记集是标注系统所采用的词类清单，清单上为每个词类给出唯一的一种标记。

在汉语词性标注中，实际使用并且影响较大的词性标记集有以下几种：北京大学计算语言学研究所汉语词性标记集，用 26 个英文字母做词类标记代码；中国科学院计算技术研究所汉语词性标记集，有 39 个词类标记代码；教育部语言文字应用研究所汉语词性标记集，该标记集后来经过意见征集扩展于 2006 年颁布成为国标 GB/T20532-2006《信息处理用现代汉语词类标记规范》，将现代汉语词类划分为 13 个一级类，16 个二级类，共使用 49 个词类标记代码；清华大学计算机系汉语词性标记集，有 112 个标记代码。（以上词性标记集见附 1）前三种是小标记集，第四种是大标记集。第四种标记集之所以庞大，原因有二。一是许多具体词型和每个标点符号有特定标记。二是小类划分很细，有些小类甚至是为某个单一的语法功能而设置的。例如，动词有 16 个小类，其中 vgn 和 vg 并非指及物动词和不及物动词，而是指当前带了体词性宾语的动词和当前未带宾语的动词。可以想见，按这个词性标记集进行标注，兼类复杂度非常高，也特别容易出错，标注和校对的费用非常之大。当然，如果标注正确，所获得的信息也特别多。我们分别使用上述四种现代汉语词性标记集对例 1 进行词性标注（采用同一分词系统并经过人工一致性校对，分词结果相同），标注结果如表 3.1 所示。

例 1　韩国总统李明博今天上午在青瓦台就朝鲜炮击延平岛发表讲话，这是朝韩交火事件发生以来，李明博第一次对国民发表公开讲话。

表 3.1　采用 4 种汉语词性标记集的不同词性标注结果

	标注结果
词性标记集 1	韩国 /ns 总统 /n 李明博 /nr 今天 /t 上午 /t 在 /p 青瓦台 /ns 就 /d 朝鲜 /ns 炮击 /v 延平岛 /ns 发表 /v 讲话 /n, /w 这 /r 是 /v 朝 /b 韩 /b 交火 /vn 事件 /n 发生 /v 以来 /f, /w 李明博 /nr 第一 /m 次 /q 对 /p 国民 /n 发表 /v 公开 /ad 讲话 /n。/w
词性标记集 2	韩国 /nsf 总统 /n 李明博 /nr 今天 /t 上午 /t 在 /p 青瓦台 /nsf 就 /d 朝鲜 /nsf 炮击 /v 延平岛 /ns 发表 /v 讲话 /n, /wd 这 /rzv 是 /vshi 朝 /b 韩 /b 交火 /vn 事件 /n 发生 /v 以来 /f, /wd 李明博 /nr 第一 /m 次 /qv 对 /p 国民 /n 发表 /v 公开 /ad 讲话 /n。/wj
词性标记集 3	韩国 /ns 总统 /n 李 /nhf 明博 /nhs 今天 /nt 上午 /nt 在 /p 青瓦台 /ns 就 /d 朝鲜 /ns 炮击 /v 延平岛 /ns 发表 /v 讲话 /n, /w 这 /r 是 /v1 朝 /j 韩 /j 交火 /vn 事件 /n 发生 /v 以来 /nd, /w 李 /nr 明博 /nr 第一 /m 次 /q 对 /p 国民 /n 发表 /v 公开 /ad 讲话 /n。/w

（续表）

	标注结果
标记集 4	韩国 /npr 总统 /ng 李 /nf 明博 /npf 今天 /t 上午 /t 在 /pzai 青瓦台 /nps 就 /pg 朝鲜 /npr 炮击 /vgb 延平岛 /nps 发表 vgb/ 讲话 /ng，/，这 /rs 是 / vi 朝 /npr 韩 /npr 交火 /vg 事件 /ng 发生 /vg 以来 /dr，/，李 /nf 明博 / npf 第一 /nw 次 qv/ 对 /pg 国民 /ng 发表 /vgb 公开 /a 讲话 /ng。/。@

英文及大部分印欧语系语言的词性标注体系大都建立在 Brown 语料库的 87 个标记代码标记集基础之上。目前比较通用的分别是宾州大学树库词性标记集（45 个标记代码）和 LOB 语料库词性标记集 C5（61 个标记代码），以上三种词性标记集均见附录 1。

我们分别使用上述 3 种英语词性标记集对例 2 进行词性标注，标注结果如表 3.2 所示。

例 2　Tony Blair will today seek to bind up the personal and political wounds dividing Labour and join forces with Gordon Brown to unite their party behind a forward-looking manifesto for a third election win.

表 3.2　采用 3 种英语词性标记集的不同词性标注结果

	标注结果
词性标记集 5	Tony_NP Blair_NP will_MD today_NR seek_VB to_TO bind_VB up_RP the_AT personal_JJ and_CC political_JJ wounds_NNS dividing_VBG Labour_NP and_CC join_VB forces_NNS with_IN Gordon_NP Brown_NP to_TO unite_VB their_PP$ party_NN behind_IN a_AT forward-looking_JJ manifesto__NN for_IN a_AT third_OD election_NN win_NN ._.
词性标记集 6	Tony_NNP Blair_NNP will_MD today_RB seek_VB to_TO bind_VB up_RP the_DT personal_JJ and_CC political_JJ wounds_NNS dividing_VBG Labour_NNP and_CC join_VB forces_NNS with_IN Gordon_NNP Brown_NNP to_TO unite_VB their_PRP$ party_NN behind_IN a_DT forward-looking_JJ manifesto__NN for_IN a_DT third_lS election_NN win_NN ._.

（续表）

	标注结果
词性标记集 7	Tony_NP0 Blair_NP0 will_VM0 today_AV0 seek_VVI to_TO0 bind_VVI up_AVP the_AT0 personal_AJ0 and_CJC political_AJ0 wounds_NN2 dividing_VVG Labour_NP0 and_CJC join_VVI forces_NN2 with_PRP Gordon_NP0 Brown_NP0 to_TO0 unite_VVI their_DPS party_NN1 behind_PRP a_AT0 forward-looking_AJ0 manifesto__NN1 for_PRP a_AT0 third_ORD election_NN1 win_NN1 ._

3.2 兼类词消歧

在英语中，通过对 Brown 语料库进行统计，按歧义程度排列的词型数目，DeRose（1988）给出了如下标记歧义表（见表 3.3）：Jurafsky & Martin（2009）分别采用词性标记集 5（87 个标记代码）和标记集 6（45 个标记代码）对 Brown 语料库进行了更加细致的统计，统计结果见表 3.4。

表 3.3　Brown 语料库词性标记统计（DeRose，1988）

	标记数目	词型数目
词性无歧义	1	35 340
词性有歧义	2	3 764
	3	264
	4	61
	5	12
	6	2
	7	1

表 3.4　Brown 语料库词性标记统计（Jurafsky & Martin，2009）

	标记数目	词型数目（87-tag）	词型数目（45-tag）
词性无歧义	1	44 019	38 857
词性有歧义	2	4 967	6 731
	3	411	1 621
	4	91	357
	5	17	90
	6	2	32
	7	2	6
	8	0	4
	9	0	3

　　可见英语中的大多数单词是没有歧义的，即这些单词只有一个单独的标记。但是，英语中的最常用单词很多却是有歧义的。

　　据统计，常见的汉语兼类现象具有以下的分布特征：其一，在汉语词汇中，兼类词数量不多，约占总词条数的 5%～11%；其二，兼类词的使用频率很高的词，其词性兼类现象越严重。在词表中，如果某些词兼类个数相同，并且当兼类标记按一定顺序排列时所得到的标记串完全相同，我们就说这些词有相同的兼类模式。从北京大学的语法词典中统计，得到 56 种兼类模式，按兼类模式所辖词形个数降序排列，前 10 种双类兼类模式如表 3.5 所示。

表 3.5　现代汉语双类兼类模式统计（前 10 种，区分两类兼类和三类兼类）

兼类模式	兼类词数目 / 条
n v（名词兼动词）	392
a v（形容词兼动词）	76
b d（区别词兼副词）	38

（续表）

兼类模式	兼类词数目 / 条
d v（副词兼动词）	37
n q（名词兼量词）	35
p v（介词兼动词）	34
g v（语素字兼动词）	33
a n（形容词兼名词）	24
q v（量词兼动词）	21
g q（语素字兼量词）	21

三类和三类以上的兼类模式主要有（见表 3.6）：

表 3.6　现代汉语三类兼类模式统计

兼类模式	兼类词数目 / 条
n q v（名词兼量词兼动词）	8
g q v（语素字兼量词兼动词）	4
c d v（连词兼副词兼动词）	4
d p v（副词兼介词兼动词）	3
a d v（形容词兼副词兼动词）	3
a n v（形容词兼名词兼动词）	3
k n q（后接成分兼名词兼量词）	3
n p v（名词兼介词兼动词）	3
p q v（介词兼量词兼动词）	3

三类和三类以上的兼类模式都可以分化为两两兼类，所以可以得到总共 82 种双类兼类模式，词性个数最多的前 10 种双类兼类模式为（见表 3.7）：

表 3.7　现代汉语双类兼类模式统计（前 10 种，不区分两类兼类和三类兼类）

兼类模式	兼类词数目／条
n v（名词兼动词）	414
a v（形容词兼动词）	87
d v（副词兼动词）	57
n q（名词兼量词）	52
p v（介词兼动词）	51
g v（语素字兼动词）	44
b d（区别词兼副词）	44
q v（量词兼动词）	43
a n（形容词兼名词）	31
g q（形容词兼副词）	29

　　从以上数据中，可以了解词性标注消歧的重点就是兼类词。词性标注的方法有三种：基于规则的方法、基于统计的方法和基于转换的方法，任何一个词性标注算法的关键归根结底还是如何解决词性标注中的歧义消解问题。

3.2.1　基于规则的方法

　　基于规则的标注方法主要是利用上下文的词语、词类等信息来确定当前词（兼类词）的词性。按照所作用的对象，标注规则可分为以下几种：

　　第一，针对特定词的，作用对象往往是特定的高频兼类词，如汉语词"了（助词兼语气词兼动词）"，可根据前面出现的是否谓词，后面是否句尾标志等上下文信息来选择合适的标记。再如专门针对英语词汇"that"制定其作副词时的规则等。

第二，针对特定兼类模式的，例如，汉语中"动词－形容词"兼类词前面出现程度副词时应选择形容词标记。

第三，针对特定词类序列的，例如 v {p，u，a} 表示三种合法的词类序列，即"动词 + 介词""动词 + 助词"和"动词 + 形容词"，文本中的词类序列为"有 /v + 怪 /a-d-v + 招 /n"，其中"怪"是当前词，兼属形容词、副词和动词，跟规则中的词类序列匹配，可知应选择标记 a，即把"怪"标注为形容词。

在一个基于规则的标注系统中，我们总是希望每条规则的效用都比较高。规则的效用可从两个方面来衡量，即规则的正确率和覆盖率。正确率可表示为规则成功次数除以规则运用次数；覆盖率可表示为规则运用次数除以兼类词的总词次。显然，针对特定词的消歧规则，其正确率一般较高，但覆盖率可能较低；针对特定兼类模式或特定词类序列的消歧规则，其覆盖率较高，但正确率可能较低。

在词性标注领域中最早使用基于规则的方法进行词性标注的系统是美国布朗大学研发的 TAGGIT 系统（Francis & Kučera，1982）。该系统使用的规则库构成规则均由语言学家根据语言学知识人工编撰的，系统还使用词语后缀等信息对符合特征的词语进行处理。规则库的规模非常庞大，所含规则约为 3 300 条。使用该系统对包含一百多万词次的测试语料进行标注，标注的准确率达到 77% 左右。

基于规则的标注方法的优点是利用语言学家共同制定的规则可以获得质量较高的语言知识，通过匹配语言规则进行词性标注的准确率较高。其主要优点是可以充分而有效地利用各种上下文信息。所谓充分，是说无论相关词跟当前词相隔多远都可以利用；所谓有效，是说可以只把跟当前词消歧有关的词写进规则的条件部分。另一个优点是不存在数据稀疏问题，标注正确率跟训练语料无关。缺点主要有：建立规则集需要专家知识，投入较多的人力；不容易写出覆盖率低但正确率高的规则，这种规则表达颗粒度小的语言知识，小颗粒度的语言知识大量存在并且往往被专家所忽视。如果规则集基本上不反映这种知识，标注系统的正确率就会大大降低。

3.2.2　基于统计的方法

以实现汉字串"人民收入和生活水平进一步提高"的词性标注为例，选择词性标记集 5。首先，自动分词后可以看出"人民收入和生活水平进一步提高"是一个长度为 7 的词串，其中"和"是姓名（nh）兼连词（c）兼动词（v）兼介词（p），"生活"是名词（n）兼动词（v），"水平"是名词（n）兼形容词（a），"进一步"是名词（n）兼副词（d），"提高"是名词（n）兼动词（v）。如图 3.1 所示。

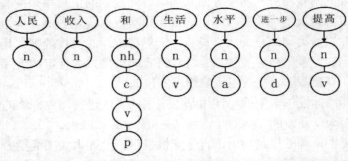

图 3.1　词串"人民收入和生活水平进一步提高"中各个词的词性

用 W 表示词串，C 表示对应的词性标记串，显然，由于兼类词的存在，C 不是唯一的，原则上可以有 $1 \times 1 \times 4 \times 2 \times 2 \times 2 \times 2 = 64$ 种可能的标记串。从概率统计的角度说，我们的目标是：寻找能使 $P(\text{C}|\text{W})$ 获得最大值的标记串。

基于统计的词性标注方法，可以看成是从多条路径中选择一条最佳路径的过程。一条路径由若干条边组成，每条边都有一个对应的权值。这个权值如果是一次状态转移的概率乘以词典概率，那么最佳路径就是各边权值乘积最大的路径；如果是转移概率的负对数加词典概率的负对数，那么最佳路径就是各边权值之和最小的路径。一般采用后一种权值来计算，这种权值叫作"费用"。"人民收入和生活水平进一步提高"有 64 条路径，每条路径都是由 7 条边组成，可用动态规划方法来解决计算问题。

最佳路径有一个重要特征：如果从起点 A 经过 P，H 到达终点 G 是一条最佳路径，那么，由 P 出发经过 H 到达终点 G 所走的这条子路径，对于从 P 出发到终点 G 的所有可能的不同路径来说，必定也是最佳路径。换言之，全局最佳的路径必定局部最佳（但局部最佳未必全局最佳）。这一特征使得我们可以逐段计算最佳子路径，每增加一个词，都把它跟前面计算的最佳路径连接起来，到最后一段时，只要看看作为终点的词谁的累计费用最小就行了。这样我们甚至不需要把所有的可能路径都列出来再寻找最佳路径。具体的标注步骤是：

步骤 1：计算从起始结点到"和"的 4 个结点的费用，其累计费用就是每条边的费用，"和"的每个结点的最佳前驱都是起始结点。

步骤 2：计算从"和"的每个结点到"生活"的每个结点的费用，共有 8 条边，每条边的累计费用各是由两条边的费用相加而成。"生活"的每个结点有 4 条边，其中累计费用最小的那条边所对应的"和"的某个结点就是"生活"的这个结点的最佳前驱。例如，"生活（n）"的最佳前驱可能是"和（c）"，而"生活（v）"的最佳前驱可能是"和（p）"。按此方法找出"水平（n）""水平（a）"和"进一步（n）""进一步（d）""提高（n）"和"提高（v）"的最佳前驱和最小累计费用。

步骤 3：比较最后一个词（"提高"）的每个结点的最小累计费用，在这 2 个最小累计费用中选择最小的一个，确定其所对应的结点为最佳路径的尾结点，例如可能是"提高（v）"。

步骤 4：从尾结点出发向串首扫描，找出每个结点的最佳前驱，即可得到最佳路径。例如，"提高（v）"的最佳前驱可能是"进一步（d）"，"进一步（d）"的最佳前驱可能是"水平（n）"，"水平（n）"的最佳前驱可能是"生活（n）"，"生活（n）"的最佳前去可能是"和（c）"，于是得到最佳路径"居民 /n 收入 /n 和 /c 生活 /n 水平 /n 进一步 /d 提高 /v"。

隐马尔科夫模型、最大熵模型和条件随机场模型这三个统计模型均可用于词性标注。隐马尔科夫模型直接对状态转移概率和观察值输出概率建模，统计共现概率；最大熵模型对观察值输出概率和状态转移概率建立联合概率，统计条件概率，该模型只做局部归一化，容易陷入局部最优；条件随机场模型统计全局概率，做全局归一化处理，解决了最大熵模型中的标记偏置问题，在词性标注中有一定的优势。

基于统计的标注方法的优点是，能通过机器学习而自动获取大量颗粒度小的知识，开发标注系统所需的人力费用小，一般有 10 万词次的训练语料就可以了。从目前所报道的结果来看，这种方法的标注正确率大大高于基于规则的标注方法。但是，这种方法也有许多缺点。

第一，难以处理长距离依赖现象。标注模型中，标记串概率计算一般用二元模型，最多用三元模型，词典概率只能用一元模型，因此对上下文启发信息的利用极其有限。第二，总是忽略小概率现象。第三，由于统计方法得出的结果是不确定的，涉及的因素很多，因此无论标注正确与否，都很难从语言学角度给出直观的解释，这给统计方法的改进带来一定困难。

3.2.3　基于转换的方法

Brill（1995）提出一种基于转换的（transformation-based）词性标注方法，所谓转换，就是在训练和标注过程中运用所获得的改错规则来提高标注精确率。因此，该方法又叫错误驱动学习（error-driven learning）的词性标注方法，所谓错误驱动，就是对人工校对过的训练语料重新标注，机器自动发现标注错误，从而总结改错规则。这种方法的关键是从训练语料中自动学习标注规则，然后用所学到的规则来标注新的语料。计算机在标注某个文本时，先根据训练语料中概率最大的词性来标注该文本中的各个词，然后与"标准答案"（Brill 称之为"truth"）进行比对，对于和 truth 中标注不一致的词性，总结其规则然后把规则添加到校正规则集，并重新对该文本进行标注。如此循环，直到不能提高标注正确率为止。所得到的校正规则集还可用来标注训练集之外的语料。例如以下几条转换的校正规则：

（1）NN1 → VVI if one of the three previous tags is VM0
　　　（如果当前词之前的三个词性标记中有一个是 VM0，则将当前
　　　词标记 NN1 转换成为 VVI。）

（2）VVN → VVD if the previous tag is NP0

（如果当前词之前的标记是 NP0，则将当前词标记 VVN 转换成为 VVD。）

（3）PRP → AV0if the word two positions to the right is *as*

（如果当前词右边的第二个词为 as，则将当前词标记 PRP 转换成为 AV0。）

（4）NN1 → VVG if the word has suffix *–ing*

（如果当前词的后缀是 *-ing*，则将当前词标记 NN1 转换成为 VVG。）

（5）NN2 → VVZ if the word *it* can appear to its left

（如果 it 出现在当前词左边，则将当前词标记 NN2 转换成为 VVZ。）

这种方法将词性标注的精确率提高到 98%，虽然增幅不大，但重要的意义在于，它把统计方法和规则方法结合了起来：训练过程是基于统计的，标注过程则是基于规则的；它可以从更大一些的上下文中学到有用的启发性知识，规则集的存储量却大大低于模型参数的存储量；它所获得的改错规则很容易理解；标注速度也有提高。

3.3 未登录词词性预测

传统的词性标注是基于词典、训练语料，依据规则或者统计数据给文本中的待标注词语确定合适的词性标记的过程。词性标注的前提是词语在词典（词典中包含词语所有可能的词性标记）或训练语料中出现且有针对这个词语的标注规则或统计数据。然而，随着时代的发展，未登录词的出现速度越来越快，数量也越来越大，语料库和词典不可能包含所有的词。因此，在对文本进行标注时，会遇到相当数量的未登录词，尤其在处理某些专业领域的文本时，未登录词的问题就尤为突出。未登录词识别又叫新词识别（new entity recognition，NER）。对于未登录词而言，由于它没在词典或者训练语料中出现过，对它进行词性标注时，词性标记器没有任何可用的标注信息。这是未登录词和已登录词在词性预测时的最大不同，同时又是未登录词在词性预测和自动分词时的共同之处，也是难点所在。未登录词的词性预测已经成为汉语词性标注性能提高的最大的绊脚石。

对于未登录词词性预测的研究，目前主要采用基于统计的或基于统计与规则相结合的方法。基于统计的方法通过对语料库的训练得到全部信息，宏观地考虑了词性之间的依存关系，并且能够包含大部分的语言规律和语言现象，具有较高的稳定性、准确率和覆盖率。但统计方法一般只考虑标注点前后固定距离的标注信息，这就限制了词性标注的准确率。基于规则方法基本利用语言学家编撰的规则，这些规则能够体现很多确定的词性搭配，准确率较高，但是规则库不能涵盖所有的语言现象，编撰和维护较庞大的规则库的工作量非常巨大，也难以解决规则之间的优先级和冲突的问题。若将充分体现语言学规律的规则应用到未登录词标注过程中，标注词语境中更多的词语、词类的特征信息将会作为标注未登录词的依据，这将在一定程度上弥补基于统计方法的不足。

统计方法中使用的特征通常包括未登录词的内部特征和外部特征。其中，内部特征包括词语长度、词语的前缀（或后缀）、词语中子字符的具体特征（如字符的位置、词性）；外部特征包括训练语料的全局信息，未登录词的上下文信息（如未登录词前后文相邻的词，相邻的字以及相邻标记）等。在未登录词词性猜测的研究领域，根据所用统计特征分类，目前主要有两种典型的词性猜测方法：使用单一特征的词性标注方法和使用组合特征的词性标注方法。

3.3.1　使用单一特征的未登录词词性预测

Chen（1997）使用统一的统计模型来预测英语未登录词的词性，主要是估算词缀和词性之间的关联强度，考虑的是单一的词缀特征。此外，该模型采用了词缀依赖熵加权的方案来确定前缀属性和后缀属性直接联系的权重来预测所有未知的名词、动词和形容词，这对于未登录词的歧义识别是非常重要的。但该方法对于未登录词的长度、类型以及未登录词出现的上下文语境都相当敏感，因此准确率不高。Wu & Jiang（2000）利用内部特征预测未登录词的词性。该模型将词性预测问题视为分类问题，对未登录词的内部特征进行统计并将统计结果作为分类的依据预测词性。该模型假设汉字在同类词的相同位置上的作用是相同的，采用每个未登录词中的各个组成汉字的联合概率作为该词词性预测的概率，再根据预先设定的阈值确定词性标记。该方法形式简单，计算方便，对于两字词和三字词的词性预测效果较好，但对于长度较大的词性预测效果较差。如果能同时考虑未登录词的上下文信息，准确率可能会有很大的提高。Goh et al.（2003）使用未登录词的外部特征预测其词性，这是一个非常简单的统计模型，该模型通过未登录词的上下文词性（如语料中与未登录词紧邻的前一个或者后一个词语的词性）来估算该未登录词属于特定词性的概率，对比两种特征模板的效果：模板一是未登录词的词性依赖于它前面的和后面的词性；模板二是未登录词的词性仅依赖于前面的词性，而后词的词性依赖于该未登录词的词性。实验结果模板二的准确率比模板一效果稍好。但该模型使用后词的词性来预测未登录词词性还存在两个小问题：一是由于标注算法是按照语句从左到右进行处理的，当处理当前的未登录词时右边词的词性还未知；二是很多例子表明如果两个未登录词相邻出现，那么后一个未登录词的词性未知。邹纲（2004）使用未登录词的外部特征，利用未登录词的上下文信息来预测其词性。具体的方法是对每一个包含未登录词的句子，选取未登录词左边和右边各一个词和其词性及未登录词组成特征，再根据这些信息预测中间的未登录词语的词性。

3.3.2　使用组合特征的未登录词词性预测

这类方法使用多个特征训练标注模型，再根据被标注未登录词的外部特征及内部特征直接对其进行词性预测。Tseng et al.（2005）采用了一系列的综合的特征，包括词缀、按照与训练语料相关的语素分类的标注集、常用的动词词缀、与未登录词的前缀和后缀相关的词根、一系列命名实体语素和词语的长度。Goh et al.（2006）提出了预测各种类型未登录词词性的统一模型，该模型综合考虑了未登录词的内部特征和外部特征。其中，外部特征采用的是未登录词的一元和二元上下文信息，内部特征采用的是词的长度和词缀。该模型整体的准确率是91.07%，然而该模型没有充分利用未登录词的内部特征，否则准确率还能有较大提升。Lu（2005）提出一个混合模型，该模型综合了三种不同模型（包括规则模型、三元模型及基于字符位置信息的统计模型）的优势以达到充分利用词语信息及提高系统性能的目的。此外，该模型还充分利用了词语的类型、长度、内部结构、未登录词上下文信息来提高对未登录词词性预测的正确率。该模型取得的准确率达到89%左右，较之前的研究结果有了很大提高，因为该模型将多种模型组合，发挥了各个单模型的优点，也相应弥补了各自的不足。缺点是组合多个模型增加了系统的复杂度，且规则模型使用手工编写的词性预测规则很难做到全面覆盖，不够完备。Nakagawa et al.（2001）综合使用内部特征和外部特征来训练该模型，实现了未登录词的标注词性预测系统。为了提高词性预测的准确率，该模型进行两次数据扫描，第一次扫描使用未登录词前面的标记，第二次使用其前面和后面的两个标记。该模型取得了较好的词性预测效果，但模型仅考虑了局部信息，未对句子全局信息加以利用。Qiu et al.（2008）综合使用内部特征和全局特征来预测未登录词性。内部特征选用词语的组成成分、成分的长度及成分的词性标记。为考虑全局特征，该模型使用搜索引擎来检索未登录词，从而得到多个含有未登录词的句子，再分析这些句子中的上下文信息得到未登录词的全局特征。最后模型根据全局特征，使用规则模板对词性预测结果进行投票判决以得到最终标注结果。该模型的准确率达到94.2%，是当前最高水平。但该模型未充分利用未登录词的上下文特征，且它依赖于搜索引擎得到全局特征；此外，投票判决时所使用的规则模板很难全面覆盖各种复杂的情形。张海军等（2010）使用词的外部和内部特征来进行汉语未登录词词性预测。该模型增加了新的内部特征（汉字偏旁）来提高词性标注效果。实验表明，在该组合特征中加入汉字偏旁进行预测效果较好，准确率显著提高，达到94.67%。实验在一定程度上证明，加入汉字偏旁对词法分析较有实用意义。此外，对汉字偏旁特征进行优化和归并处理后，标注效果会进一步提高。

杨辉（2008）综合考虑了未登录词的内部构词信息以及其上下文的信息，将词性标注问题视为二类分类问题（即在词性标注过程中不是直接预测一个未登录词的词性，而是计算词语与某个词性的相似度），从候选词性集中选取可信度最高的词性作为新词的词性，这是一种简洁有效的词性预测方法。选取的特征有未登录词的词缀和前词词性及后词词性。

3.4　文本序列标注研究进展

　　词汇形态分析、汉语自动分词以及词性标注都是词法自动分析的任务。近年来，越来越多的词法分析研究都将这几种任务融合起来一并进行处理，统称为文本序列标注。序列标注简单来说就是给定一个序列，对序列中的每一个元素做一个标记。词汇形态分析就是给词缀做一个标记，词例化时将带有词缀序列标记的元素统一做归一化处理；汉语自动分词就是在需要切分的位置加一个分词的序列标记；词性标注就是在词语序列中添加词性标记。文本序列标记可以是单一任务上使用组合模型，也可以好几种序列标记任务进行一体化处理。

　　闻玉彪（2011）提出一种组合模型用于预测未登录词的词性。该模型综合考虑了未登录词的内部特征及外部特征并结合了机器学习的方法，全方位利用未登录词的可用信息。组合模型包含的子模型有条件随机场模型、三元文法模型以及基于字符位置的模型。条件随机场模型中采用了三种类型的内部特征（词语构成成分、构成成分长度和构成成分的词性标记）；三元文法模型可以捕捉到未登录词语的相邻上下文信息，并为每个未登录词返回一个词性标记；基于字符位置模型使用内部特征来进行未登录词的词性预测，将其看作一个分类问题，再依据统计结果来判断词语的词性。组合模型的应用充分发挥了各子模型的优势，弥补了单一方法的不足，从而提高了预测效果，准确率达到89.25%。

　　汉语自动分词和词性标注任务经常放在一个词法分析器中一并进行。刘慧敏（2015）采用基于联合模型的方法将分词问题和词性标注问题作为整体来处理，在处理分词的同时标注词性，并且在使用联合模型的基础上提出基于规则自动获取的兼类词消歧义方法和基于组合模型的未登录词词性预测方法。而且，将该方法应用于文学文本的序列标注任务，对文学语料《英雄出世》进行词语的切分和标注，取得的标注 $F1$ 值为 78.637%，加入了兼类词模块之后标注 $F1$ 值提升到了 80.597%，再次加入未登录词模块之后标注 $F1$ 值提升到 80.691%。袁义国（2022）利用深度学习技术，使用以 BERT 预训练方法训练得到的 SikuRoBERTa 对字进行向量化表示，并采用按部首向量的方法提高了编码层的向量化表示质量，在《左传》训练集上获得自动分词和词性标注一体化模型，在《史记》测试集上获得的自动分词和词性标注 F 值分别是 91.42% 和 86.20%，在《资治通鉴》测试集上的 F 值分别为 92.27% 和 85.39%，具有一定的泛化能力。

近年来，一些学者开始使用神经网络和遗传算法进行词性标注（支天云、张仰森，2001）。例如，基于 BP 网络的汉语文本词类标注方法，该算法是基于人脑认识机制，利用 BP 网络对已分词的待标注语料进行词性标注，能够同时利用语料中的概率知识和上下文信息进行推理。

在以 BERT 为代表的大规模预训练模型出来之前，"BiLSTM + CRF"是解决文本序列标注问题（如分词、POS、NER 和句法分析等）的基线系统之一，其通过 BiLSTM 提取 word/token-level 的句法/语义特征输出，后接 CRF 层保证序列标注转移的合法性和全局最优化。

深度学习将词性标注视为和自动分词一样是个序列问题。我们分别以宾州树库（Penn Treebank）、社交媒体（Social media）和依存句法（Universal Dependencies，UD）树库三种语料上进行的词性标注研究为例，来介绍深度学习算法在词性标注任务上的研究进展。

3.4.1　基于宾州树库的词性标注研究

Plank et al.（2016）利用双向长短时记忆神经网络进行 22 种语言的词性标注任务，实验结果表明在形态丰富的语言效果明显，总体词性标注精度达到 97.22%；Ling et al.（2015）的实验也表明双向长短时记忆模型时处理形态丰富语言词性标注的较好方法；Vaswani et al.（2016）将双向长短时记忆模型与前馈神经网络模型相融合，将词性标注任务的精度提高到 97.4%；Yang & Zhang（2018）开发了 NCRF++ 词性标注工具集，在长短时记忆模型中增加 CRF 推理层，在封闭测试中词性标注精度得到了进一步提升，该工具集可用于所有序列标注任务。至此，BiLSTM+CRF 就成为序列词性标注的"标准模式"，其后进展都是在此模式上融合了不同的深度学习算法。

Liu et al.（2018）提出一种适用于英文语料的序列标注问题，其在 BiLSTM+CRF 基础上进一步引入了字符级别的语言模型进行联合训练，通过验证，这种 ML+BiLSTM+CRF 的模型架构在文本序列标注问题上的效果更佳；在其之前，Ma & Hovy（2016）已经通过将 CNNs 模型与 BiLSTM+CRF 融合将词性标注精度提高到 97.55%；达到相同标注精度的还有 Yang et al.（2017），他们融合的深度学习算法是分层递归网络（hierarchical RNN）；Xin et al.（2018）则联合训练多字符嵌入的语言模型 IntNet，融合了 CNN 网络，词性标注精度略有提升；Yasunage et al.（2018）通过对抗训练（adversarial training，AT）将 BiLSTM+CRF 基本模型的词性标注精度提高到 97.59%；Akbik et al.（2018）提出的模型主要包括两个部分，即字符语言模型（character language model，CLM）和序列标记模型（sequence labeling model，SLM）。其中，字符语言模型即利用双向 LSTM 中隐层状态编码词向量，Bi-LSTM 的使用使得该向量嵌入天生就融合了上下文的语义信息，因此能很好地解决一词多义的问题。同时，由预训练得到的字符语言模型可以根据不同的输入动态编码词向量，因此能很好地嵌入至下游任务中。序列标记模型即为传统的 BiLSTM+CRF 的结构。该模型可以有效解决一词多义问题，同时还能更好地处理未登录词、罕见词以及拼写错误的问题，直接在众多词性标注任务中将其精度提升到 97.85%；之后 Bohnet et al.（2018）利用的是基于词而非字符嵌入的预训练模型，融合了尽可能多的上下文信息，精度提升到 97.96%。

3.4.2 基于社交媒体文本的词性标注研究

社交媒体语言具有非正式性、口语化、碎片化等特征，所使用词语的词性标记模糊混乱，因此针对社交媒体文本的词性标注任务难度较大。Ritter et al.（2011）在推特语料上进行的词性标注和命名实体识别实验时的数据集被视为社交媒体语料词性标注的基准测试集，这是由50K英语词例构成的社交媒体语料，词性标记集采用拓展的宾州树库标记集。以下是以该基准测试集为基础所进行的基于社交媒体语料词性标注研究的进展情况。

Derczynski et al.（2013）使用 GATE（Cunningham et al. 2013）等不同的词性标注器在不同的语料文本包括上述社交媒体语料测试集上进行比较实验，提出一种通过投票限制（vote-constrained）的数据自举（bootstrap）标注方法取得 88.69% 的标注精度；Owoputi et al.（2013）开发出卡耐基梅隆大学推特文本词性标记器（CMU Twitter Part-of-Speech Tagger），利用对话文本中的词簇（word cluster）和新词特征来训练该标记器，将词性标注精度提高到 90% 左右，而彼时的词性标注尚未使用深度学习算法；Godin（2019）在博士论文中利用词向量预测社交媒体文本的下一个词，并应用 CNN 语言模型来预测文本中下一个词的词性，将深度学习算法应用到了社交媒体文本词性标注任务，在推特文本中达到 90.53% 的标注精度；Meftah et al.（2019）则将预训练模型应用到社交媒体文本的词性标注任务，将这个预训练模型进行微调融合之后在三个测试集上均取得了不错的成绩，将推特文本词性标注精度提高到 91.46%；Wang et al.（2021）将社交媒体文本词性标注任务看成用于结构化预测的自动关联嵌入（automated concatenation of embeddings，ACE）任务，也就是结构预测的子任务，运用强化学习策略不断优化预测模型，在词性标注精度任务中取得 93.4% 的优异成绩。

3.4.3　基于依存树库的词性标注研究

依存树库是一个跨语种的开源语法标注项目，200 多名贡献者为 70 多种语言标注了 100 多个树库，贡献者在标注不同语言的词性时遵循统一的词性标记集。

Plank et al.（2016）在双向长短时记忆神经网络模型基础上增加了一个词性标注损失函数来处理稀缺词汇的词性标注问题，在 22 种语言的测试中取得了不俗的成绩；Nguyen et al.（2017）融合了基于图的依存句法分析器和双向长短时记忆神经网络模型，分别学习 UD 树库中的依存句法关系和词性标注特征，在 19 种语言的测试中显示了该方法的优越性，词性标记精度达到 95.55%；Heinzerling & Strube（2019）充分利用了子词（subword）介于词与字符之间的粒度能够很好地解决未登录词的词性标注问题的特点，提出 FastText 和 BpEmb 两种子词嵌入方法，并利用上下文的 BERT 做预训练，将多语言词性标注精度提高到 96.77%。

第 4 章
局部句法分析

自然语言处理技术在字词处理层面已经得到实际的应用，如在字符识别与输入、语音识别与语音合成、信息检索以及基于词的机器翻译等。现在的研究热点和难点是短语层面。短语是介于句子和词之间的语言单位，可以划分为名词短语、动词短语、介词短语等。从理论语言学角度而言，短语形成一个完整的想法（Jurafsky & Martin，2009）；而从计算语言学角度而言，短语是几个相邻的词汇序列（Koehn，2010）。

局部句法分析（partial parsing）可以看作完全句法分析（full parsing，见第 5 章）的初级阶段，一方面是为完全分析做准备，另一方面也能直接应用到自然语言处理中。局部句法分析是对句子的主干部分或者主要短语结构作出分析，不一定分析到每个词，实现的可行性较强。局部句法分析包括浅层分析（shallow parsing）和骨架分析（skeleton parsing）。浅层分析只要求识别句子中某些相对简单的结构，如基本名词短语，简单的动词短语等；骨架分析只要求分析出句子的主干成分，例如核心谓词，全句的主语、宾语等。

4.1　短语结构语法与浅层分析

局部句法分析一般以短语结构语法（phrase structure grammar，PSG）作为理论依据。以短语结构语法为指导形成的语言分析系统一般遵循"先句法 – 后语义"的常规做法，即先把句子分析成句法树，再把语义信息通过各种手段附加到短语结构上。在这个基础上，已经发展了很多短语结构语法，在计算语言学中经常使用的是广义短语结构语法（generalized phrase structure grammar，GPSG），研究的重点是如何构造形成短语，如 *NP*、*VP* 等。

以问答系统中的简单句为例，选取 ATIS（the Air Traffic Information System）[1] 语料来实现简单句的结构分析。

首先建立词库，表 4.1 为词库样例。

表 4.1　ATIS 词库样例

Noun → flights | breeze | trip | morning | …
Verb → is | prefer | like | need | want | fly | …
Adjective → cheapest | non-stop | first | latest | other | direct | …
Pronoun → me | I | you | it | …
Proper Noun → Alaska | Baltimore | Los Angeles | Chicago | …
Determiner → the | a | an | this | that | these | …
Proposition → from | to | on | near | …
Conjunction → and | or | but | …

其次总结短语规则，表 4.2 为规则样例。

表 4.2　ATIS 规则样例

Grammar Rules	Examples
S → NP VP	I+want a morning flight
NP → Pronoun	I
NP → Proper Noun	Los Angeles
NP → Det Nominal	a+flight

1　ATIS 创建于 20 世纪 90 年代初，是最早的航空订票口语系统，由美国政府资助建设完成。（Hemphill et al.，1990）

（续表）

Grammar Rules	Examples
Nominal → Nominal Noun	morning+flight
Nominal → Noun	flights
VP → Verb	do
VP → Verb NP	want+a flight
VP → Verb NP PP	leave+Boston+in the morning
VP → Verb PP	leaving+on Thursday
PP → Proposition NP	from+Los Angeles

最后利用词库和规则库进行短语结构分析，例如：I prefer a morning flight，句法分析树如图 4.1 所示：

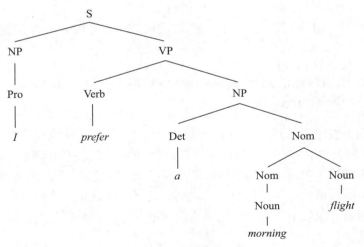

图 4.1　句法分析树示例

也可以用加括号的方法（bracketed notation）标记为：

$[_S[_{NP}[_{Pro}I]][_{VP}[_{Verb}prefer][_{NP}[_{Det}a][_{Nom}[_{Nom}[_{N}morning]][_{N}flight]]]]]$

浅层句法分析，也叫语块分析（chunk parsing），来自然语言处理领域出现的一种新的语言处理策略。它是与完全句法分析相对的，完全句法分析要求通过一系列分析过程，最终得到句子的完整的句法树。而浅层句法分析则不要求得到完全的句法分析树，它只要求识别其中的某些结构相对简单的成分，如非递归的名词短语、动词短语等。这些识别出来的结构通常被称作语块（chunk），语块和短语这两个概念通常可以换用。

浅层句法分析的结果并不是一棵完整的句法树，但各个语块是完整句法树的一个子图（subgraph），只要加上语块之间的依附关系（attachment），就可以构成完整的句法树。所以浅层句法分析将句法分析分解为三个子任务：一是语块的识别；二是语块内部关系分析；三是语块之间的依附关系分析。浅层句法分析的主要任务是语块的识别和语块内部关系的分析。这样就使句法分析的任务在某种程度上得到简化，同时也有利于句法分析技术在大规模真实文本处理系统中迅速得到应用。

句子"组块"（chunking）的想法由 Abney（1991）首先提出的，例如：

例 1　[I begin] [with an intuition]: [when I read] [a sentence], [I read it] [a chunk] [at a time].

例 1 被用方括号划分为 7 个块。Abney 介绍了这种组块分析方法的优点：每个块中都有特别强调的一点，形同阅读过程中的停顿（pause）；一个典型的块包括单一的实体词及其相搭配的功能词；块的结构很简单，可以用简单语法分析，但块与块之间的关系比较复杂；块内词汇的顺序比较固定；组块所能提供的信息比简单的词性标记要多，但比完全句法分析要少。

Abney（1991）首先定义了"中心词"：一个实体词就是一个中心词，但当一个实体词出现在功能词和另一个实体词之间时除外，例如

the proud man 中，实体词 man 是中心词，实体词 proud 就不是。在由特定中心词引导的"块"中，中心词是语义中心词或者是最为突出的短语。例如：

（1）the bald man：限定词短语（DP），*man* 是语义中心词；

（2）was sitting：小句短语（CP），*sitting* 是语义中心词；

（3）on his suitcase：介词短语（PP），*suitcase* 是语义中心词；

（4）in John's house：介词短语（PP），*house* 是语义中心词（*John's* 本身就是一个块）。

Ramshaw & Marcus（1995）给"基本名词短语块（baseNP chunk）"的定义是：从非嵌套名词短语的开始至中心词，包括限定词但不包括中心词后的修饰性介词短语或从句，所有格的标记可以看作另一个基本名词短语块的开始。例如：

例 2　[Even Mao Tse-Tung] ['s China] began in [1949] with [a partnership] between [the communists] and [a number] of [smaller, non-communists parties].

Daelemans & van den Bosch（2005）则给出了基于块的浅层分析结果，如：

例 3　But [$_{NP}$the dollar] [$_{AdvP}$later] [$_{VP}$rebounded], [$_{VP}$finishing] [$_{AP}$slight higher] [$_{PP}$against] [$_{NP}$the yen] [$_{AdvP}$although] [$_{AP}$slightly lower] [$_{PP}$against] [$_{NP}$the mark].

实际上，组块分析比标准的短语结构树形分析要直观很多。在短语结构语法中，Preposition+NP 的形式通常会被分析为 PP。而且要注意，上例中 But 不属于任何"块"，这样的语言成分被称为"分裂词"（chink）。

组块处理的一般方法是将带有词性标记的文本作为输入文本，Ramshaw & Marcus（1995）认为组块就是给输入的词性标记文本添加新的标记。一般来说有两种组块方法：基于规则的有限状态组块（finite-state rule-based chunking）和基于机器学习的组块（machine learning-based approaches to chunking）。

　　基于规则的有限状态组块方法，其工作原理等同于有限状态机。应用该方法时，规则是根据应用而人工总结的。在基于规则的系统中，大部分组块都是自左至右从句子的第一个单词进行最大匹配，一直到句子的最后一个单词。该方法最大的局限性就在于组块规则不支持嵌套，例如，规则 NP →（Det）Nominal 没有问题，但是规则右端的产生式规则如 Nominal →（Det）Nominal Nominal 在该方法中就出问题了。当该系统在识别 the machine translation 时，受上述两条规则支配，就会产生有歧义的两种识别结果：NP[the machine translation] 和 NP[the machine] NP[translation]。该方法的好处在于输出可以作为其他有限状态机的输入，进入级联（cascade）系统。如图 4.2 所示。

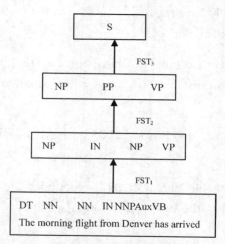

图 4.2　基于组块的句法分析示例

　　在第一层级的有限状态机（FST₁）中完成了带有词性标记的句子"the morning flight from Denver has arrived"的组块分析，将组块分析的输出结果作为输入进入第二层级的有限状态机（FST₂），完成 PP 的组块，最后进入第三层级的有限状态机（FST₃），完成句子的完全分析。

　　基于机器学习的组块方法类似于基于转换的词性标注方法，事实上，在组块分析中，Ramshaw & Marcus（1995）所采用的方法也是基于转换的、错误驱动的机器学习方法。

评价组块分析结果的指标有三个：准确率、召回率和 F 值。准确率是衡量系统识别出的正确组块在识别组块中的比例，"正确组块"既指组块的边界识别正确，也指组块的标记正确。准确率的计算公式为：

$$准确率：P = \frac{系统识别出的正确组块的数目}{系统识别出的所有组块的数目} \times 100\% \qquad （公式 1）$$

召回率是衡量系统识别出的正确组块在实际组块中的比例。召回率的计算公式为：

$$召回率：R = \frac{系统识别出的正确组块的数目}{文本中实际的所有组块的数目} \times 100\% \qquad （公式 2）$$

F 值是将准确率和召回率综合考虑的评测指标，其计算公式为：

$$F_\beta = \frac{(\beta^2 + 1)PR}{\beta^2 P + R} \qquad （公式 3）$$

其中参数 β 代表召回率和准确率的权重，$\beta > 1$ 则系统侧重召回率，$\beta < 1$ 则系统侧重准确率，如果 $\beta = 1$ 则系统召回率和准确率的权重相等。

在基本短语组块分析测试中，基于规则的有限状态组块方法的 F 值介于 0.85～0.92，基于机器学习的组块方法的 F 值介于 0.92～0.94。

受限于汉语句法分析中的定义问题，最初汉语组块研究并不是覆盖整个句子，而是侧重对基本名词短语、最长名词短语、命名实体、介词短语以及短语自动界定等单一语块的研究。如赵军（1998）提出 baseNP 句法组成模块与 N 元模型相结合的概率识别模型。李文健、周明（1995）构造了两个边界概率矩阵来识别句子中最长的名词短语。随着研究的不断深入，语块分析由单一语块发展为基本块或者功能块分析，进入系统性的组块分析阶段。刘芳等（2000）定义了 8 种语块类型，并采用增强的马尔科夫模型与基于错误驱动的转换方法对汉语语块进行识别研究。

面向汉语的语块识别与内部分析的方法主要有单一的语言规则方法、单一的统计学习方法或将语言规则与统计学习相结合的方法。如早期采用基于规则的方法，主流方法为基于有限自动机和模式匹配的方法。钱小飞（2018）利用有限状态机，对法语和英语双语语料进行名词短语的自动抽取。孙宏林（1997）利用从大规模标注语料库中抽取的

14 条规则来识别汉语动宾结构。张昱琪、周强（2002）将 MBL 方法和规则方法相结合，对汉语中九种基本短语进行边界识别。

基于统计的方法一般包括基于实例的机器学习方法、基于隐马尔可夫模型、最大熵模型、互信息、SVM、CRF 和基于神经元网络的方法等。奚晨海、孙茂松（2002）采用基于神经网络的方法对汉语短语边界进行了自动识别。李素建等（2002）采用了最大熵模型与有限状态自动机相结合的方法。孙广路（2008）研究了最大熵马尔可夫模型、条件随机场等多种机器学习方法在组块分析中的应用。程川（2016）采用基于状态转移的方法进行组块识别，并将长短期记忆神经网络融入柱搜索框架中。

目前，组块分析仍旧以语块边界识别和语块句法功能识别为主，缺少对语块内部关系的细致分析。在语块内部关系分析研究方面，将组块分析转化为序列标注任务，并使用基于统计的机器学习方法或者神经网络的深度学习方法是一个研究趋势。

4.2 浅层分析研究进展

组块分析的最新进展都集中在宾州树库中的名词短语和动词短语识别和分析上。从语法的角度来讲，名词短语结构具有两种含义：一种是指按句法成分构成的短语，如语块在句子中充当主语、宾语等，这种名词短语可以增加辅助标签 NP-Sbj、NP-Obj；另一种是指知识库中的实体和属性，具体包括：名词 – 名词复合词；词级并列结构；专有名词 NR+NN 组成的专有名词，如组织或公司名称、姓名 + 称谓等；日期与地点。动词短语就是以动词为中心，与其修饰、限定或并列成分共同构成的一种语义组块，除中心动词表达的行为之外，其修饰和限定成分更明确和具体化动作的语义。

语块的抽取一般需要通过如下三个阶段来完成：

（1）将宾州树库中的语料从树状结构变为序列结构；

（2）使用算法对制作好的语料进行训练，生成模型；

（3）使用训练的结果，测试组块标注。

　　Yang & Zhang（2018）开发了基于神经网络的序列标记器 NCRF++，这是一款基于条件随机场架构的快速序列标记工具，同时集成了多款先进的神经网络序列标记模型如长短时记忆条件随机场（LSTM-CRF）等。在命名实体识别和词性标记等序列标记任务中，$F1$ 值达到了惊人的 97.47%，但遗憾的是，在对组块进行序列标记的实验中，$F1$ 值只有 95.06%。

　　Suzuki & Isozaki（2008）认为利用半监督学习算法对序列标记器用未标记语料进行训练，会提升其标记性能。他们在 1G 单词的未标记语料中训练了词性标记、句法组块和命名实体识别三种标记系统，其中句法组块系统性能从 $F1$ 值 94% 提升到 95.2%，说明了半监督方法的有效性。

　　Søgaard & Goldberg（2016）提出一种基于深度双向递归神经网络架构的多任务学习器，并在句法组块和组合范畴语法（CCG）标记任务上进行实验，同时在给每个任务中都进行词性标记实验。实验结果表明句法组块与组合范畴语法标记结果与词性标记结果具有一致性，在双向长短时记忆模型中，句法组块标记 $F1$ 值达到 95.56%。

　　Hashimoto et al.（2017）认为词法分析、句法组块和语义标注应该互有裨益，因此他们开发了一种多任务联合模型用以解决不断增长的复杂任务，在包含句法组块任务在内的五个不同任务测试中，融合了词性标记任务的句法组块标记实验结果的 $F1$ 值为 95.77%，而单个句法组块标记任务实验结果的 $F1$ 值为 95.02%，这说明词法分析结果有助于句法分析。

　　Akbik et al.（2018）使用了语境序列嵌入（contextual string embeddings）方法替代递归神经网络中的词嵌入方法，在词、句、短语甚至情感等预测任务上显示出优越性。他们提出的嵌入方法无须特定训练语料即可获得多样化的嵌入效果，与词嵌入相比他们的嵌入方法在下游任务不同序列标记实验中结果具有很高的一致性，在句法组块标记任务中取得了 96.72% 的较高 $F1$ 值。

　　Wang et al.（2021）在 Akbik（2018）工作的基础上，在预训练模型中继续使用语境序列嵌入方法进而提出利用自动关联嵌入方法来改善结构预测任务的系统性能，利用强化学习优化系统参数，最终在句法组

块任务中取得了 *F*1 值为 96.8% 的最好成绩。

在汉语语块内部关系分析方面，王贵荣等（2022）采用符号计算和参数计算相融合的方法进行语块内部关系分析，在规则的基础上融合树结构、网格结构、有限状态自动机等多种数据结构，并利用大规模的语言搭配知识辅助识别，最终 *F*1 值达到 85.82%，加深了句法分析的深度，推动了传统组块分析向完全句法分析的发展。他们的具体做法是：输入句子或者段落，先经过语块边界识别模型得到带有分词词性标记的语块结构树，树结构中主要包含了主语块、宾语块、述语块、修饰语块，之后再对这些语块进行块内关系分析，以三元组的形式输出语块内部词语之间的语法关系，即 <word，word，relation>。他们定义的语块内部词语之间的语法关系如表 4.3 所示。

表 4.3　语块内部词语之间的关系

关系类型	各类语块内部关系的定义
Sbj	谓词与主语之间的关系
Obj	谓词与宾语之间的关系，包括直接宾语和间接宾语
Mod-v	谓词与修饰语之间的关系
Mod-n	体词与其修饰语之间的关系
Paral	并列体词性单元之间的关系
VR	并列谓词性单元之间的关系

4.3　骨架分析

陈小荷等（1997）提出汉语文本中的句子骨架分析方法，以此作为句子分类的标准和基础。这种分析方法先按标点将文本分割为一个个“准子句”，对准子句标注核心谓词以及核心谓词之前的体词性短语；然后据此重新划分复句中的各个分句，标注出各个单句或分句的句法性质，完成句子的分类。这里只介绍核心谓词的标注方法。

　　所谓"核心谓词"，是指一个准子句中充当核心谓语的谓词（动词或形容词）。英语只要根据动词形式找到限定动词就可以了，但汉语句子出现多个谓词时，难以判断哪一个是核心谓词。考虑到汉语的特点（不是每个句子都有谓语，不是每个句子都用动词或形容词做谓语）以及准子句仅仅是形式上的处理单位，因此一个准子句的核心谓词只能是零个或一个。例如：[1]

SS1：　［最年轻的军长］［４５岁］，
P3：　　必须｛加快｝高技术产业的发展速度。
SSP1：　［过去没有飞过的高难度课目］，［他］带头｛飞｝；

　　分析方法是通过对准子句作线性序列的分析，尽可能"猜测"出核心谓词。一个谓词在准子句中是否核心谓词，跟以下因素有关：
　　（1）谓词本身的类别，某些谓词比别的谓词更经常充当核心。在清华大学的 112 种词性标记中，谓词有 15 种，后附的数字是该谓词充当核心的次数与出现次数之比，记作 HF（V）[2]，见表 4.4。

表 4.4　核心谓词分布（陈小荷等，1997）

a	形容词	0.060	ab	带宾语的形容词	0.314
z	状态词	0.083	vg	一般动词	0.322
va	助动词	0.780	vf	形式动词	0.559
vi	连系动词	0.814	vv	动词之前的趋向动词	0.400
vgj	带兼语的动词	0.748	vgs	带小句宾语的动词	0.794
vgv	带动词宾语的动词	0.564	vga	带形容词宾语的动词	0.467
vgn	带体词宾语的动词	0.527	vgd	带双宾语的动词	0.750
iv	谓词性成语	0.308			

1　符号说明："S"表示体词性短语，如果核心谓词之前有多个体词性短语，用"SS"表示，句子中体词性短语加方括号；"P"表示有核心谓词，句子中核心谓词加花括号；数字"0"表示单句，"1"表示是复句中的第一分句，其余类推。
2　va 或 vv 后边常常或总是出现实义谓词，哪个算核心谓词，学界或有不同看法；为了以后标注体词性短语的方便，一律把出现在前面的 va 或 vv 标作核心谓词。

（2）谓词之前状语的个数、谓词之后的结果补语（语料中标为 vc）或动态助词的个数。经简单的统计可以看出，挂在谓词上头的这种"零碎"越多，谓词充当核心的概率越高。不过，介词结构状语可以很长，其内部层次可以很复杂，可能包含别的谓词，这时就很难确定是哪个谓词的状语了。

（3）谓词前后的结构助词"的"，谓词类别相同时，离"的"越近，充当核心的可能性就越低。当然也要看夹在中间的是什么词性标记，例如谓词＋结果补语＋"的"，其中谓词不可能充当核心，而谓词＋名词＋"的"，其中谓词有可能充当核心（"咬死了猎人的狗"）。另外，名词后缀会取消紧邻其前的谓词充当核心的可能性（"出勤率"）。

关于谓词语境，只考察了谓词前后各两个词的词性，分别记作 L2、L1 和 R1、R2，语境不足时（例如首词或尾词是谓词），以虚设的词性标记来填补。这里用 HF（L2，L1，V）表示前两个词性标记跟谓词同现时该谓词充当核心的频率，用 HF（V，R1，R2）表示谓词跟后两个词性标记同现时该谓词充当核心的频率。文本标注时，谓词的评分的计算公式为：

$$SCORE = HF(V) \times HF(L2, L1, V) \times HF(V, R1, R2) \qquad （公式4）$$

标注新语料时，HF（L2，L1，V）或 HF（V，R1，R2）可能会因为出现新的语境而使得其值为 0，这时假定该谓词在新的上文或下文中充当核心的概率为 0.5。按公式计算准子句中每一个谓词的得分，选择其中得分最高并且大于预定阈值（根据实验，阈值定为 0.1）的作为核心谓词。如果没有谓词，或者没有一个谓词的得分超过阈值，就不标核心谓词。

从词性序列的某些特征来判断，有的准子句几乎总是没有核心谓词，例如，首词为介词并且尾词为方位词的、以逗号结尾的准子句通常是一个介词结构。对于这种情况，可在谓词评分之前先进行这类判断以提高标注效率。

对 50 万字语料分 24 批进行标注，每批一般为 10 个文本。第一批是先手工标注，接着进行训练，然后作封闭测试；其余各批次都是"滚雪球"的方式：先利用前面得到的训练数据进行开放测试，接着手工改正标注错误，再进行训练，然后进行封闭测试。测得以下数据（见表 4.5 ）。

表 4.5　谓词标注训练结果（陈小荷等，1997）

批次	开放测试	封闭测试	批次	开放测试	封闭测试
1		0.969 5	13	0.889 8	0.939 1
2	0.830 7	0.967 3	14	0.895 8	0.956 0
3	0.877 1	0.963 2	15	0.915 8	0.973 0
4	0.864 2	0.921 4	16	0.910 3	0.955 2
5	0.879 7	0.966 9	17	0.891 6	0.951 1
6	0.884 7	0.944 6	18	0.897 3	0.959 3
7	0.890 3	0.949 0	19	0.880 9	0.925 9
8	0.898 3	0.970 0	20	0.895 1	0.933 8
9	0.917 6	0.975 3	21	0.925 8	0.954 3
10	0.904 2	0.961 7	22	0.909 9	0.958 5
11	0.863 5	0.941 2	23	0.919 3	0.952 9
12	0.894 1	0.952 3	24	0.930 6	0.956 3

从以上数据可以看出，开放测试与封闭测试的正确率逐渐接近，开放测试的正确率最后稳定在 90% 左右。

齐浩亮等（2004）提出了一种面向特定领域的汉语句法主干分析方法。该方法中包括浅层句法分析、模板匹配两个关键环节，形成用模板表示的句法主干。在浅层句法分析中使用了级联的隐马尔可夫模型进行短语的归并，然后以已有的汉语句子模板为基础，进行模板匹配以达到句法主干分析的目标。在针对体育新闻领域语料的开放测试中，模板匹配的精确率和召回率分别达到 98.104% 和 81.143%，句子级的精确率和召回率分别达到 96.197% 和 84.185%，实验表明该方法在特定领域是有效的。

4.4 骨架分析研究进展

秦颖等（2016）提出了一种利用统计机器学习算法进行汉语句子骨架成分识别的方法。骨架成分识别基于短语进行，包括主语、核心动词短语、宾语等。骨架成分的单位是短语。利用 IOB 模型编码，将骨架成分识别看作分类问题处理。在两个方面对概念多分类器用于该任务时作出改进：一是在分类判别时，对每一种成分的 N-best 分类结果进行缓冲，将概率最高的作为结果输出；二是利用语序对分类结果进行修正。实验数据是宾州中文树库 5.1（CTB5.1），共提取了 55 614 个短句进行训练和测试，主要骨架成分识别的 $F1$ 值分别为：主语 88.22%，核心动词短语 94.46%，直接宾语 83.57%，间接宾语 18.87%，补语 81.85%。

Sun et al.（2020）在骨架分析框架内提出了一种新颖的骨架语法（skeleton grammar）来表示复杂问题的高级结构，该骨架语法本质上是依赖性语法的一个选定子集。例如，在问答系统中，疑问句的骨架是有向树，其中表示句子中文本跨度（text span）的节点由表示依附关系的边连接。在短语结构语法中有四种类型的文本跨度：从句、名词短语、动词短语和介词短语。而在标准依存语法中则有七种依附关系：形容词从句、形容词从句修饰语、名义修饰语、名词修饰语所有格、连词、补语和状语从句修饰语。当确定骨架语法的粒度并定义文本范围和附件关系的允许类型时，要提供的树结构的主要功能是：通过迭代地删除其叶节点，每次迭代中剩余的文本范围始终包含一个格式最完整的句子，直到到达简单句子为止，这样就不可能进一步拆分。这种高级结构有助于将复杂问题的主干与其他部分区别开来。这种专用的基于 BERT 的解析算法的粗粒度形式主义有助于提高下游细粒度语义解析的准确性。基于 BERT 的骨架分析分为以下四个步骤（见图 4.3）：

（1）Split。此步骤决定疑问句 Q 是否需要进一步拆分。作者将其表述为标准微调 BERT 模型支持的单个句子分类任务。将疑问句视为输入模型的单个句子，该句子输出二进制值。

（2）TextSpanPrediction。此步骤预测下一个文本跨度是否要与疑问句拆分。作者将其公式化为自动问答任务，该任务由标准的微调 BERT 模型支持。无须拆分时就将 Q 视为输入模型的段落，该段落将 Q 中的

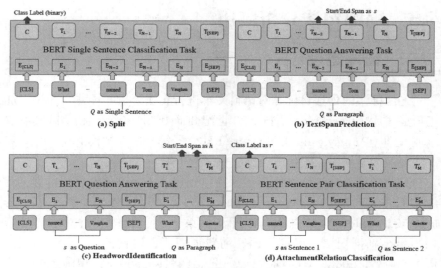

图 4.3　基于 BERT 的句子骨架分析（Sun et al.，2020）

跨度输出为 s。

（3）HeadwordIdentifification。该步骤在与文本跨度输出 s 相连的其余疑问句 Q 中标识一个单词。作者将其表述为标准微调 BERT 模型支持的质量检查任务。并将剩余的 Q 视为参数图，将 s 视为输入模型的问题，该模型在剩余的 Q 中将跨度（限制为单个单词）输出为 h。

（4）AttachmentRelationClassification。该步骤确定了从剩余疑问句 Q 中的跨度输出 h 到跨度输出 s 的附着关系 r。将其表述为标准微调 BERT 模型支持的句对分类任务。将 s 和其余的 Q 视为输入模型的两个句子，最终输出依存关系 r。

针对 ComplexWebQuestions 中的 1 000 个测试问题，通过比较该骨架分析器的输出与人工注释的标准答案，实验结果证明了基于 BERT 的骨架分析算法的有效性。实验结果见图 4.4。

Overall LAS	93.73
Accuracy of Split	99.42
Accuracy of TextSpanPrediction	97.17
Accuracy of HeadwordIdentification	97.22
Accuracy of AttachmentRelationClassification	99.14

图 4.4　基于 BERT 的骨架分析实验结果（Sun et al.，2020）

4.5 局部句法分析应用

4.5.1 树库建设

句法标注的处理目标是对语料文本进行句法分析和标注,通过深加工形成树库(treebank)语料。20 世纪 80 年代末 90 年代初美国宾夕法尼亚大学(Pennsylvania University)建立了第一个大规模的树库——宾夕法尼亚大学树库,紧接着英国建立了兰卡斯特大学树库。

宾州树库的标注体系经历了从简单到复杂不断进化发展的过程,其最初版本(PTB-1)(Marcus et al., 1993)采用了骨架分析思想,形成比较扁平的句法结构树。该标注体系标注英语的八种短语(形容词短语、副词短语、名词短语、前置词短语、谓词短语、wh- 副词短语、wh- 名词短语、wh- 前置词短语)、两种陈述句(简单陈述句和主语 – 助谓词倒置的陈述句)、从属句、wh- 直接疑问句、一般直接疑问句的次成分、不明类别以及四种零形式成分。随后,在扩充版本(PTB-2)(Marcus et al., 1994)中,增加了一些功能标记,用于标注句子中主要句法成分的语法功能,希望能据此自动抽取出句子的谓词 – 论元(predicate-argument)信息。

兰卡斯特的语法标注体系设定了简化的句法成分集(Leech et al. 1994),使用骨架分析技术,标注的成分包括:六种短语(名词短语、谓词短语、述谓性形容词短语、表时状语性名词短语、非表时状语性名词短语和前置词短语)、七种从句(状语从句、比较从句、名词从句、关系从句、-ing 从句、不定式从句和过去分词从句)、句子(包括引语、并列句等)、属格和并列成分。此外,还包括没有标识的成分和并列成分。

尽管宾夕法尼亚大学树库和兰卡斯特大学树库都采用骨架分析方法,但是通过对比可以发现它们标注的成分除名词短语、动词短语、形容词短语和前置词短语(采用的标识不同)之外,其他都不一样。宾州树库的短语分类多于兰卡斯特大学树库,但是从句的分类较少。此外,宾州树库除了标注短语和句子两个层面外,还添加了功能标记。也就是说,宾州树库的标识集相对要全面一些。

在汉语方面，宾夕法尼亚大学的汉语树库（Chinese TreeBank，CTB，以下简称"宾州大学汉语树库"）可看作短语结构树库的代表。宾州大学汉语树库句子的标注包括三个方面：词的切分、词类标注和句子分析。在句子分析层面上，鉴于汉语的词序比较严格，宾州大学汉语树库采取了短语结构，而不是依存结构的分析方法。标注体系采取的是成分等级结构和功能标识相结合的办法（Xue et al.，2005）。以宾州树库 PTB-2（Marcus et al.，1994）为参考，汉语树库使用四种标注手段：标记括号、功能标识、零成分和指示符。宾州大学汉语树库的句法短语标识集包括 12 个短语（名词短语、动词短语、形容词短语、前置词短语、数量词短语、限定词短语、分类词短语、副词引导的状语短语、由"XP + 的"形成的短语、由"XP + 地"形成的短语、由"XP + 方位词"形成的短语和无法确认的并列短语）、两种句式（即曲折简单句和补词引导的从句）、语片、插入语和列举标记。此外，还有句法功能标识和空范畴的标识。尽管宾州大学汉语树库采用的标注体例与英语树库一样，但是有一个重要的不同之处：汉语树库要求一对带标记的括号代表一个结构语法关系，这使得具有不同语法关系的成分黏着在不同的层面上。就动词词组内部结构而言，这就意味着补语和附语的标注处在不同的结构上。而对名词词组的内部结构来说，并列成分和它们共享的修饰语则黏着在不同的层面上（Xue et al.，2005）。宾州大学汉语树库具有更新速度快、加工程度深、标注方法和算法上比较先进等特点。它存在的缺点如下：第一，运用英语的语法框架来分析汉语，有的时候和汉语的语感不符；第二，标注的颗粒度有时候比较粗，在向依存结构树库转换时就会出错；第三，有的地方的层次还应该细分等（王跃龙、姬东鸿，2009：50）。

4.5.2　机器翻译调序

对翻译而言，需要把源语言与目标语言之间的句式格式对应关系理清楚，建立相应的句式转换规则。而调序则是根据需要来调整句子的语序（词语、语块或语句的顺序）。在自然语言处理中，自从产生机器翻译模型，调序问题就存在。调序方法的研究逐渐成为机器翻译研究的一项重要内容，各种调序模型及调序模型的融合研究日渐成为机译研究的热点。因此，总结句法调序的规律，形式化句法调序规则并将其应用到机器翻译模型中去是当下的一个研究热点。张克亮（2007）、池毓焕（2004）等应用概念层次网络理论（hierarchical network of concepts, HNC）（黄曾阳，1998）专门就汉英之间的句式转换规律作出了总结，可以为机器翻译调序规律的提取有所启发。如：

规律 1 通常情况下，汉语的基本格式通常转换成英语的基本格式。

例 4　中国足球队 || 又一次失败了。

The Chinese football team ||failed again.

例 5　我妹妹 || 买了 || 一辆新车。

My sister || bought || a new car.

例 6　人们 || 叫 || 他 || "活雷锋"。

People || call || him || "Living Lei Feng".

规律 2 汉语的规范格式可以转换成为英语的基本格式或规范格式。

例 7　中央 || 对你们的工作 || 很满意。

The central government || is satisfied with || your work.

例 8　那个老科学家被一辆卡车撞了。

The old scientist || was knocked down || by a truck.

规律 3 汉语的违例格式可以转换成为英语的基本格式、规范格式和违例格式。

例 9　在这次多年未见的特大水灾中 || 死了 || 32 个人。

Thirty-two people || died || in the worst flood ever in many years.

例 10　那些冬衣 || 我们 || 已经捐给了 || 灾区。

We || have already donated || those winter clothes || to the flooded areas.

例 11　"我们抓到他了！" || 布雷默 || 说。

"We got him!" || said || Bremer.

上述 HNC 有关语块和语句格式的思想，以及现代汉语对应于英语语句格式转换的探讨，对其进行的具有确定性和穷尽性的编码处理，可以使计算机透过语言复杂多变的表象，达到"有限驾驭无限"的目的，为机器翻译句法调序提供理想的语言资源（张霄军，2010）。

在统计机器翻译中，语言模型从单语语料中学习目标语言的词序列生成规律，来衡量目标语言译文的流畅性。首先，机器翻译系统会将句子分成简单的语块，并输出每一语块所有可能的译文，然后根据不同的语块译文组合成不同的句子译文。其次，系统通过从目标语单语语料库中学习到的语言模型，为生成的不同句子译文根据在目标语中出现的统计概率进行"打分"，打分最高的句子译文就是理想译文。在这个过程中，译文语块的调序是通过调序模型实现的，调序可以是顺序翻译（monotone translation），不允许任何顺序变化；也可以是基于距离的调序（distance-based reordering），根据顺序调整的长度或者编辑距离进行惩罚；还可以是词汇化的调序模型，由双语的单词和短语来决定调序的优先级。将语块（短语）作为基本翻译单元的统计机器翻译模型可以对局部调序现象进行自动记录，而长距离调序由于缺少有效的描述成为统计机器翻译的一大挑战。

在神经网络机器翻译中，神经网络学习到的词汇向量蕴含的丰富信息能够预测机器翻译次序。Bahdanau et al.（2015）为改善传统语言处理系统的高维词汇推广能力弱的缺点，提出基于神经网络的语言模型，将高维词汇转化为低维稠密向量并进行判别训练，相似词汇被映射到低维相似点。神经网络通过查找表搜索得到任意长度的词汇的向量表示，并将这些向量相互连接后能够获取到神经网络的输出。神经网络方法可以从大量样本数据中抽取句法和语义等有用信息，以预测不同语言的语序差异。

在机器翻译后编辑（post-editing）中，崔启亮等（2015：21）认为短语顺序错误是"基于短语或者句法的机器翻译系统最不容易解决的问题"。例如，某机器翻译系统输出英语原句"Determines if the given condition is in the list of condition for this style." 的汉语译文为"确定此特定样式情况是所给定的条件是否在该列表中。"需要通过人工调序的方式使得译文更加流畅易懂（"确定给定的条件是否出现在该样式的条件列表中"）。

第 5 章
完全句法分析

短语结构语法只分析句子的主要成分，如名词短语、动词短语、核心谓词、句法 – 语义块等，并不关心句子整体结构的分析。短语结构语法本身在部分句法分析时也有局限性：

（1）短语结构语法尚不足以解释某些歧义现象，例如："鸡不吃了"，有两种意思——"鸡不吃（米）了"和"（人）不吃鸡了"，但在这两种语境下，从短语结构的角度分析，"鸡"都做主语，无法区分；再如："the shooting of hunters"，也有两种意思——"the hunters are shooting（something）"和"the hunters are killed（by someone）"，在这两种语境下，短语结构语法认为都是"the shooting"做中心语。

（2）短语结构语法难以揭示一些句子之间的关系，例如：

例 1 （a）The man opened the door.（主动句）
　　　（b）The door was opened by the man.（被动句）
　　　（c）The man did not open the door.（否定句）
　　　（d）Did the man open the door?（疑问句）
　　　（e）Did not the man open the door?（否定疑问句）
　　　（f）The door was not opened by the man.（否定被动句）

从人的语言直觉上，可以感受到例 1 中的六个句子是有关联的，而且这种关联对于计算机理解自然语言是非常必要的，但短语结构语法无法揭示这种关联。因此，对整句的结构分析和生成需要语法理论的指导。

5.1　语法理论

语言理论的表达力量分两种：弱生成能力和强生成能力。前者指生成全部合格的而不生成不合格句子的能力，后者指为每一个句子提供结构描写的能力。后者比前者的要求更高，也更难达到。乔姆斯基十分明确地指出上下文无关语法甚至不具备弱生成能力，上下文有关语法虽然具备弱生成能力，但不具备强生成能力（Chomsky，1965）。这是乔姆斯基提出转换-生成语法（transformational-generative grammar，TG grammar）的标准理论的主要理由。Peters & Ritchie（1973）证明了标准理论的表达力量太强大了，它生成的是递归可枚举句子集，而不是语言学家普遍认为的递归句子集。递归可枚举句子集和递归句子集是自动机理论中的概念，分别对应形式语言中的无约束语法和上下文有关语法。顾名思义，在无约束语法里，规则是不受任何形式的制约的。

现代句法理论是从乔姆斯基革命（Chomsky revolution）开始的。转换生成语法比短语结构语法能揭示更多句子之间的联系和更多歧义，但同时也带来生成能力过强以及通过转换而改变句子意义等问题。这些问题有的可以依靠理论体系本身的发展而解决或缓解。另一些句法理论则重起炉灶，抛开了转换生成语法的深层结构假设，并且采用复杂特征集和合一运算来建立自己的体系，例如词汇-功能语法（lexical functional grammar）和广义短语结构语法等。当然，这些句法理论跟转换生成语法的联系也是明显的，都是理论型的，而且都基于范畴（分类）。

计算语言学研究对于现代句法理论的发展方向有明显的引导作用。转换生成语法在理论语言学界是研究的热门话题，但在计算语言学界却应者寥寥。一个原因是计算语言学首先要解决表层结构的识别和分析，还顾不上深层结构的解释。另一个原因是转换生成语法是基于范畴的，用来分析句法结构范畴化的文本还可以，用来穷尽地分析大规模真实文本则有些捉襟见肘。

5.1.1 表层结构与深层结构

转换生成语法认为，一个句子有深层结构（deep structure）和表层结构（surface structure），深层结构可解释句子的意义，表层结构则有具体的词序和语音形式。例如，"the shooting of hunters"的深层结构如图 5.1 所示。

图 5.1 "the shooting of hunters"的深层结构

从深层结构到表层结构则是一个转换过程。上面两种深层结构经过某些转换恰好有相同的表层结构，因此产生歧义。也就是说，不同的深层结构经过转换有可能形成相同的表层结构。同样，一种深层结构经过不同的转换也可得到不同的表层结构。如例 1 中的六个句子就是同一深层结构转换而成的六种不同的表层结构，经过被动式转换得到被动句，经过否定式转换得到否定句等。这样就可以解释这些句子之间的关联关系——有共同的深层结构，如图 5.2 所示。

图 5.2 例 1 的深层结构

要穷尽地分析大规模真实语料需要基于词汇的句法理论，如链语法（link grammar）、范畴语法（categorical grammar）、依存语法（dependency grammar）和词汇 – 功能语法都是词汇主义的句法理论。链语法给每个词一个链接表达式，范畴语法给每个词一个或若干个句法范畴，依存语法给每个支配词规定带什么价、多少个价，词汇 – 功能语法对语法功能进行词汇编码。在这些语法理论中，句法规则都具体落实到词汇上，或表现为链接要求，或表现为范畴演算，或表现为依存关系，或表现为合一运算。在计算语言学中，依存语法和词汇 – 功能语法使用较为广泛。

5.1.2 依存语法及研究进展

和短语结构语法完全不同，依存语法只表明句子中词与词之间的关系，对短语与短语之间不做任何分析，如例2：

例2　Pierre Vinken, 61 years old, will join the board as a nonexecutive director Nov. 29.

图5.3（a）是例2的短语结构语法句法树表示，图5.3（b）是例2依存语法结构的表示。在图5.3（b）中，句子的中心词是动词"join"，名词"Vinken"和"board"、助词"will"、时间词"Nov."和介词"as"都依附于这个中心动词。而形容词"old"和名词"Pierre"依存于名词"Vinken"，冠词"the"依存于名词"board"，数词"29"依存于时间词"Nov."，名词"director"依存于介词"as"都依存于它。接下来，名词"years"依存于形容词"old"，冠词"a"和形容词"nonexecutive"依存于名词"director"。最后一层，数词"61"依存于名词"years"。

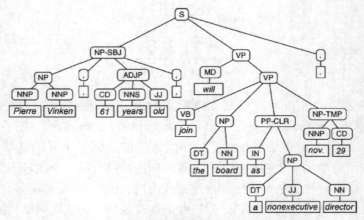

图5.3（a）　宾州树库短语结构语法句法树示例

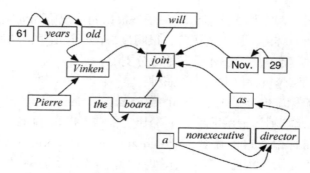

图 5.3（b）　依存语法句法树示例（Koehn, 2010）

　　比较图 5.3（a）和图 5.3（b），可以看到短语结构语法和依存语法在句子信息表达上的侧重有所不同，但也有一些共性：将名词"director"与其依存成分"a"和"nonexecutive"放在一起就会构成句法树中的一个名词短语，例句中的其他词也一样。在句法树的每一个单词集合或者组成成分中，都会有一个词充当中心词，其他词充当该中心词的依存成分。"director"充当名词短语"a nonexecutive director"的中心词，"join"充当整个句子的中心词。句法树是反映不出这些语言信息的。

　　但是依存结构也会损失一些句法树的语言信息：在句法树中，每个语言成分都有一个标签，如"the nonexecutive director"被标记为"NP"；句法树还能保持句子中的词序。句法树比依存结构更能体现出句子固有的结构，如在依存结构中，中心动词"join"有五个依存成分，而在句法树中，这几个依存成分则能分别体现出构成句子的三个阶段——先是主语，然后是情态，最后是宾语和附加成分。

　　注意，短语结构语法和依存语法的应用也会经常扩展到对方的领域，如依存语法中的"中心词"在短语结构语法中也经常使用，而短语结构语法中"主语""宾语""附加成分"等在依存语法中也常常被用来描述依存成分之间的关系。

　　与局部句法分析不同，依存句法分析的主要任务是分析出词与词之间的依存关系。现代依存语法理论认为句法关系和词义体现在词之间的依存关系中。而且，参加组成一个结构的成分（词）之间是不平等（有方向）的，一些成分从属于另一些成分，每个成分只能从属于至多一个成分。而且，两个词之间有依存关系是根据句法规则和词义来定义的。例如：主语、宾语从属于谓语等。很明显，在一句话中，动词是句子的中心，支配其他成分，而不受其他成分支配。

依存句法分析评价方法分为三种：

（1）无标记依存正确率（unlabeled attachment score，UA）：所有词中找到正确支配词的词所占的百分比，根结点也算在内；

（2）带标记依存正确率（labeled attachment score，LA）：所有词中找到正确支配词并且依存关系类型也标注正确的词所占的百分比，根结点也算在内；

（3）依存正确率（dependency accuracy，DA）：所有非根结点词中找到正确支配词的词所占的百分比。

目前，依存句法分析主要是在大规模训练语料的基础上用机器学习的方法（数据驱动方法）得到依存句法分析器。数据驱动的依存句法分析方法主要有两种主流方法：基于图的（graph-based）依存句法分析方法将依存句法分析问题看成从完全有向图中寻找最大生成树的问题；基于转移的（transition-based）依存句法分析方法将依存树的构成过程建模为一个动作序列，将依存分析问题转化为寻找最优动作序列的问题。一般来说，任何提取特征的工作都可以交给神经网络去做。因此，可以利用神经网络实现上述方法：将构成特征的信息项（词、句子、词性等）作为神经网络的输入，由神经网络自动进行特征提取和组合。

基于图的生成式分析方法基本思路是：第一步，生成所有节点的完全有向图；第二步，用各种概率统计法（如最大似然估计）计算各边的概率；第三步，取权值最大的边加入有向图中；第四步，使用 Prim 最大生成树算法，计算出最大生成树，格式化输出。可见，问题可以转化为传统最小生成树问题（将边概率取负对数即可）。由此，上述过程中最重要的部分是第二步依存边概率的计算。该生成式分析方法准确率较高，但是算法的复杂度较高，而且不易加入语言特征。

在基于图的依存句法分析研究中，Kiperwasser & Goldberg（2016）利用双向长短时记忆计算生成的节点有向图各边的概率，生成最大树即概率最大的依存边。该方法在英汉语宾州树库中取得 93.1% 的无标记依存正确率和 91.9% 的有标记依存正确率；Ji et al.（2019）利用图神经网络（graph neural network，GNN）的方法来学习依存句法的特征表示，将系统无标记依存正确率提高到 96.0%，将有标记依存正确率提高到 94.3%；Clark et al.（2018）利用半监督机器学习方法分别对有标记和无标记的依存树库进行学习，通过交叉视角训练（cross-view training，CVT）双向长短时记忆模型，系统无标记依存正确率为 96.6%，有标记依存正确率为 95.0%。

基于转移的决策式（确定性）分析概率方法基本思想是：模仿人的认知过程，按照特定方向每次读入一个词。每读入一个词，根据当前状态作出决策（比如，判断是否与前一个词发生依存关系）。一旦决策作出，将不再改变。分析过程可以看作一步步作用于输入句子之上的分析动作序列。用三元组 <S，I，A> 表示分析状态格局，仿照人类从左到右的阅读顺序，不断读入单词，每读入一个单词便根据该单词特征和当前分析状态格局特征确定当前最佳动作，逐个读入单词并一步步"拼装"句法树。其中，三元组 <S，I，A> 分别表示栈、队列、依存弧集合。

在基于转移的依存句法分析研究中，Weiss et al.（2015）最早利用束搜索算法从标记树库中学习依存关系，他们的系统无标记依存正确率为 94.0%，有标记依存正确率为 92.1%；Liu et al.（2018）用知识蒸馏（distilling knowledge）的方法基于转移的依存句法分析模型进行改进，但无标记依存正确率和有标记依存正确率提高并不明显；Kuncoro et al.（2016）也运用知识蒸馏的方法，正确率提升也不明显。

基于机器学习的依存分析模型有三个明显缺点。首先，机器学习模型中人们通常会构造上百万个特征，而每个特征都是二值的，这使得构造出的特征非常稀疏。其次，人类即使构造如此数量庞大的特征也难免会有不完整的情况，总会有没有考虑到的情况。最后，由于特征数量过多，模型几乎将 95% 的时间都花在特征构造上，浪费了许多时间。而神经网络模型则不需要手动构造复杂的特征，那么用神经网络能不能构造出更好的依存分析模型呢？

Chen & Manning（2014）就将该想法付诸实践并提出了神经网络依存分析模型。该模型非常简洁，沿用了基于转移的依存分析的思想，只是改用神经网络模型来预测下一步的动作。与前几章提到的神经网络模型不同，该模型不仅用词嵌入作为输入特征，而且考虑到词性与依存关系有紧密的联系，因此对词性也做了嵌入。此外他们还更进一步，对依存类型（dependency label）也做了嵌入。于是对于每个状态，将词嵌入、词性嵌入与依存类型嵌入拼接作为输入。近年来，利用神经网络依存分析模型将词性标注和依存分析进行一体化处理的研究成果越来越丰富（Andor et al.，2016；Nguyen & Verspoor，2018；Wang et al.，2020；Clark et al.，2018），Mrini et al.（2020）利用自注意力机制将词性标注和依存分析的正确率都提高到一个新高度，其中词性标注正确率为 97.3%，无标记依存正确率为 97.4%，有标记依存正确率为 96.3%。

钱青青等（2022）提出了以谓词为核心的块依存语法。他们以谓词为核心，以组块为研究对象，在句内和句间寻找谓词所支配的组块，利用汉语中组块和组块间的依存关系补全缺少部分，明确谓词支配关系。根据块依存文法体系，完善了汉语依存树库。近年来，中国学者刘海涛及其研究团队在汉语依存关系及语言网络研究方面也取得了很大的进展，详见 5.4 节。

5.1.3　词汇 – 功能语法

生成语法学家们普遍认为，复杂的词（如 destroy–destruction，arrive–arrival）和句子一样，都是通过句法规则转换而来的。但后来学者们开始认为，词汇的派生是形态的工作，而不是句法的工作，形态也因此成了一个独立的语法模块。词汇 – 功能语法在句法分析中突出了词汇的作用，认为语法结构可以由某些词的意义预示出来。

如前所述，语言学家将表达相同意思的句子结构划分为深层结构和表层结构。词汇 – 功能语法就使得这两种结构在表述上有所区分，在词汇 – 功能语法中，用 "c 结构" 表述句子的成分结构（constitute structure），用 "f 结构" 表述句子的功能结构（functional structure）。

c 结构用上下无关文法表示。树上的节点带有句子中词或短语所预示的功能信息，这些信息由语法规则右部的符号所带的功能注释表示，例如：

（1）S →　　NP　　　　VP
　　　　　（↑ SUBJ）= ↓　↑ = ↓

"↑"和"↓"称为直接支配元变量（immediate domination meta-variable）。"↑"表示规则的左部符号；"↑ SUBJ"表示 S 的主语；"↓"表示带有该注释的符号本身。该例的含义是：句子 S 由 NP 和 VP 组成，其中 NP 所带的全部功能就是 S 的主语功能信息；VP 所带的全部功能信息就是 S 的谓词功能信息。

（2）NP → DET　N

表示 NP 可由限定词和名词组成。

（3）VP →　V　　　　　 [NP]　　　　　　NP
　　　　　　↑ = ↓　（↑ OBJ2）= ↓　（↑ OBJ）= ↓

NP 外的括号表示 NP 是可选的。该规则表示动词所带的全部功能信息就是 VP 的功能信息；有如下三种可能：VP 可由一个动词（不及物动词）组成；由一个动词和一个 NP（及物动词带单宾语），该 NP 的全部功能信息是 VP 的宾语的功能信息；有另外一个 NP 参加（及物动词带双宾语），该 NP 的全部功能信息是 VP 的第二宾语的功能信息。
　　以上为词汇 – 功能语法的第一套规则，即句法规则。另外一套规则为词法规则。词法规则由词典信息提供，它带语法功能结构的预示信息。词汇 – 功能语法把词汇按词的不同意义立项，词汇项所含的信息具有语法范畴和功能注释。功能注释的形式与语法规则的功能注释完全一致。例如：

a：DET,（↑ SPEC）=A
　　　　（↑ NUM）=SG
girl：N,（↑ NUM）=SG
　　　　（↑ LEX）= 'GIRL'

"（↑ NUM）=SG"表示"其父结点具有的功能 NUM（数）的值为 SG（单数）"。

句子"A girl handed the baby a toy"的 c 结构图如图 5.4 所示。

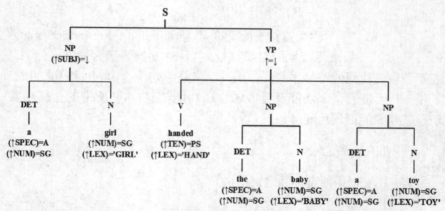

图 5.4　"A girl handed the baby a toy"的 c 结构图

图 5.5 表示了例 2 的 f 结构。在 f 结构中，词汇是可以被忽略的，强调的是包括主语、宾语、连接成分、时态以及限制成分的语法功能信息。

$$
\begin{bmatrix}
\text{PRED} & \textit{'join \langle SUBJ,OBJ\rangle '} \\
\text{TENSE} & \textit{past} \\
\text{SUBJ} & \begin{bmatrix} \text{PRED} & \textit{'pierre-vinken'} \\ \text{ADJ} & \begin{bmatrix} \text{PRED} & \textit{'old'} \\ \text{ADJ} & [\ \text{PRED} \quad \textit{'61 years'}\ ] \end{bmatrix} \end{bmatrix} \\
\text{OBJ} & \begin{bmatrix} \text{PRED} & \textit{'board'} \\ \text{DEF} & + \end{bmatrix} \\
\text{ADJ} & [\ \text{PRED} \quad \textit{'november 29'}\ ]
\end{bmatrix}
$$

图 5.5　例 2 的 f 结构（Koehn，2010）

词汇 – 功能语法使用 f 结构作为传递句子语义的基础。语义可以用谓词逻辑的形式表达，即通过定理证明的形式处理句子。

5.2　句法分析

语句分析是自然语言处理的关键技术，其目标有两个。第一，在语法层面，一个句子如果有结构歧义，应给出多个分析树。分析树以句子为根结点，以其他短语标记为中间结点，以词为叶子结点。第二，在语义层面，应标注出每个结点之间的动态语义关系。例如，"关心的是他母亲"，语法上没有结构歧义，但表述了不同的动态语义关系（"他关心他母亲"还是"他母亲关心他"？）完成这两个层面的分析才叫作语句的完全分析。实际上"完全"还包括一个意思，即"要分析到每个词"。

按照句法分析的次序，完全句法分析的方法一般有三种：自顶向下的分析方法、自底向上的分析方法和左角分析法（left corner）。

5.2.1　自顶向下的分析

自顶向下的方法又称为基于预测的方法。这种方法是根据规则先产生对后面将要出现的句法成分的分析预测，然后再通过逐步输入待分析的字符串来验证预测。如果预测得到证明，就说明待分析的字符串可以被分析为所预测的句法结构；如果某一环节预测出了差错，那就要用另外的预测来替换，即"回溯"；如果所有环节上所有可能的预测都被输入的待分析字符串所"反驳"，那就说明待分析的字符串可能不是一个合法的句子，分析失败。

句法分析方法依据的规则是短语结构规则。在算法上，自顶向下的分析方法以规则为驱动，从起始符开始推导，但在推导过程中按统一的顺序（例如最左推导）进行。然后记下每一次成功的推导，并由此得到句子的结构；对于每一次不成功的推导，即每一条有歧义的规则都进行回溯。这里需要澄清两个概念：推导和回溯。

推导是指显示一个句子是如何根据规则而生成的过程，句法分析通常是由起始符开始推导，"最左推导"是指每次推导总是"重写"或者"产生"规则右侧最左边的非终结符。例如有规则：（1）S → NP VP；（2）NP → n；和（3）VP → v_t NP，则字符串"$n\,v_t\,n$"可做如下推导：

（a）S $\Rightarrow$ NP VP $\Rightarrow$ n VP $\Rightarrow$ $n\,v_t$ NP $\Rightarrow$ $n\,v_t\,n$

（b）S $\Rightarrow$ NP VP $\Rightarrow$ NP v_t NP $\Rightarrow$ NP $v_t\,n$ $\Rightarrow$ $n\,v_t\,n$

推导（a）就是最左推导。上述两种推导都是成功推导，即推导式的终结符串跟输入字符串相同。如果推导失败，则推导式的终结符串中会有若干个终结符跟输入字符串不相同。

在阐述回溯的概念之前，必须先知道什么是歧义规则。在一部语法中，如果存在左部相同的若干条规则，那么这些规则称为歧义规则，这部语法是有歧义的语法，用这部语法定义的语言是有歧义的语言。如果一个句子能由不同的歧义规则推导出来，叫作有歧义的句子。例如，一部语法中有以下四条规则：（1）S $\rightarrow$ NP VP；（2）NP $\rightarrow$ n；（3）VP $\rightarrow$ v_t NP 和（4）VP $\rightarrow$ v_i，那么规则（3）和（4）就是歧义规则。回溯就是指每次推导成功或失败之后，顺原路回到某个结点，继续用其他歧义规则进行推导。回溯的作用在于可以尝试所有可能的分析，但其代价是会造成大量的重复和多余的计算。

例如：待分析字符串为例 3，现有一部词典和一部语法，词典中收录了该字符串中所有的词及其词性，语法中收录了所有的语法规则。

例 3 张三是县长派来的。

词典内容为：张三 /n、县长 /n、是 /v、派 /v、来 /v、的 /de
语法内容为：
（1）S $\rightarrow$ NP VP；
（2）NP $\rightarrow$ n；
（3）NP $\rightarrow$ CS de；
（4）CS $\rightarrow$ NP V'；
（5）VP $\rightarrow$ v NP；
（6）V' $\rightarrow$ $v\,v$

由于规则（2）和（3）左部相同，因此这两条规则是歧义规则，为了得到所有可能的分析，推导过程需要回溯。整个推导过程（以最左推导为例）如下：

第 1 步：使用规则（1）

S ⟹ NP VP

第 2 步：使用规则（2）

NP ⟹ n

第 3 步：查词典，得到"张三 /n"

n ⟹ "张三"，匹配成功

第 4 步：使用规则（5）

VP ⟹ vNP

第 5 步：查词典，得到"是 /v"

v ⟹ "是"，匹配成功

第 6 步：使用规则（2）

NP ⟹ n

第 7 步：查词典，得到"县长 /n"

n ⟹ "县长"，匹配成功，句子没有完全匹配成功，回溯

第 8 步：使用规则（3）

NP ⟹ CS de

第 9 步：查词典，得到"的 /de"

de ⟹ "的"，匹配成功

第 10 步：使用规则（4）

CS ⟹ NP V'

第 11 步：使用规则（2）

NP ⟹ n

第 12 步：查词典，得到"县长 /n"

n ⟹ "县长"，匹配成功

第 13 步：使用规则（6）

V' ⟹ v v

第 14 步：查词典，得到"派 /v"和"来 /v"

v ⟹ "派"，匹配成功

v ⟹ "来"，匹配成功

第 15 步：查词典，得到"的 /de"

de ⟹ "的"，匹配成功，整句完全匹配成功

整个字符串的分析过程使用了 15 次推导，在第 7 步推导时经历了 1 次回溯。但是要注意到给定的词典中汉语词的词性是无歧义的，如果词的词性在词典中有不止一个的话，那么推导的步骤可能更多，回溯次数也可能增加。

5.2.2　自底向上的分析

自底向上的方法也称基于归约的方法。这种方法是先逐步输入待分析字符串，把它们从局部到整体层层归约为可能的成分。如果整个待分析字符串被归约为起始符 S，那么分析成功；如果在某个局部证明不可能有任何从这里把整个待分析字符串归约为句子的方案，那么就需要回溯；如果经过回溯始终无法将待分析字符串归约为 S，那么分析失败。

在算法上，自底向上的分析是数据驱动的，由输入串中的符号逐层向上捆绑（归约），最终得到起始符。它用"局部分析表"存储每一棵可能的子树，从输入串中取一个符号"移进"分析表，根据规则将移进分析表中的符号组合为一个非终结符，添加到分析表尾部，能归约时尽量归约，不能归约时移进下一个字符，直到输入串为空；找出所有以起始符为根且长度等于输入串的分析，得到句子结构。

需要明确一个概念：局部分析表。局部分析表由五个部分内容构成：序号、根、起点、终点和成分表。序号用以标明是整个分析过程中的第几个局部分析；根用以标明该局部分析的树根；起点用以标明该局部分析在输入串的起始位置；终点用以标明该局部分析在输入串的结束位置；成分表用以标明该局部分析是以哪些局部分析为其构成成分的。当分析表中的根为终结符时，成分表为空；根为非终结符时，成分表为规则右部各个符号。

仍以例 3 为例来说明自底向上的分析方法的推导过程：

第 1 步：查词典，得到"张三 /n"

　　　　　$n \Rightarrow$ "张三"

第 2 步：使用规则（2）

　　　　　$NP \Rightarrow n$，匹配成功

第 3 步：查词典，得到"是 /v"

　　　　　$v \Rightarrow$ "是"

第 4 步：查词典，得到"县长 /n"

　　　　　$n \Rightarrow$ "县长"

第 5 步：使用规则（2）

　　　　　NP $\Rightarrow n$，匹配成功

第 6 步：使用规则（5）

　　　　　VP $\Rightarrow v$NP，匹配成功

第 7 步：使用规则（1）

　　　　　S $\Rightarrow$ NP VP，匹配成功

第 8 步：查词典，得到"派 /v"和"来 /v"

　　　　　$v \Rightarrow$ "派"，$v \Rightarrow$ "来"

第 9 步：使用规则（6）

　　　　　V' $\Rightarrow v\,v$，匹配成功，无规则可用，回溯

第 10 步：无规则可用，回溯

第 11 步：使用规则（6）

　　　　　V' $\Rightarrow v\,v$，匹配成功，无规则可用，回溯

第 12 步：无规则可用，回溯

第 13 步：使用规则（6）

　　　　　V' $\Rightarrow v\,v$，匹配成功

第 14 步：使用规则（4）

　　　　　CS $\Rightarrow$ NP V'，匹配成功

第 15 步：查词典，得到"的 /de"

　　　　　$de \Rightarrow$ "的"

第 16 步：使用规则（3）

　　　　　NP $\Rightarrow$ CS de，匹配成功

第 17 步：使用规则（5）

　　　　　VP $\Rightarrow v$NP，匹配成功

第 18 步：使用规则（1）

　　　　　S $\Rightarrow$ NP VP，匹配成功，整句规约为 S，分析成功

整个字符串的分析过程使用了 18 次推导，经历了四次回溯。在自顶向下分析中，总是等到推导成功或失败后才进行回溯，而在自底向上分析中，同时尝试各种可能的归约，不管它是否能用于后面的归约之中。

5.2.3 左角分析法

左角分析法是一种自顶向下和自底向上相结合的方法（Rosenkrantz & Lewis II，1970）。所谓"左角"是指任何一个句法子树中左下角的那个符号。左角分析法的基本思想是：由规则右部最左的非终结符去调用规则（自底向上，然后向下）；由终结符触发归约，即当碰到适合的终结符时，一条规则被满足（规则被满足指的是规则根节点覆盖了终结符序列中的一个子串）；只有被满足的非终结符节点，才能进一步触发归约；从历史上形成的离当前处理节点最近的最大的子树根节点开始回溯，回溯就是断开已经形成的子树的右分支（right branch），由右分支节点（非终结符或终结符）开始，重新调用规则进行预测（等待归约）。图 5.6（a）、（b）和（c）分别是自顶向下、自底向上和左角分析法的示意图，图中的数字代表了各自方法分析句子成分的顺序：

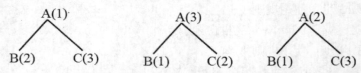

图 5.6（a）自顶向下法　**图 5.6（b）自底向上法**　**图 5.6（c）左角分析法**

Nederhof（1993）首先完成了左角分析算法。仍以例 3 为例，来说明左角分析法的推导过程：

第 1 步：查词典，得到"张三 /n"

　　　　$n \Rightarrow$ "张三"

第 2 步：使用规则（2）

　　　　$NP \Rightarrow n$，匹配成功

第 3 步：使用规则（1）

$$S \Rightarrow NP\ VP，匹配成功$$

第 4 步：查词典，得到"是 /v"

$$v \Rightarrow "是"$$

第 5 步：使用规则（5）

$$VP \Rightarrow vNP，匹配成功$$

第 6 步：查词典，得到"县长 /n"

$$n \Rightarrow "县长"$$

第 7 步：使用规则（2）

$$NP \Rightarrow n，匹配成功$$

第 8 步：规则被满足，规约

第 9 步：规则被满足，规约。继续扫描

第 10 步：查词典，得到"派 /v"

$$v \Rightarrow "派"$$

第 11 步：使用规则（5）

$$VP \Rightarrow vNP，匹配成功$$

第 12 步：查词典，得到"来 /v"

$$v \Rightarrow "来"$$

第 13 步：使用规则（5）

$$VP \Rightarrow vNP，匹配成功$$

第 14 步：查词典，得到"的 /de"

$$de \Rightarrow "的"$$

第 15 步：无规则可用，回溯

第 16 步：使用规则（6）

$$V' \Rightarrow v\ v，匹配成功$$

第 17 步：无规则可用，回溯

第 18 步：无规则可用，回溯

第 19 步：使用规则（6）

$$V' \Rightarrow v\ v，匹配成功$$

第 20 步：规则被满足，规约

第 21 步：无规则可用，回溯

第 22 步：使用规则（6）

V' $\Rightarrow \nu\nu$，匹配成功

第 23 步：无规则可用，回溯

第 24 步：无规则可用，回溯

第 25 步：回溯

第 26 步：使用规则（5）

VP $\Rightarrow \nu$NP，匹配成功

第 27 步：使用规则（5）

VP $\Rightarrow \nu$NP，匹配成功

第 28 步：无规则可用，回溯

第 29 步：使用规则（6）

V' $\Rightarrow \nu\nu$，匹配成功

第 30 步：无规则可用，回溯

第 31 步：无规则可用，回溯

第 32 步：使用规则（6）

V' $\Rightarrow \nu\nu$，匹配成功

第 33 步：规则被满足，规约

第 34 步：无规则可用，回溯

第 35 步：使用规则（6）

V' $\Rightarrow \nu\nu$，匹配成功

第 36 步：无规则可用，回溯

第 37 步：无规则可用，回溯

第 38 步：回溯

第 39 步：使用规则（1）

S $\Rightarrow$ NP VP，匹配成功

第 40 步：使用规则（5）

VP $\Rightarrow \nu$NP，匹配成功

第 41 步：使用规则（5）

VP $\Rightarrow \nu$NP，匹配成功

第 42 步：无规则可用，回溯

第 43 步：使用规则（6）

V' $\Rightarrow \nu\nu$，匹配成功

第 44 步：无规则可用，回溯

第 45 步：无规则可用，回溯

第 46 步：使用规则（6）

　　　　V' $\Rightarrow$ v v，匹配成功

第 47 步：规则被满足，规约

第 48 步：无规则可用，回溯

第 49 步：使用规则（6）

　　　　V' $\Rightarrow$ v v，匹配成功

第 50 步：无规则可用，回溯

第 51 步：无规则可用，回溯

第 52 步：无规则可用，回溯

第 53 步：使用规则（4）

　　　　CS $\Rightarrow$ NP V'，匹配成功

第 54 步：使用规则（5）

　　　　VP $\Rightarrow$ vNP，匹配成功

第 55 步：使用规则（5）

　　　　VP $\Rightarrow$ vNP，匹配成功

第 56 步：无规则可用，回溯

第 57 步：使用规则（4）

　　　　CS $\Rightarrow$ NP V'，匹配成功

第 58 步：无规则可用，回溯

第 59 步：无规则可用，回溯

第 60 步：使用规则（6）

　　　　V' $\Rightarrow$ v v，匹配成功

第 61 步：规则被满足，规约

第 62 步：规则被满足，规约

第 63 步：使用规则（3）

　　　　NP $\Rightarrow$ CS de，匹配成功

第 64 步：规则被满足，规约

第 65 步：规则被满足，规约

第 66 步：规则被满足，规约至 S，成功

整个字符串的分析过程使用了 66 次推导，经历了 24 次回溯。左角分析法是一种深度优先的遍历 [1]（depth-first traversal），遍历了各种可能的规约，回溯次数明显增多，但句法分析的精度大大增加。不过付出的代价就是遍历过多，耗时太长，内存负担加重，计算量增加。对这个例子来说，回溯过多，一步走错，步步皆错，都要回溯到一开始的地方，才能重新走回到正确的道路上，分析效率很低。有没有一种既能囊括大部分分析可能性，又不需要回溯的分析方法呢？CYK（Cocke-Younger-Kasami）算法是其中一种解决方案。

5.2.4　CYK 算法

CYK 算法是一种并行算法，因此不需要回溯 [2]，该算法的基础是 Chomsky 范式。Chomsky 范式的规则只有两种形式：$A \rightarrow BC$ 和 $A \rightarrow x$，这里 A、B 和 C 是非终结符，x 是终结符。由于后一种形式实际上就是词典信息，在句法分析之前已经进行了替换，所以在 CYK 算法分析中只考虑形如 $A \rightarrow BC$ 形式的规则。由于任何一个上下文无关语法都可以转化成符合 Chomsky 范式的语法，因此 CYK 算法可以应用于任何一个上下文无关语法。

下面以例 3 为例，以图示的方法说明 CYK 算法如何进行句法分析的。

第 1 步：将待识别句子进行自动分词和词性标注

张三 /n 是 /v 县长 /n 派 /v 来 /v 的 /de N=6

第 2 步：构造识别矩阵并对矩阵中的元素进行词性标注：二维矩阵

1　深度优先遍历是图论中的一个概念。在图 G 中任选一顶点 v 为初始出发点（源点），则深度优先遍历可定义如下：首先，访问出发点 v，并将其标记为已访问过；其次，依次从 v 出发搜索 v 的每个邻接点 w。若 w 未曾访问过，则以 w 为新的出发点继续进行深度优先遍历，直至图中所有和源点 v 有路径相通的顶点（亦称为从源点可达的顶点）均被访问为止。若此时图中仍有未访问的顶点，则另选一个尚未访问的顶点作为新的源点重复上述过程，直至图中所有顶点均已被访问为止。

2　并行算法和回溯算法也是图论中的两个概念，在一个状态转移图中，并行算法的关键是在任何一个状态都要选择所有可以到达下一个状态的弧，同时进行试验；而回溯算法则是在所有可以通过的弧中选出一条往下走，并保留其他的可能性，以便必要时可回过来选择。

{P（6，6）}，如图 5.7（a）所示。

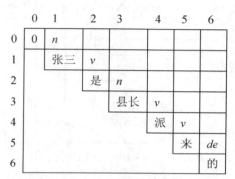

图 5.7（a）　CYK 算法构造的例 3 二维矩阵

第 3 步：根据句法规则执行分析过程，如图 5.7（b）~（f）所示。

	0	1	2	3	4	5	6
0	0	n	NP				
1		张三	v	v			
2			是	n	NP		
3				县长	v	V'	
4					派	v	de
5						来	de
6							的

图 5.7（b）　NP->n V'->v

	0	1	2	3	4	5	6
0	0	n	NP	VP			
1		张三	v	v			
2			是	n	NP	CS	
3				县长	v	V'	de
4					派	v	de
5						来	de
6							的

图 5.7（c）　VP->v NP　CS->V'

图 5.7（d） VP->NP VP NP->*de*

	0	1	2	3	4	5	6
0	0	n	NP	VP	VP		
1		张三	v	v			
2			是	n	NP	CS	NP
3				县长	v	V'	*de*
4					派	v	*de*
5						来	*de*
6							的

图 5.7（e） VP->VP CS

	0	1	2	3	4	5	6
0	0	n	NP	VP	VP	VP	
1		张三	v	v			NP
2			是	n	NP	CS	NP
3				县长	v	V'	*de*
4					派	v	*de*
5						来	*de*
6							的

图 5.7（f） S->VP NP

	0	1	2	3	4	5	6
0	0	n	NP	VP	VP	VP	S
1		张三	v	v			NP
2			是	n	NP	CS	NP
3				县长	v	V'	*de*
4					派	v	*de*
5						来	*de*
6							的

CYK 算法的描述如下：

（1）对 $i=1...n$, $j=1$（填写第一行，长度为 1）

对于每一条规则 A → W_i，

将非终结符 A 加入集合 P（i, j）；

（2）对 $j=2...n$（填写其他各行，长度为 j）

对 $i=1...n{-}j{+}1$（对于所有起点 i）

对 $k=1...j{-}1$（对于所有左子结点长度 k）

对每一条规则 A → BC，

如果 B ∈ P（i, k）且 C ∈ P（$i{+}k$, $j{-}k$），那么将非终结符 A 加入集合 P（i, j）

（3）如果 S ∈ P（1, n），那么分析成功，否则分析失败

　　总结起来，CYK 算法本质上是一种自底向上分析法；采用广度优先遍历[1]的搜索策略而不是深度优先的策略，避免了多次回溯。但采用广度优先搜索，在歧义较多时，必须分析到最后才知道结果；采用并行算法和动态规划的方法，不需要回溯，没有冗余的操作。

5.2.5　Earley 算法

　　Earley 算法[2]是一种以自顶向下为主、自底向上为辅的分析算法，将句法分析看成是一个状态转移过程。如例 3 是由六个词构成的句子，Earley 算法就将其视为从状态 0 到状态 6 的转移过程，通过预测能力和数据驱动来实现正确序列的识别。Early 算法有两个基本概念：状态（status）和算子（operator）。

　　一个状态由四部分组成：（1）上下文无关文法规则；（2）圆点"·"：圆点左边的部分是已分析的，右边是待分析的；（3）整数"i"：表示状

1　广度优先遍历与深度优先遍历相对，是图的另外一种遍历策略，其基本思想是：第一步，从图中某个顶点 v 出发，并访问此顶点；第二步，从 v 出发，访问其各个未曾访问的邻接点 w；第三步，重复第二步，直到全部顶点都被访问为止。广度优先遍历与深度优先遍历的区别在于：广度优先遍历是以层为顺序，将某一层上的所有节点都搜索到了之后才向下一层搜索；而深度优先遍历是将某一条枝上的所有节点都搜索到了之后，才转向搜索另一条枝上的所有节点。

2　本节图例引自"语言学光标"网站。

105

态起点（已分析子串的起点）；（4）整数"*j*"：表示状态终点（已分析子串的终点）且 *i*≤*j*。比如，状态"<S → NP·VP 1, 6>"表示已经分析出一个子串为 NP，接下来五个子串为 VP 的可能性。

算子包括：

（1）预测：如果圆点右方是一个非终结符，那么以该非终结符为左部的规则都有匹配的希望，也就是说分析器可以预测这些规则都可以建立相应的项目；

（2）扫描：如果圆点右方是一个终结符，就将圆点向右方扫描一个字符间隔，把匹配完的字符"让"到左方；

（3）归约：如果圆点右方没有符号（圆点已经在状态的结束位置），那么表示当前状态所做的预测已经实现，因而可以将当前状态（S_i）与已有的包含当前状态的状态（S_j）进行归约（合并），从而扩大 S_j 覆盖的子串范围。

Earley 算法的每个状态的识别都经历了"预测→扫描→规约"的过程，以例 3 为例，以图示的方法说明 Earley 算法如何从状态 0 识别到状态 6 的。图 5.8（a）～（f）中的虚线表示保留状态。

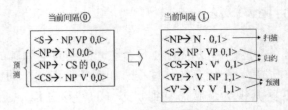

图 5.8（a） 从状态 0 到状态 1

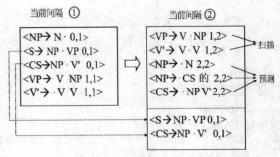

图 5.8（b） 从状态 1 到状态 2

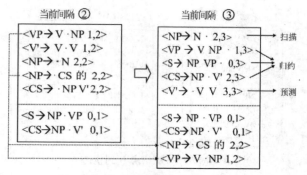

图 5.8（c）　从状态 2 到状态 3

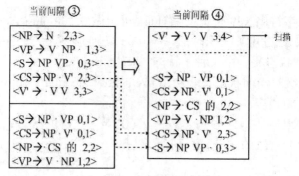

图 5.8（d）　从状态 3 到状态 4

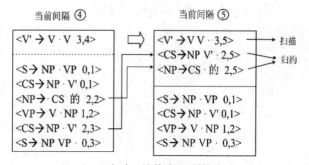

图 5.8（e）　从状态 4 到状态 5

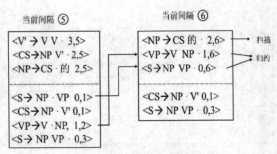

图 5.8（f） 从状态 5 到状态 6

Earley 算法描述为：

设输入字符串长度为 n，字符间隔可记做 0，1，1，…，n

（1）将文法规则中形如 S → α 的规则形成状态：<S → · α 0，0>，加入到状态集合中（种子状态，seed state）；

（2）依次对当前状态集合使用 predicator，scanner，completer 算子，不断形成新的状态；

（3）如果最后得到形如 <S → α · 0，n> 这样的状态，那么输入字符串被接受为合法的句子，否则分析失败。

其整句识别过程如图 5.9 所示。

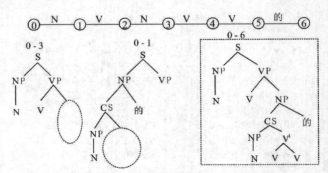

图 5.9 应用 Earley 算法对例 3 的分析

近年来，完全句法分析在深度学习和神经网络算法的支持下取得了长足进步，从表 5.1 可以看出计算语言学界在完全句法分析研究中的研究进展，以下代表性成果都是在宾州树库基础上进行的实验和评测，F1 值指的就是句法分析的准确率。

表 5.1　完全句法分析研究进展

作者	模型	F1 值
Mrini et al., 2020	Label Attention Layer + HPSG + XLNet	96.38
Yang & Deng, 2020	Attach-Juxtapose Parser + XLNet	96.34
Zhou & Zhao, 2019	Head-Driven Phrase Structure Grammar Parsing (Joint) + XLNet	96.33
Zhou & Zhao, 2019	Head-Driven Phrase Structure Grammar Parsing (Joint) + BERT	95.84
Zhang et al., 2020	CRF Parser + BERT	95.69
Kitaev & Klein, 2018	Self-attentive encoder + ELMo	95.13
Fried et al., 2017	Model combination	94.66
Takase et al., 2018	LSTM Encoder-Decoder + LSTM-LM	94.47
Suzuki et al., 2018	LSTM Encoder-Decoder + LSTM-LM	94.32
Liu & Zhang, 2017	In-order	94.2
Zhang et al., 2020	CRF Parser	94.12
Choe & Charniak, 2016	Semi-supervised LSTM-LM	93.8
Kuncoro et al., 2017	Stack-only RNNG	93.6
Dyer et al., 2016	RNN Grammar	93.3
Vaswani et al., 2017	Transformer	92.7
Fossum & Knight, 2009	Combining Constituent Parsers	92.4
Vinyals et al., 2015	Semi-supervised LSTM	92.1
McClosky et al., 2006	Self-trained parser	92.1

5.3 汉语小句复合体

在完全句法分析中，汉语语句的完全分析比英语语句要困难很多，比如：

（1）形态贫乏，分析时缺少形式标记。例如，找核心动词就比英语困难；

（2）词类多功能，组合可能性指数增长。例如，"名词＋动词＋名词"可有多种分析；

（3）缺乏可利用的词语搭配知识和词义知识。例如，"转移到 X 的轨道上"，X 通常是"轨道"的定语，"X 点了 Y 的穴位"，X 和 Y 很可能都是指人词语，因为"穴位"是人的部位，"点穴位"是人的动作。但如何得到这些词语搭配知识以及词义配价知识？

缺乏可利用的大规模树库。树库是已经分析好了的语句数据库，可以从中自动提取词语搭配知识和词义知识。但是建造大规模树库本身就是一个难题：人工建造需要很大代价，自动建造则需要大规模的语言知识库（需求循环）。

句号不能作为汉语句子的句界标记，句号句并不是一个汉语句子。实际汉语文本中句号的使用常常带有随意性，因此句号句不具备当作基本语法单位的资格（邢福义，2001）。据统计，平均每个汉语句号句中包括 29.4 个汉字，最多的有 168 个汉字（黄建传、宋柔，2007）。从应用的角度看，如此规模的语言单位难以整体分析。

句号如果不能作为句子划分的句界标志，那么句子到底应该如何划定？汉语句子内部各分句之间的关系主要是两种，一是逻辑语义关系，二是成分共享关系。这两种关系不应被隔断。前一种关系研究得较多，后一种关系尚未引起关注。宋柔（2018）提出了汉语"小句复合体的话头"结构，关注汉语小句成分的共享问题。他认为汉语句子的句界不会出现在标点句的句内，只能出现在两个标点句之间。赵元任（1968）也有类似观点，他认为汉语"整句是由零句组成"，这里的"零句"应该就是指标点句。

篇章分析中有一个重要概念是"话题"（topic），但有两种不同含义。一种是宏观的话题，即一个篇章或一段文本所讲内容的概括，有时称为主题。另一种是微观的话题，是字面上出现的词语，是话语的出发点，其下文（少数情况为上文）是这个词语所引发的说明。我们称这种话题为"话头"（naming），对话头进行说明的成分称为"话体"（telling）。如例 4[1]：

例 4　北京冬季盛行西北风，经常出现大风、降温、寒冷、干燥天气；春季气温回升迅速，云量稀少，多大风；夏季当东南季风边缘摆动到北京附近时，南来的暖湿空气与北方冷空气相遇，形成 7～8 月高温多雨天气，对农业生产有利；秋季天高气爽，舒适宜人。

这段话的宏观话题是"北京的气候"，虽然"气候"这个词并未出现在文中。就微观话题来说，第一层话头是"北京"，统辖整段话；第二层话头是"冬季""春季""夏季"和"秋季"；还有更深层的话头"南来的暖湿空气与北方冷空气""7～8 月高温多雨天气"。每个话头都统辖一个或几个标点句。这种话头－话体关系的结构我们称为话头结构（naming structure）。

图 5.10 中，每个标点句占一行，并向右缩进，缩到上行中它的话头的右边。这种图式称作换行缩进图式。换行缩进图式把一维的线性信息变成二维的平面信息，展示了标点句序列中的话头结构。

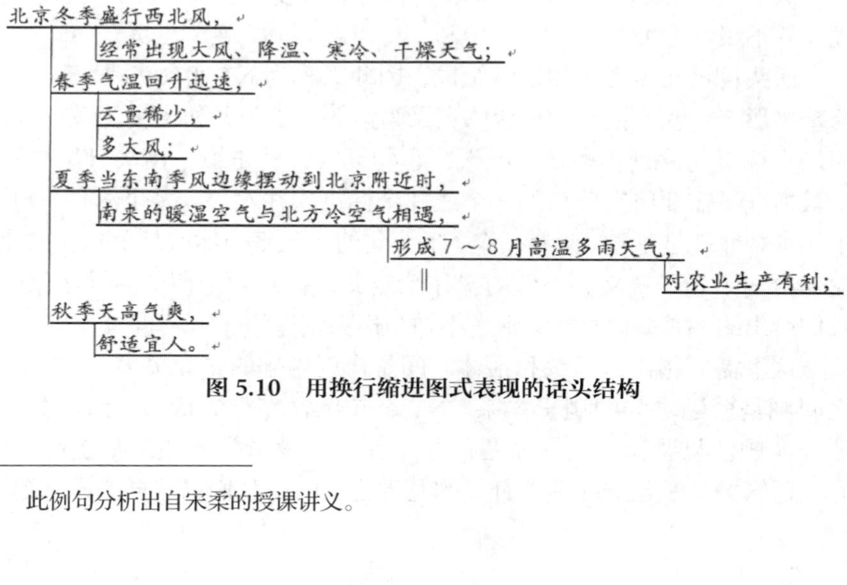

图 5.10　用换行缩进图式表现的话头结构

1　此例句分析出自宋柔的授课讲义。

文本中的标点句,将篇章语境中字面上出现、应该当作话头的成分补上后,就称为该标点句的话头自足句。语料标注实践说明,在换行缩进图式中,可以按照十分简单的方式从上下文中补上缺失的话头,得到话头自足句:每个标点句左边的空格都用空格上方(话头后置时是下方)的文字补上。例4补足话头之后的换行缩进图示如图5.11所示。

北京冬季盛行西北风,
北京冬季盛行西北风,
北京冬季经常出现大风、降温、寒冷、干燥天气;
北京春季气温回升迅速,
北京春季云量稀少,
北京春季多大风;
北京夏季当东南季风边缘摆动到北京附近时,
北京夏季南来的暖湿空气与北方冷空气相遇,
北京夏季南来的暖湿空气与北方冷空气形成7～8月高温多雨天气,
‖ 7～8月高温多雨天气对农业生产有利;
北京秋季天高气爽,
北京秋季舒适宜人。

图 5.11　用换行缩进图式表现的话头自足句(例 4)

其中,标点句"对农业生产有利;"补上的话头只是"7～8月高温多雨天气",双竖线左边"北京夏季南来的暖湿空气与北方冷空气形成"并不缀补上去。

话头自足句由话头和话体组成,因此又称为 NT 小句,是汉语小句的基本形态。我们把小句复合体定义为话头共享关系和逻辑关系都自足的最小标点句序列。多数情况下,小句复合体就是最小话头自足结构,少数情况下需要将它前后的一个或几个标点句并入。有多个 NT 小句的小句复合体就是复句,只有一个 NT 小句的小句复合体就是单句。如此,我们给出了句子意义完整性的操作性定义,也是句子切割的操作原则。我们给出的 NT 小句的定义则是小句结构完整性的界定。

这里需要指出,话头和话体之间是命题内部的论元关系,NT 小句之间则是命题之间的逻辑关系。NT 小句包含完整的话头–话体关系,形成命题。只看标点句,命题往往不完整,逻辑关系便无从谈起。因此,逻辑关系是建立在话头补足的基础之上的。我们以这样的原则把话

头 – 话体关系和逻辑关系区分开来。有关汉语小句复合体的详述参见宋柔（2022）。

5.4　依存关系与语言网络

人类已经进入人工智能时代。在与人工智能密切相关的学科中，语言学是唯一属于传统文科的学科。就目前来看，依存语法可能是语言学与人工智能之间的为数不多且具有可操作性的接口。在全世界众多语言学家与自然语言处理研究者联合推出的普适依存关系（Universal Dependencies，UD）语言资源项目中，截至 2022 年 5 月 15 日，UD 资源中已包括汉语依存关系在内的 130 种语言的 228 个可供自然语言处理领域使用的依存句法标注语料库。而在汉语依存关系的理论贡献中，中国学者刘海涛及其研究团队贡献最为突出。

刘海涛（2009，前言）认为："依存语法在（计算）语言学领域的兴起，可能归功于这种语言学理论：更有利于自然语言处理中的某些应用领域，更便于从句法层面到语义层面的转换，更适宜于处理自由语序的语言，具有更好的心理现实性，更易于构造基于机器学习的高精度句法分析程序等。"过去十多年来，刘海涛团队基于依存树库等真实语言资源，用多种语言在数十种国内外刊物发表了数十种语言的上百篇文章，研究成果得到了同行的认可与引用。在依存语法研究领域，他们的主要理论贡献包括：依存关系与依存距离研究、复杂系统与语言网络探索。

5.4.1　依存关系与依存距离

层级性是人类语言的重要特性。句子由词组成，但词在句中的重要性是不一样的，是分层次的。通过对多种语言句法标注语料库的分析，刘海涛（Liu，2010）发现人类语言句子中各个层级的词语的出现频率是有规律的，这些分布函数中的参数可能反映了人类语言结构或类型的差别。随着层级数的增大，上一层词支配下一层词的数量存在逐渐降低的趋势。在此基础上，Liu & Cong（2014）提出了衡量句子结构树层级复杂度的指标，并对依存结构树的树宽、树高和句长之间的协同关系进行了考察。

线性也是人类语言的重要特征。从句子的线性特征看，他们不仅创新性地提出了一些数据驱动的语言研究方法和计量指标，而且用这些方法与指标对数十种语言进行了研究。具体说来，Wang & Liu（2017）提出了一种基于依存句法树库计算依存距离的方法，并采用 20 种语言的真实语料验证了以下三个假设：第一，人类语言分析机制偏好能将句子平均依存距离（mean dependency distance，MDD）最小化；第二，人类语言存在一个平均依存距离的阈值；第三，语法与认知的协作使得语言的依存距离保持在此阈值内。Jing & Liu（2017）发现，在所研究的 20 种语言中，汉语的依存距离最大。一种语言的平均依存距离可能也与语言的类型有关。该研究不仅在世界上首次使用数十种语言的真实语料验证了依存距离最小化是人类语言句子结构的一个普遍模式，而且也用大量多语种语料证实了认知机制影响语言结构模式或认知本身隐于语法之中的观点，将语言普遍性与认知普遍性通过数据联系在了一起。

Liu（2010）提出了一种基于依存树库的语言类型学研究方法，并进行了相应的实证研究。Jiang et al.（2019）发现语序类型是连续的，而不是离散的，开辟了用大数据进行语言类型研究的新路子。这种基于真实的标注语料研究语言类型的方法被麻省理工学院等机构的学者称为"刘 – 有向性"（Liu-Directionalities）指标，这种方法不仅是一种新的探索句法参数的概率方法，也是一种新颖的、先进的现代语言类型学方法（刘海涛，2022）。

依存距离可被视为一种计算认知科学的指标，而依存方向则为基于真实语料的语言类型研究提供了可量化的手段。为了使这两个指标更坚实，Jiang & Liu（2015）调查了影响依存距离和依存方向的三大因素：句长、语体、标注方式。研究表明，依存距离的概率分布不受句长、语体和标注方式的影响，依存方向是一种比依存距离更可靠的语言分类指标。拿句长来说，无论句子长短，汉语的平均依存距离总是高于英语，虽然两种语言中相邻依存关系的数量总体相当，但随句长变化的趋势是有差别的。句子越长，其平均依存距离也越大，但增长速度非常缓慢，这是因为依存距离同时受工作记忆与语法的约束，不可能无限制增长。

Chen & Liu（2014）也创新性地采用了标注方式和语料类型均不同的句法树库研究一种语言的计量研究方法，发现汉语的依存距离均值约为 2.84，汉语中 40%～50% 的依存关系不是在相邻的词之间形成的，汉语是一种支配词置后略占优势的混合型语言；汉语支配词居前的依存距离均值明显大于支配词置后的依存距离均值。汉语是他们研究配价与依存距离、组块与句子复杂度、语言多层级分布规律的主要语言资源，Song et al.（2014）用依存距离最小化更好地解释了人在处理诸如"咬死猎人的狗"之类的歧义句时的心理偏好。在探寻依存距离最小化的形成机理以及语言系统内部各子系统间的复杂关系方面，他们（Ma & Liu，2019）采用多种语言语料对相关问题进行量化实证研究，不仅对依存距离最小化这一人类语言普遍特征的形成机理进行了多角度的探索，也发现了一些新的规律。例如，在对比研究自然语言与随机语言的依存距离分布时，发现自然语言符合右截尾 Zeta 分布，随机语言则没有这样的特点；自然语言的平均依存距离最小；依存句法树的投影性特征能够有效缩减依存距离。

Yu et al.（2018）还研究了依存关系、支配词与从属词、动词作为支配词、名词作为从属词、语篇关系、语义角色关系等的概率分布，发现它们大多符合 Zipf-Alekseev 分布规律。这些语言计量研究表明，人类语言在多种层级上均展现出了自适应系统的特征与规律。同时，Liang & Liu（2013）考察了 30 余种人类语言真实语料，发现短句依存距离分布一般符合指数分布（exponential distribution，ED），而长句则更倾向于幂律分布（power law distribution，PLD）。这说明当句子变长时，在使用者的认知机制驱动下，语言系统会启动一种自适应机制，使得句子的依存距离尽可能变小，从而实现依存距离最小化这个人类语言系统运作的小目标。计算机仿真和真实语言结合的研究显示，组块就是人们在处理长句时，提高交际效率、降低句子难度的一种动态结构或自适应机制。

以上这些研究与发现，一方面扩大了我们对人类语言线性结构模式和规律的认识，而且对于发现人类语言的结构与演化规律、探索语言作为一种复杂适应系统的运行机制也都具有较大的科学价值；另一方面也有助于构建更好的自然语言处理系统和解决某些应用语言学的关键问题。这些规律也为探索语言与认知、语言与思维的关系提供了更加坚实的实证基础，对从语言行为结果中发现人类的认知规律以及从人类认知的角度解释语言行为均具有启示意义。

5.4.2 复杂系统与语言网络

语言系统是一个复杂系统，而分析和处理复杂系统的"利器"则是网络科学，所以分析语言复杂网络的得力工具就是语言网络，采用网络科学的方法研究语言都是必要的。

刘海涛团队对语言网络的研究大致可分为以下三类：第一，语言网络的整体特征，这也是网络科学作为研究复杂系统利器的主要应用场景；第二，语言网络的局部特征，重点关注局部与整体的关系，特别是局部变化如何影响整体特征的问题；第三，语言网络的应用，主要探寻用网络科学的方法能否解决语言学的基本问题。

在语言网络整体特征方面，有些学者（Yu et al.，2011；Liu & Li，2010；Liu，2010）研究了多种语言的音素、字同现、词同现、句法、语义角色网络，提出了复杂网络对于语言学家而言是手段，而不是目标的观点；构造并研究了两种语体的句法复杂网络，开辟了用复杂网络方法研究语体和类型的新路向；发现句法对语言网络有一定的影响，但在判断一个网络是不是句法网络时，无尺度只是必要条件，而非充分条件；构建并研究了语义角色复杂网络，发现语义网络与句法网络在层级结构和节点度相关性方面存在明显不同。

他们在汉语多层级网络的构建中使用三个汉语句子来说明如何在四个不同的语言层面上均构拟了无向和有向的语言复杂网络（见图 5.12）。在这四个层面上构拟的语言复杂网络分别为：动态语义网络、句法依存网络、词同现网络和汉字同现网络。

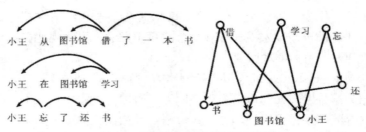

图 5.12　汉语多层级网络构建举例

在语言网络的整体与局部关系的探索中，以现代汉语为例，Liu & Cong（2014）研究了作为多层级系统的人类语言的结构特征，发现各个层级的网络模型反映了各层级系统的共性与联系，并表明语言的多种特征与人类认知之间存在密切联系。这项研究是世界上最早的多层级复杂网络研究之一，不仅有助于我们从多层级的角度来理解人类语言系统，也丰富了网络科学理论。复杂网络注重整体的特质非常适宜于研究某些词（类）对语言系统的影响。我们对汉语主要虚词在汉语句法网络中的作用进行了研究。结果表明，汉语缺乏形态并不意味着它没有句法，也不意味着就能给它贴上"意合语言"的标签，因为在正常人的世界里又有多少非"意合"的语言呢？

在运用网络科学方法解决传统语言方面，Fang & Liu（2022）构造了 15 种语言的句法复杂网络，并采用复杂网络研究了语言类型（分类）问题，发现句法复杂网络可以反映语言的形态变化程度，该方法弥补了语序类型学在处理语序相对灵活的语言时的不足，有助于解决语序灵活语言的分类问题。Yan & Liu（2022）构建了 12 种斯拉夫语族语言和两种非斯拉夫语族语言的平行词同现网络，并对这些网络的主要参数进行了分析。研究发现，平行词同现网络可用于同一语族内部语言的精细分类，而且文字形式并不会影响到语言的类型特征以及分类结果。通过对15 种语言真实语料构建的依存树库与句法网络的计量分析，回答了以下两个问题：从历时的角度看，拉丁语是否与其他六种主要的罗曼语族语言在句法上有明显的不同？从共时的角度看，六种主要的罗曼语族语言是否具有某些共同的句法特征，以至可将它们归为同一个语族？通过研究过去 2000 多年来各个时期的汉语词同现网络，Zhang & Liu（2019）

考察了语言作为一种复杂适应系统的演化路径。与传统方法相比，复杂网络方法有助于通过宏观与微观结合的科学方法，更客观地探求语言演化的规律及其背后的动因。

Gao & Liu（2020）采用复杂网络方法研究了二语习得中的句法涌现现象。结果发现，与母语习得不同，二语习得过程中没有出现句法涌现。这样的结果是可以被理解的，母语习得如同在白纸上画画，而二语习得是在已有的母语基础上的再创作。这一研究从复杂系统的角度验证了母语与二语的句法形成机制是不一样的。

由于复杂网络与目前人工智能深度学习所采用的方法的同构性，他们采用复杂网络方法的多项研究也已被多个人工智能分支学科的学者所引用。这些研究不但加深了我们对人类语言网络结构规律的理解，拓展了复杂网络在人文、社会与生命科学等领域的应用，而且将语言研究与自然科学中的研究前沿联系在了一起，从而有助于从更广阔的视域理解人类及其语言，丰富了语言研究的方法，推动了语言研究的科学化进程。值得一提的是，Cong & Liu（2014）的 "Approaching Human Language with Complex Networks" 一文目前已成为语言复杂网络研究领域的重要参考文献。

第 6 章
语义标注与分析

自然语言分析技术大致分为三个层面：词法分析、句法分析和语义分析。语义角色标注是实现浅层语义分析的一种方式。在一个句子中，谓词是对主语的陈述或说明，指出做什么、是什么或怎么样，代表了一个事件的核心，跟谓词搭配的名词称为论元。语义角色是指论元在动词所指事件中担任的角色。主要有：施事者（agent）、受事者（patient）、客体（theme）、经验者（experiencer）、受益者（beneficiary）、工具（instrument）、处所（location）、目标（goal）和来源（source）等。

例 1　小明昨天晚上在公园遇到了小红。

例句中，"遇到"是谓词（predicate），"小明"是施事者（agent），"小红"是受事者（patient），"昨天"是事件发生的时间（time），"公园"是事情发生的地点（location）。例 1 语义角色标注结果为：

[小明]Agent[昨天]Time[晚上]Time 在 [公园]Location[遇到]Predicate 了 [小红]Patient。

语义角色标注（semantic role labeling，SRL）就是以句子的谓词为中心，不对句子包含的语义信息进行深入分析，只分析句子中各成分与谓词之间的关系，即句子的谓词–论元结构，并用语义角色来描述这些结构关系。语义角色标注是许多自然语言理解任务（如信息抽取、篇章分析、深度问答等）的一个重要中间步骤。在研究中一般都假定谓词是给定的，所要做的就是找出给定谓词的各个论元及语义角色。

6.1 动词中心论及其发展

句子语义的综合与分析是语言理论研究的目的之一，无论是"动词中心论"还是"名词中心论"，都是为句子语义的综合与分析服务，其最终目的都是反映句子结构中词项之间的意义关系，以及句子语义关系项之间的相互作用和影响，从而对动词（谓词）乃至句子做语义上的分类描写，得出形式化的语义演算套式和程序。句子语义研究主要应用于交际、教学和语言信息处理，也就是将思维内在现实和客观外在现实两者关联起来，探究语言的本质。从研究的目的和策略来看，"实体决定属性"的观点无法满足研究的需求，而"动词中心论"，即"动词指派题元"的观点更加符合实际情况。这一点在语义理论研究，尤其是"格语法"、题元理论和配价语法研究中表现得尤为突出。

6.1.1 "格语法"中的"动词中心论"

对英语动词句法语义理论研究作出突出贡献的是美国语言学家Fillmore，他于 1968 年提出了"格语法"。他认为，标准理论中存在于深层结构中的语法关系实际上都是表层结构的概念，在深层结构中所需要的不是这些表层的语法关系，而是深层的句法语义关系，如施事、受事、工具、处所等格的关系。换而言之，每个名词短语在深层结构中都有一定的格，这些格在经过适当的转换之后，才在表层结构中成为主语、宾语等语法成分。用他的原话来解释就是"句子在基础结构中包含一个动词和一个或几个名词短语，每一个名词短语以一定的格的关系与动词发生联系"（胡明扬，2002）。乔姆斯基生成语法吸取了格语法中有关"格"的用法，在"管辖－约束"理论中发展成为"格理论"，提出了"格指派"的概念。后来，用来研究句法与语义之间对应关系的理论被统称为"联接理论"或"映射理论"，"格语法"发展成为"题元理论"（高明乐，2004），成为联接理论里的核心理论。在自然语言处理系统的词典中，需要分别列出每个动词的句法和语义组合的可能性，不能完全依靠句法功能和语义关系之间的对应，简单地进行逻辑推理来解决语义分析问题，而动词的句法和语义组合的可能性应该通过"框架"来描述，Fillmore 基于此提出了框架语义学。框架语义学是旨在解决对于话语及其所包含的词语如何有效地获得整体的语义理解和描写的语义学理论，这种理论高度关注词汇意义与语法模式之间的关系，认为词语意义的描述必须与语义框架相联系，试图提供词语的意义在语言中存在、在话语中使用的背景和动因，并为语义的结构描述与表征提供一个思路与途径。

6.1.2　题元理论中的"动词中心论"

题元理论认为，动词的语义角色必须在动词的词典条目中列出，从潜在的概念结构是不能预测的。词语在句法关系中必须注明语义角色才能完整表征句义。"实体决定属性"的方法的着眼点是事物对行为的影响和作用，而不是句子整体语义，因此在揭示语义事实的深度上会受到限制。具体表现在以下方面：

第一，动词词项具有普遍语义特征，诸如空间、结果、方式、目的、频率等，以时、体、态、式等作为自己的参数，而表示实体的各种词项不具备这些特征和参数。

第二，一个句子如果省略了动词词项而只保留名词项，就不便于确定句子的语义，因此无法以名词为中心来建构句子语义。

第三，名词虽然在一定范围内限制动词的属性，但这种限制是有限且不确定的，句子的主、客体名词词项任何一个要素只要发生变化就会带来整个句义的变化。

第四，在转喻的句子语义结构中，"实体决定属性"难于发挥句子语义分析方面的实质作用。例如，"Time flies./ 时间飞逝"，"时间"能"飞"吗？根据实体决定属性的理论，一个抽象的名词概念决定了处于其句子中其他成分的属性必须与之相匹配。"飞逝"表示的是一个具体的动作，没有任何一种其他成分的属性能与之相配。因此，在这类表达转喻或隐喻的句子中，实体并不能起到句义的"核心"作用。

相反，动词与句子则具有一定的语义共性，都以时、体、态、式等作为自己的参数，是情景潜在的负荷者，可以表现行为、状况特征，也决定着行为参与者之间的作用分配，具有语言普遍性。具体表现在以下两个方面：

第一，利用"动词指派题元"的理论，可以很方便地找出并消除句子的歧义。在句子中，动词可以预设主体、客体及与动词相应的行为方式、工具、材料等，在主、客体及相关成分语义确定的条件下，有效地消除句子的歧义。

例如，同是动物发出的叫声，动词 buzz 预设了主体是"昆虫"，murmur 则预设了主体是"人"，low 是"牛"在叫，而 croak 则是"蛙"在鸣；"翻译"预设了动作主体是 translator，"歌唱"预设了动作主体是 singer。再如预设客体的例子：eat some bread and drink some water 就暗示了不能是 eat some water and drink some bread；"洗脸刷牙"我们就不能说"洗牙刷脸"。又如 place 就蕴涵了一个放置的"地点"，"消费"就蕴涵了一个花钱的"对象"等。当然，这种预设也不是完全确定的，但较之"名词中心论"，起码已经提供了一个可供选择的可靠的限制条件。

第二，凭借"动词指派题元"的理论，可以把题元定义在语义－句法范围内，正确认识和处理那些跟情态、修辞－语用问题有关的意义内容及其与语义的关系，从而正确地理解和生成语句。

一类很典型的例子就是有关人与人社会关系义素的动词情景，如command（命令）、assign（指派）、teach（教）等，在施事者和受事者之间所体现出来的地位、年龄、辈分等一般都不被视为语义所涵盖的内容，而被认为是"情态、语用上的东西"（彭玉海，2004）。然而，这种动词情景涉及的施事者并没有对受事者做任何情态上的评价，即该动词情景信息具有客观性，人与人之间的社会关系义素实际上应该属于动词的语义信息，只不过出现这些动词时动词语义就预设了施事者和受事者之间的关系。比如，动词 command 情景语义信息中就预设了在该句中施事者的地位要高于受事者。

对于动词修辞、语用等功能语体，其内容不会对动词事件中主、客体等的语义特征产生影响，如用于书面语、口语和俚语中表达同样意思的不同动词，这些语体功能并非语义的预设。

基于以上原因，在题元理论中，"动词中心论"的观点是适应句子语义综合和分析这一要求的，也更符合研究题元的目的：针对整个句子及其语义生成，操作性强，便于更好地为自然语言信息的自动化处理和外语教学等服务。需要指出的是，"动词中心论"同时承认了两种观点：题元是动词的蕴涵或者语义预设；"动词指派题元"包含了"实体决定属性"的观点，也就是"动词中心论"是以名词对动词的影响为前提的。

格语法和题元理论也为大型语言资源知识库的建设提供了理论依据，如框架网络工程（FrameNet）、词网工程（WordNet）、知网工程（HowNet）和概念层次网络（HNC）中都能找到格语法和题元理论的影子。格语法及其后续理论在自然语言处理中得到了广泛的应用，尤其是在机器翻译领域，基于格语法及相关理论的机译系统都取得了不俗的成绩。

6.1.3 配价语法中的"动词中心论"

关于配价的性质，配价理论的创始人 Tesnière 在构建理论时并没有明说，而国内学者大多倾向于认为配价属于语义范畴（郑定欧，2005）。持配价"语义观"者认为，配价表示的虽然是一个动词同名词词项构成句法联系的性能或组配能力，但从本质上讲，决定这种句法性能的只能是动词的语义内容，配价名词需满足动词结构意义的搭配要求，是语义表达的所需成分（彭玉海，2004）。上述分析也可以看出在配价语法中动词的支配地位，符合"动词中心论"的观点。具体表现在以下两个方面：

第一，动词语义预示了其句法搭配特点，动词表层句法特征可以由其深层语义推导出来。事实上，配价语法主要研究"以动词为中心，关联其他成分而由深层语义结构映现为表层句法结构的状况和条件、动名之间的同现关系，并以此划分动词的次范畴"（徐峰，2004）。动名之间的同现关系是动词自身句法和语义特征的部分体现，而名词则缺乏这一关联特征。有学者认为价本质上是一种语义现象，受词义制约。一个动词的意义跟其行动元之间有一种原则性关系，这种关系是概念 – 逻辑的，反映了语言外的现实中诸现象之间的相应关系。在不同语言中，同一概念的逻辑价数相同（袁毓林，1998）。也就是说，基于动词语义的配价关系是最稳定的，这一点在中间语言中非常重要。相同的语义项在不同的语言的表层结构中的体现各不相同，即使在同一语言中，同一语义成分的表层句法性质也不是绝对的。因此，在由深层语义推导表层句法结构过程中，具有语言共性的动词配价的作用就不言而喻了。

第二，当一个动词句结构形式完整，但语义上不饱和，则欠缺或隐含的语义成分只能根据动词的语义结构来推导。在汉语主谓复句中，有些句子的 S/S'（S 指全句的主语，即大主语；S' 指谓语部分的主语，即小主语）跟其后边的 VP 没有配价关系，但它是 VP 所隐含的谓词的配项；通过 VP 和 S/S' 的语义联结作用，可以明确地激活这个被隐含的语义成分（袁毓林，1998）。

可以说，目前配价研究达成了一个共识：动词是结构和语义的中心。

配价语法和从属关系语法以及后来的依存语法等一经提出就受到机器翻译界的关注，从属关系语法主要应用在句法自动分析上。美国语言学家 Hays 于 1960 年根据机器翻译的特点提出了从属分析法；1970 年，美国计算语言学家 Robinson 提出了从属关系语法的四条公理；我国学者冯志伟于 20 世纪 80 年代初提出了用于机器翻译的从属树的五个条件。

在配价词典的编纂上，德国走在前列，1969 年 Gerhard Helbig 和 Schenkel 主编了《德语动词配价与分布词典》；Schumacher 在 1986 年出版了《动词配价分类词典》；2004 年 Thomas 出版了《英语配价词典》；我国北京大学计算语言研究所也已编制出基于配价理论的汉语语义词典。

近年来，随着格语法、生成语义学等理论的不断影响，目前的题元理论理论在西方语言学中已经发展成为"原则与参数理论""关联理论"等的重要组成部分。配价语法也有"题元化"倾向。但以动词为中心的研究方法始终没有改变，"动词中心论"一直在起作用。

近 20 年来，认知语言学的研究炙手可热，对于动词的语义认知是认知语法的一项重要内容。目前对于语言认知研究比较注目的是认知语言学各模式，认知和概念语义的研究模式以及神经认知语言学理论模式。在 Wilson & Keil（1999）总结的认知语言学各模式的六个特征中，就有五个与概念语义相关。专注于事件框架分析的是 Langacker（1985）和 Talmy（1988），后者还以动态动词所含不同的概念成分为标准区分了两大类语言：动词框架语言和卫星框架语言。在诸认知模式中，对于动词句法语义描写最有启发的当属构式语法（construction grammar）。美国语言学家 Goldberg 给"构式"下的定义为：

C is a CONSTRUCTION iff$_{def}$ C is a form-meaning pair <F$_i$, S$_i$> such that some aspect of F$_i$ or some aspect of S$_i$ is not strictly predictable from C's component parts or from other previously established constructions.（C 是一个构式，当且仅当 C 是一个形式和意义的匹配体 <F$_i$, S$_i$>，而其形式 F$_i$ 也好，意义 S$_i$ 也好，所具有的某些特征不能全然从 C 的组成部分或先前已有的其他构式所推知。）（Goldberg，1995：4）

构式语法对生成语法学派的题元理论以及配价理论提出了挑战，因为构式语法不认为句法是生成的，词汇项和语法结构之间没有绝对的对象，每个句法格式本身表示某种独立的意义，不同的句法格式有不同的句法意义。也就是说不能把格式所具有的语法意义归到格式中的某个词语身上。

西班牙学者 Ruiz de Mendoza & Mairal Usón（2007）从认知语言学的角度提出的词汇构式模型（lexical constructional model，LCM）阐释了意义构式诸要素与句法之间的关系，提出了"构式模板"（constructional template）的概念，从词汇核心义项和外围义项的角度构造构式模板的层级结构。LCM 与词汇 – 语法具有一定的相似之处。

生成词库理论（generative lexicon theory，GLT）是美国布兰代斯大学教授 Pustejovsky 于 1991 年提出的，1996 年出版了专著 *The Generative Lexicon*，其理论框架已经基本成形（Pustejovsky，1995）。生成词库理论吸收了词汇 – 功能语法中 c 结构和 f 结构表示方法，首次把广义的生成方法引入到词义和其他领域的研究中，解决了词汇语义研究中的一些难题。历经二十多年的发展和改进，生成词库理论已经逐渐发展成熟，广泛应用于各种语言的研究，越来越有影响力。近十几年来，生成词库理论的基本思想虽然没有变，但整个理论构建发生了一些根本性的变化：基于对物性结构（qualia）的分析，提出了名词的三大语义类型——自然类（natural type）、人造类（artificial type）和合成类（complex type），并把这种分类扩展到了动词和形容词，构建了其语义分类体系，在此基础上，提出了更系统的基于论元选择的语义生成机制（宋作艳，2011）。

6.2　语义知识库

詹卫东（2003）总结了 20 世纪 80 年代以来 12 个有代表性的语义知识工程项目，如表 6.1 所示。

表 6.1　20 世纪 80 年代以来若干有代表性的语义知识工程项目简表
（詹卫东，2003：108）

项目名称	时间	研制者	规模、语言	语义理论基础	构建方式
WordNet	1985—	美国普林斯顿大学	111 223 个概念；名、动、形容词、副词；英语	基于关系的语义描述理论；同义词集合，语义关系描述	手工构建；免费在线资源
FrameNet	1997—	美国加州大学	458 个框架；4 000 多个词；英语	框架语义学；框架元素，配价，语义关系	手工构建；免费在线资源
Integrated Linguistic Database	1993—1996	英国剑桥大学、爱丁堡大学等	规模不详；英语	语义分类、语义特征，语义角色与选择限制等	手工构建；不详
MindNet	1993—	美国微软公司	15.9 万个词（名、动、形）；英语	语义关系描述	自动构建；商业产品

（续表）

项目名称	时间	研制者	规模、语言	语义理论基础	构建方式
CYC 常识知识库	1984—	美国 CYC 公司	规模不详；英语	人工智能知识表示理论（Cycl，形式描述语言）	手工构建；商业产品
EDR 概念词典	1986—1994	日本电子辞书研究所	26 万个日语词，19 万个英语词，41 万个概念	语义分类，语义关系描述	手工构建；商业产品
现代汉语术语动词机器词典	1990—1993	中国人民大学、清华大学	1 000 多个动词，3 000 多义项；汉语	格理论；格，格位	手工构建；不详
"905"语义工程	1990—1995	北京语言大学、河南财经学院	4 万多个实词，今 5 万义项；汉语	语义场，语义网络，格理论	手工构建；不详
HowNet（知网）	1988—	董振东等	汉英双语 116 533 条记录	义原分析（2 199 个义原）；语义角色，语义关系描述	手工构建；免费在线资源／授权使用
Sino-Trans-SemDict	1995—	中软公司	规模不详，实例；汉语	语义分类；语义关系描述	手工构建；商业产品
Beida-SemDict	1996—	北京大学	65 330 个词条；名词、动词、形容词、副词；汉语	语义分类；配价；语义角色选择限制	手工构建；授权使用
CCD	2000—	北京大学	近 7 万个概念；汉、英双语	类 WordNet 的语义知识表述框架	手工构建；授权使用

（1）WordNet

WordNet 是由美国普林斯顿大学的心理词汇学家和语言专家 George Miller 以及他的研究小组于 1985 年着手构建的英语词汇知识库。目前已发展到 WordNet 3.0 版，包含 155 327 个词条，其中名词 117 097 个、动词 11 488 个、形容词 22 141 个和副词 4 601 个，同义词集合 117 597 个。

WordNet 以词为基本的组织单位，基于同义词集的方式来组织体系结构。在不同词性中，具体的组织形式又有所不同。WordNet 将词分为五种类型：名词、动词、形容词、副词和功能词，事实上 WordNet 只包含四种词性，不对功能词作处理。

（2）FrameNet

FrameNet 是美国加州大学伯克利分校于 1997 年开始构建的基于真实语料库支持的计算机词典编撰工程。目前 FrameNet1.3 已构建 458 个语义框架，包括 10 000 个词汇，其中 6 100 多个词汇被完全标注，并已标注 135 000 多个例句。

FrameNet 数据库主要由词汇库、框架库和例句库三部分构成。词汇库中主要包含每个词条传统的词典释义、各词元的语义结构配价模式、与标注例句库的链接、与所对应的框架库以及其他机器可读资源如 WordNet 的链接。框架库包括框架的名称及其定义、框架元素表包含框架元素名称、描述及若干示例、框架之间关系、包含的词元集合、附加说明如人员分工、时间等。例句库以词汇库的词语为目标词，标注句中框架元素、框架元素所在短语的短语类型，以及框架元素的句法功能。

（3）VerbNet

VerbNet 是由美国宾夕法尼亚大学的 Kipper Karin 于 2005 年开始构建的一个在线动词词典。目前的 VerbNet-wn 版本有 5 200 个动词分布在 237 个顶层类中，有 194 个新增子类，使用 36 个可选择性限制集合限制 23 个题元角色，在句法及语义描述层面，使用 357 个句法框架和 94 个语义谓词。

VerbNet 中每一个动词类包括：成员集合、题元角色、句法框架、对每一个句法框架中论元的选择限制、句法框架中包含的语义谓词。对于每一个动词类，每个动词类下面有若干的成员，每个成员都拥有相同的语义谓词、题元角色和句法框架。题元角色用以描述动词的论元，指谓词与其论元之间潜在的语义关系，用来描述有关目标词类的名词组织的基础是对普通的名词的典型定义通常给出它的上位项再加上一些区别性特征。

（4）《人机通用现代汉语动词大词典》

《人机通用现代汉语动词大词典》（林杏光，2003）按照语义将汉语动词分为六类：他动词（自主且及物）、自动词（自主且不及物）、外动词（非自主且及物）、内动词（非自主且不及物）、领属动词和系属动词。其动词语义描写体系采用的是格系统：事件是由人物和人物活动的场景组成的，因此格系统的第一层次为角色和情景。角色和情景都由语义要素构成，其中"主体""客体""邻体"和"系体"四要素共同构成"角色"，"环境""根由"和"凭借"三要素共同构成"情景"。

对语义七要素的进一步分类（22 种格关系）：

主体——施事、领事、当事；

客体——受事、客事、结果；

邻体——与事、同事、基准；

系体——系事、分事、数量；

环境——范围、处所、时间、方向；

根由——依据、原因、目的；

凭借——工具、材料、方式。

（5）汉语意合网络

汉语意合网络（鲁川，1997）中，谓词语义组合模式是由谓词表达式来表示的。即：谓词表达式：谓词（变元 1，变元 2，…，变元 n）；语义组合模式：中枢角色（外围角色 1，外围角色 2，…，外围角色 n）。中枢角色是谓词所担当的角色，与该谓词的"语义分类"有对应关系。也就是说，中枢角色就是谓词的语义分类，共有三个大类，12 小类；外围角色是体词或以体词为中心的短语所担任的角色，与该体词的"语义分类"无对应关系，共有八大类，32 小类（在后来的意合网络中又改为七大类，26 小类）。其谓词的语义分类是根据其语义特征（见表6.2）：

表 6.2　意合网络中的谓词语义分类

大类	小类
存在 [−动态][−归属]	属性 [+属性][−状态][−变化]
	变化 [−属性][−状态][+变化]
	状态 [−属性][+状态][−变化]
活动 [+动态][−归属]	自动 [−涉客][−改客][−产客][−涉与][−致使]
	支配 [+涉客][+改客][−产客][−涉与][−致使]
	致使 [+涉客][+改客][−产客][−涉与][+致使]
	予取 [+涉客][+改客][−产客][+涉与][−致使]
	关涉 [+涉客][−改客][−产客][−涉与][−致使]
	传信 [+涉客][−改客][−产客][+涉与][−致使]
	创造 [+涉客][+改客][+产客][−涉与][−致使]
系属 [−动态][+归属]	类属 [+类同][−包括]
	领属 [−类同][+包括]

其外围角色分类为：

主体——施事、领事、当事、指事；

客体——受事、客事、成果、与事；

关联——伴随、排除、基准、范围；

系属——类事、分事、属事、数量；

状况——方式、工具、材料、程度；

因果——依据、原因、目的、结果；

时间——时点、期间、久暂、频度；

空间——处所、起源、路途、趋向。

其谓词基本语义组合模式共有 18 种：

属性（当事）；状态（当事，处所）；状态（施事，处所）；变化（当事）；自动（施事）；自动（当事）；支配（施事，受事）；支配（当事，受事）；致使（施事，受事，目的）；致使（施事，当事）；予取（施事，

与事，受事）；关涉（施事，客事）；关涉（当事，客事）；传信（施事，
与事，客事）；创造（施事，成果）；类属（指事，类事）；领属（领事，
属事）；领属（领事，分事）。

（6）"现代汉语述语动词机器词典"

"现代汉语述语动词机器词典"（陈群秀，2006）可以说是《人机通
用现代汉语动词大词典》和"汉语意合网络"的合成和扩展，沿用了《人
机通用现代汉语动词大词典》的动词分类和 22 种格关系，沿用了"汉
语意合网络"的基本组合模式和扩展模式。此外，还描写了动词的词法
信息、句法信息和部分语用信息。

"现代汉语述语动词机器词典"中的动词语义分类不是按照语义特
征分类，而是沿用了《人机通用现代汉语动词大词典》的动词分类（六
种）；组合模式中的论旨角色按照"论旨角色在语义分类体系中的上位
义类"来分类，"语义分类体系"即为陈群秀拟定的《现代汉语语义分
类系统》，该分类系统是在参照国内外义类系统或者词典的基础上拟定
的。例如，"走"的语义分类为"他动词"，和"走"搭配的组合模式有
基本式"施事 + 走 + 客事"和变换式"施事 + 走 + 方向"，所以论旨
角色"施事"的语义分类为 { 超类 | 事 | 物 | 时空 }，论旨角色"客事"
的语义分类为 { 空间 | 抽象物 }，论旨角色"方向"的语义分类为 { 空
间 | 抽象物 | 具体物 }。由此可见，即使论旨角色也是按照义类来做语
义限制和划分的，而不是按照语义特征，如 [± 形]、[± 色]、[± 质
量]、[± 生命] 等。

（7）北大 CCD 词语概念的初始义类及句子框架

在北大 CCD 词语概念中，名词概念的初始义类有 25 个，包括：{ 动
作行为 }、{ 通信 }、{ 位置处所 }、{ 过程 }、{ 形状 }、{ 动作 }、{ 事件 }、
{ 动机 }、{ 植物 }、{ 状态条件 }、{ 人工物 }、{ 感觉情感 }、{ 自然物 }、
{ 所有物 }、{ 时间 }、{ 属性性质 }、{ 食物 }、{ 自然现象 }、{ 数量价值 }、
{ 物质 }、{ 认知知识 }、{ 群体团体 }、{ 人物人类 }、{ 关系 }、{ 身体躯
体 }；动词概念的初始义类有 15 个，包括：{ 身体动作 }、{ 变化 }、{ 通
信 }、{ 竞争 }、{ 消费 }、{ 接触 }、{ 认知心理 }、{ 创造 }、{ 运动 }、{ 情
感心理 }、{ 状态 }、{ 感知 }、{ 领属 }、{ 社会交互 }、{ 气象 }；句子框
架有 26 个，包括：施事、经事、当事、向事、感事、范围、领事、缘由、

受事、意图、致事、时间、结果、空间、内容、方式、属事、工具、分事、材料、类事、数量、涉事、历时、源事、频次。

需要说明的是，北大的 CCD 中词语概念的初始义类及句子框架与 WordNet 中的完全相同，因此可以说 CCD 是汉化的 WordNet。

（8）HowNet（知网）的语义分类及中文信息结构库（董振东，2006）

知网中的全部词语所代表的概念都是用义原标注的，知网现有义原 2 227 个，从这些义原中提炼出的最基本的义原称为主要义原。知网将义原分为七大类：万物（包括物质、精神、事情、群体）、部分、时间、空间、属性、属性值和事件（包括状态、关系、行动）。以"事件"为例，知网一共规定了 90 个事件角色，事件角色是一种语义关系。知网根据这 90 个事件角色，为 816 类事件义原规定了事件角色框架，进而为 2 万多中文动词和 2 万多英文动词规定了事件角色框架。每类事件的事件角色框架都表示当该事件发生时参与的绝对必要角色。知网的事件角色是与句法无关的，也与特定语言无关。

知网的中文信息结构是一种语义结构，它是依据一定的语义结合规律组合成的语言单位，它可以是一个传统上认定的词，也可以是传统上认定的词组或短语。它的一个重要特点是其内部基本不含有标点符号和结构助词，如"的"。知网的中文信息结构接近传统所谓的"语块"。第一版中文信息结构库中包含信息结构模式（语义结构模式）271 个、句法结构式 58 个、实例 1.1 万个词语。

（9）《同义词词林》（梅家驹等，1985）

《同义词词林》是一个现代汉语同义词仓库，现在已经被广泛使用的词语相似度计算等计算语言学领域。《同义词词林》中所收的词语全部按词义分类编排，一组同义词均表示同一基本意义或表示同类词，为一个词群，以一个最常用词作为标题词。整部词典分 12 大类、94 中类、1 428 个小类，共 3 925 个词群。大类编号为大写拉丁字母（如 A），中类编号加小写拉丁字母（如 Aa），小类编号加写阿拉伯数字（如 Aa06）。如标题词为"稳重"（小类标记为 Ee29）的词群中收录了下列同义词：

> 稳重 / 稳健 / 沉稳 / 把稳 / 持重 / 庄重 / 凝重 / 庄严 / 端庄 / 端详 /
> 安详 / 安稳 / 老成 / 持重 / 不苟言笑 / 四平八稳 / 宠辱不惊

这 12 个大类分别为：A 人、B 物、C 时间与空间、D 抽象事物、E 特征、F 动作、G 心理活动、H 活动、I 现象与状态、J 关联、K 助语、L 敬语。

（10）Chinese FrameNet

汉语框架语义知识库（Chinese FrameNet，CFN）是一个以 Fillmore 的框架语义学为理论基础、以加州大学伯克利分校的 FrameNet 为参照、以汉语真实语料为依据的供计算机使用的汉语词汇语义知识库，研究内容涉及语义知识库内容的编写、辅助软件的开发和应用研究等。

汉语框架语义知识库由框架库、句子库和词元库三部分组成。目前，CFN 课题组已就 1 760 个词元构建了 130 个框架，涉及动词词元 1 428 个、形容词词元 140 个、事件名词（有配价的名词）词元 192 个，标注了 8 200 条句子；涉及认知领域用词、科普文章常用谓词以及部分中国法律用词。框架库以框架为单位，对词语进行分类描述，明确给出框架的定义和这些词语共有的语义角色（框架元素），并进而描述该框架与其他框架之间的概念关系；句子库纪录带有框架语义标注信息的句子，即按照框架库所提供的框架和框架元素类型，标注句子的框架语义信息和句法信息，它可以作为训练数据供计算机处理语言使用；词元库纪录词元的语义搭配模式和框架元素的句法实现方式，它们是从句子库提供的标注结果中自动生成的。CFN 构建就沿用了 FrameNet 的语义描述体系。

上述语义知识库都是自然语言语义处理的有效资源，语义资源的开发和应用是自然语言处理的基础问题。近几年来，国内外研究人员通过人工总结或人机辅助处理，开发出许多大规模的语义计算资源，在英语方面，有 WordNet、FrameNet、MindNet 等，在汉语方面，有知网 HowNet、同义词词林等。针对不同的应用需求，如何有效地选择或整合现有的语义资源，已成为语义计算的一个新的研究热点。

6.3 语义角色标注

6.3.1 基于语块的语义角色标注

传统的语义角色标注系统大多建立在句法分析基础之上，通常包括五个流程：

（1）构建一棵句法分析树。例如，图 6.1 是对句子"小明昨天晚上在公园遇到了小红"进行依存句法分析得到的一棵句法树；

（2）从句法树上识别出给定谓词的候选论元；

（3）候选论元剪除。一个句子中的候选论元可能很多，候选论元剪除就是从大量的候选项中剪除那些最不可能成为论元的候选项；

（4）论元识别。这个过程是从上一步剪除之后的候选中判断哪些是真正的论元，通常当作一个二分类问题来解决；

（5）对第 4 步的结果，通过多分类得到论元的语义角色标签。

可以看到，句法分析是基础，并且后续步骤常常会构造的一些人工特征，这些特征往往也来自句法分析。

然而，完全句法分析需要确定句子所包含的全部句法信息，并确定句子各成分之间的关系，是一个非常困难的任务，目前技术下的句法分析准确率并不高，句法分析的细微错误都会导致语义角色标注的错误。为了降低问题的复杂度，同时获得一定的句法结构信息，就需要运用浅层句法分析去识别句子中某些结构相对简单的独立成分如动词短语等，这些被识别出来的结构称为语块。为了回避无法获得准确率较高的句法树所带来的困难，一些研究也提出了基于语块的语义角色标注方法。

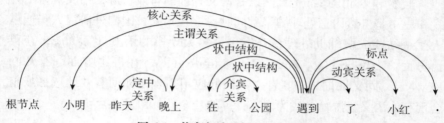

图 6.1 依存句法分析句法树示例

　　基于语块的语义角色标注方法将标注任务作为一个序列标注问题来解决。序列标注任务一般都会采用 BIO 表示方式来定义序列标注的标签集，我们先来介绍这种表示方法。在 BIO 表示法中，B 代表语块的开始，I 代表语块的中间，O 代表语块结束。通过 B、I、O 三种标记将不同的语块赋予不同的标签，例如：对于一个角色为 A 的论元，将它所包含的第一个语块赋予标签 B-A，将它所包含的其他语块赋予标签 I-A，不属于任何论元的语块赋予标签 O。

　　我们继续以上面的这句话为例，图 6.2 展示了 BIO 表示方法。

输入序列	小明	昨天	晚上	在	公园	遇到	了	小红	。
语块	B-NP	B-NP	I-NP	B-PP	B-NP	B-VP		B-NP	
标注序列	B-Agent	B-Time	I-Time	O	B-Location	B-Predicate	O	B-Patient	O
角色	Agent	Time	Time		Location	Predicate	O	Patient	

图 6.2　BIO 标注方法示例

　　从上面的例子可以看到，根据序列标注结果可以直接得到论元的语义角色标注结果，是一个相对简单的过程。这种简单性体现在：第一，依赖浅层句法分析，降低了句法分析的要求和难度；第二，没有了候选论元剪除这一步骤；第三，论元的识别和论元标注是同时实现的。这种一体化处理论元识别和论元标注的方法，简化了流程，降低了错误累积的风险，往往能够取得更好的结果。

6.3.2　端对端语义角色标注系统

　　与基于语块的语义角色标注方法类似，将语义角色标注看作一个序列标注问题，不同的是，只依赖输入文本序列，不依赖任何额外的语法解析结果或是复杂的人造特征，利用深度神经网络构建一个端到端学习的语义角色标注系统。以 CoNLL-2004 和 CoNLL-2005 Shared Tasks 任务中语义角色标注任务的公开数据集为例，实践下面的任务：给定一句话和这句话里的一个谓词，通过序列标注的方式，从句子中找到谓词对应的论元，同时标注它们的语义角色。

循环神经网络是一种对序列建模的重要模型，在自然语言处理任务中有着广泛地应用。长短时记忆模型是循环神经网络的一种重要变种，常用来学习长序列中蕴含的长程依赖关系，这里我们利用长短时记忆模型来解决语义角色标注问题。使用神经网络模型解决问题的思路通常是：浅层网络学习输入的特征表示，网络的最后一层在特征基础上完成最终的任务。在语义角色标注任务中，深层长短时记忆网络学习输入的特征表示，条件随机场在特征的基础上完成序列标注，处于整个网络的末端。

条件随机场是一种概率化结构模型，可以看作一个概率无向图模型，结点表示随机变量，边表示随机变量之间的概率依赖关系。序列标注任务只需要考虑输入和输出都是一个线性序列，并且只是将输入序列作为条件，不做任何条件独立假设，因此输入序列的元素之间并不存在图结构。

在语义角色标注任务中，输入是"谓词"和"一句话"，目标是从这句话中找到谓词的论元，并标注论元的语义角色。如果一个句子含有多个谓词，这个句子会被多次处理。

这里，我们提出一些改进，引入两个简单但对提高系统性能非常有效的特征：

（1）谓词上下文：上面的方法中，只用到谓词的词向量表达谓词相关的所有信息，这种方法始终是非常弱的，特别是如果谓词在句子中出现多次，有可能引起一定的歧义。从经验出发，谓词前后若干个词的一个小片段，能够提供更丰富的信息，帮助消解歧义。于是，我们把这样的经验也添加到模型中，为每个谓词同时抽取一个"谓词上下文"片段，也就是从这个谓词前后各取多个词构成的一个窗口片段；

（2）谓词上下文区域标记：为句子中的每一个词引入一个 0–1 二值变量，表示它们是否在"谓词上下文"片段中；

修改后的模型——一个深度为 4 的模型结构示意图，如图 6.3 所示。

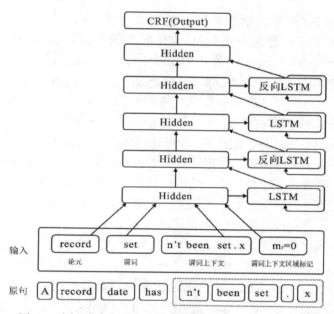

图 6.3　语义角色标注任务上的深层双向长短时记忆模型

语义角色标注是许多自然语言理解任务的重要中间步骤。我们以语义角色标注任务为例，介绍如何利用深度学习算法进行序列标注任务。在这个过程中，希望减少对其他自然语言处理工具的依赖，利用神经网络数据驱动、端到端学习的能力，得到一个和传统方法可比、甚至更好的模型。

6.4　中心词驱动的短语结构语法

中心词驱动短语结构语法（head-driven phrase structure grammar，HPSG）是一个语法理论，由斯坦福大学学者 Carl Pollard 和 Ivan Sag 创建。其理论框架以 Pollard（1984）提出的中心词语法（head grammar）为基础，吸收了当时主流生成语法框架"管辖与约束理论""广义短语结构语法""范畴语法""范畴合一语法""功能合一语法"和"词汇–功能语法"等多个语法理论的内容，其语义论部分则采用了逻辑学家

Barwise 和 Perry 的状态语义论（situation semantics）。

HPSG 第一次作为完整的语法理论框架提出是在 "Information-Based Syntax and Semantics" 一文中（Pollard & Ivan Sag，1987），其后又经历了多次修改，在 "Head-Driven Phrase Structure Grammar"（Pollard & Ivan Sag，1994）一文中基本定型。2000 年之后，又有新的发展，但基本上不脱离 1994 年的框架。

HPSG 理论一开始就把语言学理论的精确、明确和严格作为第一要求，全面完整地提出语言学理论的基本性质和科学方法论的理论。该理论认为：语言学理论必须要和其他自然科学、特别是物理学一样，严格定义研究范围，研究对象以及相应的方法。具体地说就是：

（1）设定研究对象和研究范围。

（2）利用数学对这个研究范围中的对象建立模型。

（3）得到对这个模型的原始数据，对这个模型进行研究形成理论。如果表示（representation）这个理论的语言是自然语言，则这个理论是非形式化的；如果用一套严格的形式语言将理论表示出来，则这个理论是形式化的。最极端的形式化，则是以一阶谓词逻辑为语言的公理系统。

（4）理论的作用是对来自研究范围中的新数据进行预测（prediction），看结果是否符合预期。总之，任何科学理论的基本要素都是：研究对象（研究范围）、模型、形式化理论。

一旦建立了模型，理论将不再直接研究现象本身而是研究建模的结构，或者说建模的结构解释、阐述理论。

具体到语言研究，HPSG 理论的研究范围只限于句法和语义的研究，在这个范围内，语言对象是特定的话语（utterance）片段。建模的结果相当于数学中的向量，在 HPSG 中称作 sign。sign 是研究所有语言对象的最基本单位，描述 sign 的工具就是"特征结构"，而"特征结构"的基础则是"特征逻辑"（feature logic）。

在 HPSG 中，语法信息被更直观地用"特征 – 值"的方式表现出来，并使用约束条件规定语符的合法性，所有规则都是表层可见的，而且集中体现在词汇中。HPSG 借鉴了计算机概念和高度词汇化的倾向，都在暗示 HPSG 可能是运用规则来处理语言的最佳方案。在此再次提出运用规则处理自然语言，一方面由于基于深度学习的 NLP 技术因为算法设计，有诸多技术瓶颈，比如对词序不敏感、对时间地点（特别是从一端到另一端）的抓取不灵等，这些问题如果运用规则进行干预则会容易很多。比如 HPSG 就是语序敏感的语法，所以如果运用 HPSG 语法，那么语序问题就会很容易解决。而 HPSG 中的时体貌（Tense，aspect，voice）也被详细表示出来，所以这对时间地点信息的抓取也是有价值的。另一方面，随着硬件发展和计算能力的巨大提升，基于 HPSG 语法的模型也在很多实践中证明不是效率最低的。比如，德国的 Verbmobil 项目早在 2004 年就证明基于 HPSG 方法的速度的提升和空间消耗的减少是可能的，而且鲁棒性和覆盖面也都取得了很好的成绩，即 HPSG 句法分析现在事实上是可以满足大部门应用系统对速度和工作内存要求的。

HPSG 对汉语语法分析的价值是显而易见的。因为汉语本身就是高度词汇化的语言，缺乏形态变化，也缺乏英语那样的移位操作，诸多语法规则都集中体现在词汇之中。然而，尽管学界已开发出多种分析汉语形态特征的分析器，但尚未有一部系统地面向深层语言处理的可计算语法。一方面，计算语言学家对汉语的复杂结构和语义特征感到很棘手，无法取得高效的分析结果；另一方面，汉语语法学家对计算语言学中应用的语言学框架、可计算语法开发平台和工具缺乏了解，为计算语言学提供的可借鉴成果有限。

HPSG 理论与其他语义理论在不断发展中渐入融合。一个有趣的现象是 1998 年之后，该理论的两位提倡者的观点有所区别：Pollard 投入范畴语法阵营，专注对 Montague 语法的扩展以及与范畴语法的融合，提出了聚类语法（convergent grammar）。而 Sag 则加入由 Fillmore 创立的构式语法的团队，以 HPSG 为骨架对该语法框架进行大幅度修改。而 HPSG 的研究重镇也从斯坦福转移到欧洲，目前对该框架研究最深入并且有独创性发展的应当是德国柏林自由大学和杜宾根大学。最突出的发展是 Frank Richter（2000）的博士论文，他独创性地为 HPSG 设计了一套名为 Relational Speciate Reentrant Logic 的形式语言，使得该理论有了更坚实的数学基础。德国学者 Stefan Müller（2013）更提出以 HPSG 为基本框架，加入最简方案（minimalist program，MP）的 Move

和 Merge 作为一般性的句法操作，采用构式语法处理特殊的句法现象和成语，而在框架的层次上应当参照 Culicover 和 Jackendoff 提出的观点，将句法结构和语法关系的映射放在单一层级进行。在 HPSG 的应用方面，韩国和日本研究最深入。在美国，新千年之后 HPSG 理论开始走出理论探索阶段，成为语言学理论入门的可选方向之一，最典型的就是 *Syntactic Theory: A Formal Introduction*（Sag et al.，2003）。

6.5　语言资源建设中的语义分析

语义分析和句法分析的关系越来越密不可分，在诸多句法分析器和树库中都融入了语义分析的内容。

VerbNet 是目前最大的在线英语动词词典，创建者是 Palmer 和 Kipper 等人。VerbNet 为自然语言处理的应用提供了需要的信息，每一个动词类包括成员集合、题元角色、句法框架、对每一个句法框架中论元的选择限制、句法框架中包含的语义谓词。在 VerbNet3.0 中，用于描述框架名称中基本句法序列的成分有六个：谓词（V）、名词短语（NP）、介词短语（PP）、形容词（ADJ）、副词短语（ADV）和语句（S）。比如，每个及物框架的名称是 NP V NP。如果具体类别中的某个框架对其所带论元有很大限制，那么这个论元的题元角色就在圆点后添加出来，并包含在整个框架内，如 NP V NP PP. sourc。此外，下划线后添加不同类型的句子补语，如 NP V S_ING、NP V S_INF。但这种句法框架只能反映序列关系，并不能反映句子的结构和功能。

和宾州汉语树库相比，Sinica 汉语树库主要关注标注语义结构。比如，宾州汉语树库中功能标记主要覆盖大多数重要的关系，如主语、宾语和话题；Sinica 汉语树库的标注集中则包括 54 个动词论元语义角色的标记、12 个名词化动词和六个名词的标记。Sinica 汉语树库（Huang et al.，2000；Chen et al.，2003）以基于信息的格语法（Information-based Case Grammar，ICG）的表达模式为基本架构，由计算机自动分析成结构树，再加以人工的修正和检验。该树库主要有以下特点：

（1）兼顾语法和语义两方面的信息。每一个汉语句子结构树不仅有语法的结构分析，而且表示出每个词之间的语义联系。在语义信息方面，不仅包含意义，而且包含其支配的论元和可能的修饰成分。在语法信息方面，标注了语法类别和其语法限制；

（2）汉语句子的语法结构表达采取中心语主导原则（head-driven principle）。中心语主导原则是指每一个句子或词组结构皆有一个中心语（Head），词组结构由中心语与其论元（argument）或附加成分（adjunct）组成，并由中心语决定词组的词类。剖析汉语句子时，词组类型由中心语确定，并且参照中心语和其他成分所记载的语法和语义信息，表达出句子中词与词之间的语法构造和语义角色关系；

（3）提出了三项辅助原则：词类小而美原则、由左至右联并原则、扁平原则。

Sinica 汉语树库只包括六个词组（即述词词组、名词词组、介词词组、方位词词组、连接词词组、定量词词组）和一个句结构树标识。除了以上的词组结构以外，还有一些与"的、地、得、之、到"等组合成的词组。

捷克语料库的标注体系是一个包含三个相互关联层次的系统：

（1）形态（扩充的词类）标注，它含有特定词形的形态信息；

（2）分析性句法标注，即依存树的节点是带有标记的构句词形以及表示支配节点和依存节点之间关系句法关系的标注（如主语、宾语、附语、状语等）；

（3）句法语义标注，即依存树的节点是标有实义的构句词形和表示句法 – 语义关系的标注（如施事、受事、结果、出处和各种不同的状语修饰成分等）（Hajič & Hajičová，1997）。

宾州树库项目组近年来也进行了一些改进，包括采用骨架分析方法减少层次深度，增加功能标记突出中心依存关系等。而依存树的优势则在于明确标注出中心词之间的句法依存关系，可以方便地转化为语义依存描述，但它对一些没有明确依存关系的成分，标注起来则有些力不从心。因此，较好的处理方法是将两者有机结合起来。在这方面，德语 TIGER 项目组进行了有益的尝试。在 TIGER 树库中，研究人员采用一种层次结构和依存关系相结合的标注体系：底层的句法成分主要采用层次结构，可以保留大量丰富的描述信息；高层的语法关系则采用依存结构，描述句子中各主要成分与中心动词之间的各种句法依存关系。该树库形成一种功能强大、处理灵活的描述体系，特别适合像德语那样语序比较自由的语言（周强，2004）。

第 7 章
形式语言理论与自然语言生成

    语言与文字作为几千年来人类文明发展的自然产物，在人类交流中扮演了不可替代的角色。自然语言处理作为研究人类语言的分支领域，自人工智能诞生就受到广泛关注。特别是近几年随着深度学习的兴起，自然语言处理在许多应用领域取得了长足的进步，如机器翻译、对话系统、自动文摘系统的性能都获得了很大提升。基于现代深度学习框架的自然语言处理模型，在性能上显著超越了基于规则或者传统机器学习的方法。

    在自然语言研究中，语言学家们不仅关心什么是句子或者什么不是句子，也关心句子的结构性描述，谓之"语法"（又称"文法"）。而在形式语言学家眼里，语法的概念早就在研究自然语言的过程中形式化了。为了便于计算机更好地"理解"人类语言，研究者们希望能有一种描述自然语言的形式语法，人们便可以根据计算机"理解"自然语言的方式而实现不同语言的计算机自动翻译，或者文字的计算机自动识别与检索等。尽管不是所有形式化的语言都能达到预期，但无疑形式语言理论为自然语言的计算机处理打开了窗户，"形式化的质量取决于对原始想法的忠实程度和实现系统的数学表达简洁性"（Kornai，2008）。

    自然语言生成（natural language generation，NLG）是自然语言处理中非常重要且基础的任务。从狭义上讲，自然语言处理包括自然语言生成和理解。人类的自然语言交互可以分解为两个阶段：一是从大脑中的意义（meaning）到语言表达过程，即通常意义上的自然语言生成；二是从语言到意义的理解过程，即通常意义上的自然语言理解

（natural language understanding，NLU）。因此，在人类的自然语言交互过程中，自然语言生成（或者表达）与自然语言理解就是两个最重要的部分。在以自然语言为交互手段的现代人机交互（如对话系统、语音助手等）中，自然语言生成和自然语言理解也是其中最核心的功能组件。

7.1 形式语法与自动机

形式语言理论（formal language theory）是用数学方法研究自然语言（如英语）和人工语言（artificial language），如程序设计语言（programming language）的产生方式、一般性质和规则的理论。形式语言是模拟这些语言的一类数学语言，它采用数学符号，按照严格的语法规则构成。尽管形式语言在描述人工语言方面已经取得了很大的成功（如程序设计语言），但本节仅讨论自然语言的形式理论，不涉及人工语言的形式表示（formal representation）。

在形式语言理论中，"语言"可以定义为句子的集合（set），是一个抽象的数学系统。语言学家 Norm Chomsky 把它定义为"按一定规律构成的句子或符号串的有限或者无限的集合"（Chomsky，1957：13）。大多数语言都包括无穷个句子，穷尽式的枚举方法肯定不是自然语言表述的首选。那么自然语言通过什么方式来表示呢？

（1）形式语法（formalized grammar）——用来生成语言中无限的句子，而且只能生成那些"合格"的句子；

（2）自动机（automaton）——能够对输入的语言符号序列进行检验，区别哪些是语言中的句子，哪些不是语言中的句子。即给出识别该语言中句子的机械方法。

由此可见，描述某类自然语言的有效手段是形式语法和自动机。形式语法用来生成语言的句子，自动机用来识别语言的句子。就描述同一种自然语言而言，两者是统一的。形式语法属于形式语法理论，自动机属于自动机理论。自动机是一种理想化的机器，因为它只是抽象分析的工具，并不具备实际的物质形态。它是科学家的演算机器，用来表达某种不需要人力干涉的机械性演算过程。

7.1.1　形式语法

"直接成分分析法"（immediate constituent，IC）是结构主义语言学家[1]所惯用的句子结构分析方法。可以这样来分析英语句子"The little boy ran quickly."：它由名词短语"the little boy"和动词短语"ran quickly"组成；然后把名词短语分成冠词"the"和形容词"little"以及它们所修饰的名词"boy"；把动词短语分为副词"quickly"和它修饰的动词"ran"。这个句子的结构如图 7.1 所示。

图 7.1　IC 分析法示例

该句是语法上正确的句子，可以把用来分析上述句子的规则（rule）写成以下形式：

规则 1：＜句子＞→＜名词短语＞＜动词短语＞

规则 2：＜名词短语＞→＜冠词＞＜名词短语＞

规则 3：＜名词短语＞→＜形容词＞＜名词＞

规则 4：＜动词短语＞→＜动词＞＜副词＞

规则 5：＜冠词＞→The

1　结构主义语言学兴起于 20 世纪 30 年代的欧洲，基本理论源出于索绪尔的《普通语言学教程》。

规则 6：< 形容词 > → little

规则 7：< 名词 > → boy

规则 8：< 动词 > → ran

规则 9：< 副词 > → quickly

上述规则中的箭头表示箭头左边的项目能产生箭头右边的项目，因此，上述规则又被称为"产生式规则"（production rule）。注意：将"名词""动词"和"动词短语"等括在尖括号内，是为了避免与具体的英语单词相混淆。

这是一个单个英语句子语法分析的例子，如果有一整套分析所有英语句子的规则，则有一种判定一个句子在语法上是否正确的方法，但是这样的一整套规则并不存在。在整个分析过程中涉及四种概念：

第一种，语法范畴[1]（grammatical category），例如"< 名词短语 >""< 形容词 >""< 名词 >"等，表示句法单位（syntax unit）的类别；

第二种，单词本身，例如"boy""ran""quickly"等，是句子切分的最终成分；

第三种，语法范畴之间或者语法范畴与单词之间的关系，例如"< 名词短语 > → < 冠词 >< 名词短语 >""< 副词 > → quickly"等；

第四种，在句子分析中，"< 句子 >"这个语法范畴具有独特的意义，是句子切分和分析的出发点。

将上述四种概念形式化，就构成了形式语法的四个部分：

（1）"非终极符"（non-terminal symbol，记为 V_N）或者"变量"（variable），对应于各种语法范畴；

（2）"终极符"（terminal symbol，记为 V_T），对应于语言中具体的单词，终极符集合就是这种语言的词典或者词库（wordbank）；

（3）"重写规则"（rewriting rule，记为 P），其基本形式是"α 改写为 β"或者"由 β 替代 α"，其中箭头表示指令，该指令演算由它联系着的两侧元素之间的关系；

1　语法范畴有广义和狭义之分。广义语法范畴是各种语法形式表示的语法意义的概括。从语法形式上看，包括所有显性语法形式和隐性语法形式，从语法意义上看，包括所有结构意义、功能意义和表述意义。狭义语法范畴是词的形态变化表示的语法意义的概括，又称形态语法范畴。语法意义是从各种具体词语的意义和用法中进一步抽象出来的高度抽象的意义。形势语法中的语法范畴是狭义语法范畴。

（4）"起始符"（beginning symbol，记为 S），S ∈ V_N。在语法生成句子的过程中，S 至少有一次要出现在规则的左侧。

基于此，可以给出形式语法的定义：一种形式语法 G=<V_N, V_T, P, S>，其中，S 表示起始符，V_N 表示非终极符集合，V_T 表示终极符集合，P 表示重写规则集合，由无限个规则构成。

同时，给出形式语法中"句子"和"语言"的定义：

句子：由语法 G_0 从起始符 S 可派生出来的终极符序列（terminal symbol sequence）就构成了由 G_0 生成的句子。

语言：所有由语法 G_0 从起始符 S 可派生出来的终极符序列集合就构成了由 G_0 生成的语言。

在形式语言学理论里，语言系统是一个抽象的符号系统。一种语言的语法是一种格式，用来说明什么句子在该语言中是合乎语法的（grammatical），并指明把词组合成短语和句子的规则。乔姆斯基进一步对形式语法进行了分类，分别为 0 型语法（0-type grammar）、1 型语法（1-type grammar）、2 型语法（2-type grammar）和 3 型语法（3-type grammar）。

1. 0 型语法

一种形式语法 G=<V_N, V_T, P, S>，其中，S 表示起始符，V_N 表示非终极符集合，V_T 表示终极符集合，P 表示重写规则集合，由无限个规则构成。

如果 P 的每个重写规则可以描述为：$\alpha \rightarrow \beta$（$\alpha \neq \varepsilon$），其中 α 和 β 是由终极符和非终极符构成的任意符号串（symbol sequence），ε 为空符号串。则称语法 G 为 0 型语法。

0 型语法除了要求规则的左部不能是空符号串 ε 之外，对于它们的规则的形式没有限制，因此又称"无约束语法"（unrestricted grammar）。任何非零的符号串都可以重写为任何其他符号串（或者空符号串）。0 型语法产生的语言称为"递归可枚举语言"（recursively enumerable language）。

2. 1 型语法

1 型语法又称"上下文有关语法"（context sensitive grammar，CSG）。

一种形式语法 G=<V_N，V_T，P，S>，其中，S 表示起始符，V_N 表示非终极符集合，V_T 表示终极符集合，P 表示重写规则集合，由无限个规则构成。

如果 P 的重写规则可以描述为：$\alpha A\beta \rightarrow \alpha \gamma \beta$（$\gamma \neq \varepsilon$），其中 α、β 和 γ 是由终极符和非终极符构成的任意符号串，α 和 β 是上下文，可以是空串；ε 为空串；A 为非终结符。则称语法 G 为 1 型语法。

1 型语法的规则可以把上下文 $\alpha A\beta$ 中的非终极符 A 重写为任意非空符号串。与 0 型语法相比，1 型语法每条规则的左侧只能有一个非终极符被重写，而且重写与上下文有关。1 型语法产生的语言称为"上下文有关语言"。

3. 2 型语法

2 型语法又称"上下文无关语法"（context free grammar，CFG）。

一种形式语法 G=<V_N，V_T，P，S>，其中，S 表示起始符，V_N 表示非终极符集合，V_T 表示终极符集合，P 表示重写规则集合，由无限个规则构成。

如果 P 的重写规则可以描述为：$A \rightarrow \alpha$，其中 A 为非终结符，α 是由终极符和非终极符构成的任意符号串，也可以是空串，则称语法 G 为 2 型语法。如果规定右部必须是一个终结符，或者是两个非终结符，符合这种限制的产生式就称"乔姆斯基范式"（Chomsky normal form），即：

$A \rightarrow x$

$A \rightarrow BC$

所有的上下文无关语法都可以用乔姆斯基范式来表示。

上下文无关规则可以把任何一个单独的非终极符重写为由终极符和非终极符构成的符号串，这个单独的非终极符也可以重写为空串。"上下文无关"这个名称指语法中重写规则的形式，而不是指利用上下文来限制它生成的语言。与 1 型语法相比，2 型语法又多了限制条件，即非终极符的重写不受它出现的语境制约。2 型语法产生的语言称为"上下文无关语言"。

4. 3 型语法

3 型语法又称"正则语法"（regular grammar，RG）。

一种形式语法 G=<V_N，V_T，P，S>，其中，S 表示起始符，V_N 表示非终极符集合，V_T 表示终极符集合，表示重写规则集合，由无限个规则构成。

如果 P 的重写规则可以描述为：A → Bx 或 A → x，其中 A、B 为非终结符，x 是由终极符构成的任意符号串，则称语法 G 为左线性语法。

如果 P 的重写规则可以描述为：A → xB 或 A → x，其中 A、B 为非终结符，x 是由终极符构成的任意符号串，则称语法 G 为右线性语法。

左线性语法和右线性语法统称 3 型语法，又称正则语法。

3 型语法中，非终极符总是处于一个规则的最右边或者最左边，因此可以迭代地进行处理，而不可以递归地进行处理。与 2 型语法相比，3 型语法又多了限制条件，即规则右侧最多只能有一个非终结符紧跟在终极符序列的后边或者置于终极符序列的前边。3 型语法产生的语言称为"正则语言"。

0 型语法无任何限制，故名无约束语法，其生成能力最强，可生成任何语言；1 型语法增加限制，规定左部只能有一个非终结符被改写，其生成能力次之，可看成是 0 型语法的特例；2 型语法增加限制，规定左部只能是一个非终结符，其生成能力再次之，可看成是 1 型语法的特例；3 型语法增加限制，规定右部最多只能有一个非终结符，其生成能力最弱，可看成是 2 型语法的特例。也就是说，从 0 型语法到 3 型语法，逐渐增加限制条件。类型级别逐渐增加，限制条件就逐渐增加，生成能力就逐渐减弱。

四种类型是包含关系而非平列关系：0 型语法包含 1 型语法；1 型语法包含 2 型语法；2 型语法包含 3 型语法，即正则语法⊆上下文无关语法⊆上下文有关语法⊆无约束语法。图 7.2 是"乔姆斯基层级"（Chomsky hierarchy）。

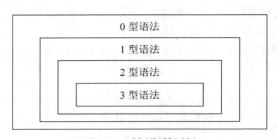

图 7.2　乔姆斯基层级

7.1.2　自动机理论

自动机与一般机器的重要区别在于自动机具有固定的内在状态，即具有记忆能力和识别判断能力或决策能力，这正是现代信息处理系统的共同特点。因此，自动机适宜于作为信息处理系统乃至一切信息系统的数学模型。例如在生物学上，自动机应用于 DNA 到 RNA 的转写或者 RNA 到蛋白质的翻译（Anderson，2006）。在语言学中常常把自动机作为语言识别器，用来研究各种形式语言。与四种类型的形式语法相对应的自动机，被分别命名为图灵机[1]（Turing machine）、下推自动机（pushdown automaton）、线性有界自动机（linear-bounded automaton）和有限状态自动机。一般来说，自动机包括以下四个部分：

（1）一条无限长的纸带。纸带被划分为一个接一个的小格子，每个格子上包含一个来自有限字母表的符号，字母表中有一个特殊的符号表示空白。纸带上的格子从左到右依此被编号为 0，1，2，...，纸带的右端可以无限伸展。

（2）一个读写头。该读写头可以在纸带上左右移动，它能读出当前所指的格子上的符号，并能改变当前格子上的符号。

（3）一套控制规则。它根据当前机器所处的状态以及当前读写头所指的格子上的符号来确定读写头下一步的动作，并改变状态寄存器的值，令机器进入一个新的状态。

（4）一个状态寄存器。它用来保存图灵机当前所处的状态。图灵机的所有可能状态的数目是有限的，并且有一个特殊的状态，称为停机状态。

注意这个机器的每一部分都是有限的，但它有一个潜在的无限长的纸带，因此这种机器只是一个理想的设备。图灵认为这样的一台机器就能模拟人类所能进行的任何计算过程。

著名的在线搜索引擎公司 Google 曾经使用有限状态自动机来识别

---

[1]　英国科学家阿兰·图灵（Alan Turing）于 1937 年发表了题为《论可计算数在判定问题中的应用》（On Computer Numbers with an Application to the Entscheidungs-Problem）的论文，文中提出了可思考问题的计算机的雏形——后人称之为"图灵机"，推动了计算机理论的发展。图灵机是现代计算机的理论模型。

和分析本地住址搜索问题。有限状态自助机是一个特殊的有向图，包括一些状态（节点）和连接这些状态的有向弧。图 7.3 是一个识别中国住址的有限状态机的简单的例子。

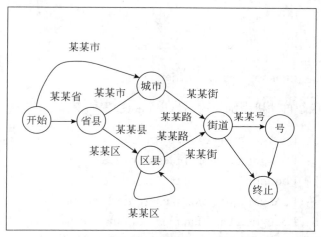

图 7.3 Google 中国住址识别自动机示意图

每一个有限状态机都有一个起始状态、一个终止状态以及若干中间状态。每一条弧上带有从一个状态进入下一个状态的条件。比如，在图 7.3 中，当前的状态是"省"，如果遇到一个词组和（区）县名有关，就进入状态"区县"；如果遇到的下一个词组和城市有关，就进入"市"的状态。如果一条住址能从状态机的起始状态经过状态机的若干中间状态，走到终止状态，那么这条住址则有效，否则无效。比如，"西安市长安南路 199 号"对于上面的有限状态来讲有效，而"上海市辽宁省马家庄"则无效原因在于无法从市走回到省。

使用有限状态机识别住址，关键要解决两个问题，一是通过有效的住址建立状态机，二是给定一个有限状态机后住址字串的匹配算法。有了关于住址的有限状态机后，就可以建立本地搜索的数据库。同样，也可以对用户输入的查询进行分析，挑出其中描述住址的部分。比如，用户输入"西安市长安南路附近的大学"，Google 会自动识别出住址"西安市长安南路"和要找的对象"大学"，如"陕西师范大学""西北政法大学""西安邮电大学""西安外国语大学"等。

又如，输入字符串"I bought a B of As from T S."，已知以下产生式规则：

规则 1：A → apple
规则 2：B → bag
规则 3：S → shop
规则 4：T → the
规则 5：the shop → my brother

有限状态自动机识别上述语言规则的过程如下：

步骤 1：I bought a bag of As from T S.
步骤 2：I bought a bag of apples from T S.
步骤 3：I bought a bag of apples from the S.
步骤 4：I bought a bag of apples from the shop.
步骤 5：I bought a bag of apples from my brother.
算法随即终止。

总结四种类型的语法、自动机和各自生成或者识别的语言之间的关系，如表 7.1 所示。

表 7.1　四种类型的语法、自动机和语言的关系

类型	语法	自动机	语言
0	无约束语法	图灵机	递归可枚举语言
1	上下文有关语法	线性有界自动机	上下文有关语言
2	上下文无关语法	下推自动机	上下文无关语言
3	正则语法	有限自动机	正则语言

从表 7.1 可以看出：递归可枚举语言是由 0 型语法生成并为图灵机所识别的语言；上下文有关语言是由 1 型语法生成并为线性有界自动机所识别的语言；上下文无关语言是由 2 型语法生成并为下推自动机所识别的语言；正则语言是由 3 型语法生成并为有限自动机所识别的语言。

自动机理论是实现人机交互（human-computer interaction）的理论基础，有关自动机的知识也是世界知识的一部分（Koenig，2007）。

7.2　自然语言生成

自然语言生成一直是自然语言处理领域的重要研究分支，从知识库用逻辑形式等机器表述系统去生成自然语言，具有长远的历史。20世纪50年代，自然语言生成作为机器翻译的子问题被首次提出，Shannon就把离散马尔科夫过程的概率模型应用于描述语言的自动机。20世纪70年代，自然语言生成开始为专家系统生成简单的解释，以及为数据库查询的返回结果编写自然语言的答案。20世纪80年代早期，自然语言生成逐渐成为自然语言处理中一个独立的研究领域，研究者开始探索其独特的关注点和研究问题。20世纪80～90年代，研究者提出统计语言模型，开始从概率统计视角刻画语言文字，开启了统计语言建模的新篇章。2003年，Bengio提出了前馈神经网络语言模型，前瞻性地改变了传统语言模型的建模思路。2013年，词向量的提出标志着基于神经网络的语言建模时代的开始。时至今日，基于神经网络的语言模型已经占据了自然语言生成方法的统治地位。

自然语言生成的宽泛定义可以表述为：在特定的交互目标下，从给定输入信息（输入信息可能为空）生成人类可读的语言文本的自动化过程。自然语言生成随着任务设定的不同，输入多种多样，但输出一定是可读的自然语言文本。从输入的维度来讲，自然语言生成系统的输入可以表述为四元组，即 <CG, UM, KB, CH>。

CG：语言生成的交互任务（communicative goal），即所生成的语言文本服务于任何通信、交互目的。常见的交互目标包括告知、说服、广告营销、推荐等。

UM：用户模型（user model），即所生成的语言文本的读者或者受众。对同样的信息，不同性别、年龄、职业的用户喜欢阅读的语言表达方式和风格不同，涵盖了个性化语言生成任务，如个性化的对话生成、广告语生成等。

KB：任务相关的领域知识库（knowledge base），如实体、关系、领域规则等信息。KB 提供了关于语言生成任务的背景知识。

CH：上下文信息（context history），即模型在生成当前文本时需要考虑的输入信息，可能为文本、数据、图像、视频等。

以上定义几乎涵盖了所有自然语言生成任务和场景，当然随着设定的不同，这些信息可以部分提供或全部提供。在输入中引入交互目标和用户模型使得这一定义具有普适的覆盖面，尤其包括了现代自然语言生成中的风格化生成、个性化生成等任务。

从研究范畴看，自然语言生成在语言处理的基本问题上提供了独特的视角。首先，从人机交互的角度看，什么样的语言表达和言语行为，以及如何实现它们，才能更好地实现交互目标以促进人和机器之间的信息交流。其次，在特定的交互目标下，合适的语言表达的构成要素是什么，句法、语义、语用层面的约束该如何形式化，语言学和领域知识应该如何表示又如何利用，自然语言生成中语言选择的关键因素又是什么。最后，输入的信息应该如何被转换为高层次的符号化概念和文字（例如，如何用语言文本描述复杂信息，如何抽象和概括原始数据以形成有意义、可理解的描述内容），在这个过程中需要什么样的模型表达领域和世界知识，以及如何合理利用所关联的推理。显然，这些问题是整个自然语言处理领域基础的研究问题，普遍存在于自然语言生成任务和场景中。

自然语言生成和自然语言理解作为自然语言处理的两大分支，它们的共同特点在于两者都是研究关于语言和语言使用的计算模型。因此，两者许多基础语言理论（如关于语法、句法、语义、语用、篇章的理论）是共通的。从一定意义上讲，两者可以看作互逆的过程：自然语言理解将语言文本转换为计算机能处理的内在语义表示，而自然语言生成将计算机的内在语义表示翻译成人类可读的语言文本。

然而，两者也存在本质不同。自然语言理解重在分析，目标是理解输入文本的语义、意图。语言分析过程通常是从底向上的过程：从词形、语法、语用、篇章到最后的语义解析，需要在多个假设中选择最可能的一个或者多个作为最终输出。其本质问题是假设管理（hypothesis management）。例如，在文本分类、词性标注、语义角色标注、自动问答、阅读理解等语言理解任务中，核心任务都是从假设空间中选择一个或者多个类别标记、答案、选项作为最终模型的输出。自然语言理解的主要困难在于歧义（同一个字面形式有多种可能的分析结果）和输入信息不足（需要字面以外的信息辅助才能作出分析和预测）。

而自然语言生成重在规划和建构，遵循相反的信息流向：从语义到文本，从内容到形式。首先，自然语言生成是自上而下地在各种语言学层次上的规划过程，即从上层的语义出发，先确定篇章和语用结构，再确定概念到词的映射，最后确定词形和具体的表型（surface form）。其次，自然语言生成是考虑各种约束条件的从语义到文本的建构过程，这些约束条件包括文本长度、语言风格等。规划和构建的本质问题是确定选择，即选择合适的信息、词汇、句式来表达给定的输入信息。例如，在文本摘要中，需要从输入文档中选择合适的信息进行摘录；在生成最后的摘要时，选择合适的词和表达方式以生成通顺、流利的文本。

7.2.1　传统的模块化生成框架

传统的自然语言生成系统一般采用模块化的设计框架。一般认为，模块化的自然语言生成系统包括如下功能模块：内容筛选（content determination）、文本结构化（text structuring）、句子聚合（sentence aggregation）、词汇化（lexicalization）、指称表达生成（referring expression generation）、语言实现（linguistic realization）等。

内容筛选：内容筛选决定哪些信息应该出现在生成的文本中，哪些不应该出现。这个筛选过程依赖多种因素，包括交互目标、生成内容的目标受众、输入信息源本身的重要性排序、输出的限制（如长度、类别等）。典型地，自动文摘系统中内容筛选的两个关键因素就是信息源的重要性排序和摘要长度的限制。

文本结构化：文本架构化决定需要表达的信息的先后顺序和结构，通常可以采用树状层次化结构或者篇章结构确定表达信息的顺序和结构。

句子聚合：句子聚合决定哪些信息单元应该表达在一个句子里，或者某个信息单元应该被单独表达在某个句子中，以确保后续生成的句子流畅性和可读性。例如，在天气预报中，可能会在一句话（"今天相比昨天，温度更高，湿度也更大些。"）中同时表达温度和湿度的信息；如果用两句话（"今天相比昨天，温度更高；今天相比昨天，湿度也更大些。"）分别表达温度和湿度信息，则显得冗余和啰唆。

词汇化：同样的意思有许多不同的表达方式，词汇化的核心任务是确定合适的词汇以表达选定的信息单元。很多情况下，从概念到词汇的映射过程不是简单直接的，而是需要处理语义相似词、近义词、上下位词等语言学的变种，这个过程受许多约束变量的制约，如上下文、生成文本的风格、所表达的情感、立场等。

指称表达生成：确定对实体的指称表达，即在文本中使用合适的名称（原名、别名、代词、反身代词等）对实体进行引用。实体引用还可能涉及实体属性的使用，以便在上下文中无歧义地指称实体，例如，"积木块中最大的红色立方体"从颜色、大小和形状三个方面对物体进行指称。

语言实现：当以上所有信息都确定后，语言实现负责形成句法、词形都正确的文本。这涉及句子成分的排序，人称、数量、时态的一致，辅助词、功能词的插入等。

模块化的生成框架在自然语言处理的早期发展阶段中占据了统治地位，但在现代自然语言生成的不断发展中逐渐被新的框架所取代。不过，这些功能模块的划分对现在的研究仍然具有重要的指导和借鉴意义。实际上，在一个自然语言生成系统中，这六个模块的边界是不容易划分清楚的。例如，内容筛选与文本结构化存在紧密联系，它们的核心是确定内容和结构；句子聚合、词汇化、指称表达生成共同确定内容表达的微观结构。因此，现在的模块化自然语言生成框架一般包括内容规划（content planning）、句子规划（sentence planning）和文本实现（text realization）三个步骤。

内容规划：内容规划从宏观层面决定内容和结构，即解决"说什么"（what to say）的问题。这个步骤实际上包括传统框架中的内容筛选和文本结构化两个模块。内容规划的结果通常用树状的层次化结构表示，叶子节点代表语言生成的内容，树状结构用于组织内容在文本中的顺序。

句子规划：句子规划从微观层面决定词汇和句法结构，用以表达文档规划阶段确定的内容和结构，即解决"怎么说"（how to say it）的问题。这个步骤包括句子聚合、词汇化和指称表达生成三个模块。同样的，句子规划的结果也可以用树状层次化结构表示，内部节点表示句子的结构，叶子节点表示单词或短语。

文本实现：文本实现是指生成语法、句法、词形正确的文本内容，负责实现层面的语言表达。

传统的模块化自然语言生成框架一般采用两类方法实现：一是基于手写模板或语法规则的方法，二是基于统计的方法。当所处理的任务较简单、问题的规模较小时，基于手写模板过语法规则的方法不失为一个好的选择。模板一般表示为带有占位符的文本表述，如下所示：

"<Location> 附近有 <Cuisine> 类型的餐馆 <Restaurant>。"

其中，<Location>，<Cuisine> 和 <Restaurant> 表示相应的变量名。实例化时，只需将相应的值替换变量名，就可得到一个具体的文本，如"王府井附近有烤鸭类型的餐馆全聚德"。基于手写模板或语法规则的方法简单、实用，对输出文本完全可控，但缺点是死板、适用性有限，且很难扩展到语言表达形式丰富的生成场景中。

基于统计的方法一般可采取两种思路：其一，仍然基于手写的规则生成若干可能的候选文本，然后采用机器学习方法对这些候选文本进行排序，从中选出最优结果；其二，直接使用统计信息影响生成过程的语言选择，不再使用先生成再过滤的策略。由于基于手写的语法规则不仅费时、费力，而且覆盖率有限，所以从大规模的树库资源中自动学习语法规则并利用这些语法规则生成文本成为一个重要的研究方向。其中比较有代表性的是 OpenCCG 系统，它基于范畴组合文法（combinatory categorial grammar，CCG）设计了一个覆盖度较广的表型实现器（surface realizer）。该系统从宾州树库抽取 CCG 语法规则用于语言生成，并采用统计语言模型（statistical language model）进行重排序。

基于手写模板或语法规则的方法考虑了许多细致的语言学规则和知识，而基于统计的方法倾向于采用数据驱动的做法，自动学习数据隐含的规则和知识。增加统计信息的使用，往往也意味着语言学知识的减少。这种研究也催生了完全数据驱动的现代语言生成框架——端到端的自然语言生成框架。

7.2.2　端到端的自然语言生成框架

传统的模块化自然语言生成框架属于"白盒"（white box）的设计思路：每个模块的功能和职责相对明确，系统有很好的可解释性，也便于故障诊断；但是，级联系统也会带来不可避免的错误传播问题，上一个模块的错误会传导至下一个模块，从而导致更严重的错误。现代深度学习的兴起，推动了各式各样基于神经网络的新自然语言生成模型，这些模型几乎都沿用了相同的端对端的自然语言生成框架。这是一种典型的"黑盒"（black box）设计，传统的"内容规划 – 句子规划 – 文本实现"三个模块的功能被统一整合在一个解码器中。这种端对端的设计用一个模块就可以实现所有模块的功能，不再纠缠每个模块的细节设计。采用数据区分的方法训练模型，避免了手写模板或者语法规则的麻烦。但是，这种设计存在不少问题：不仅缺乏对语言学知识的显式利用，而且缺乏有效的手段来控制生成内容的质量，还不能适用于数据资源不充足的情况。

绝大多数自然语言生成模型都采用了"编码器 – 解码器"框架。在这个框架中，输入 <CG，UM，KB，CH> 经过编码器的处理被编码为向量表示，解码器则负责读取输入向量，生成所需的文本。如前所示，这一框架将传统框架中的内容规划、句子规划、文本实现功能统一整合在解码器中。大多数的"编码器 – 解码器"框架广泛采用注意力机制（attention mechanism）以便获得更好的语言生成性能，其核心思想是：解码器在每个解码位置维护一个状态向量，并根据状态向量有选择性地利用编码器所得到的输入向量。一个典型的方法是：使用状态向量去匹配每个输入向量，得到所有输入向量上的权重分布。通过注意力机制，模型在不同解码位置对输入信息的利用是不同的。这使得解码器在不同的生成阶段有效地"注意"到不同的输入信息。已有的研究表明，注意力机制显著提升了文本生成的质量。

在"编码器 – 解码器"框架中，编码器和解码器可以采用各种神经网络模型，一般两者可以有不同的网络结构和参数。最常见的是循环神经网络，另一种常见的选择是 Transformer 的结构，这是一种采用多头注意力（multi-head attention）机制的神经网络模型。由于编码器只需要编码信息，所以可以选择基于预训练语言模型如 BERT 等，以充分利用语境化的语言表示（contextualized language representation）。自 2019 年以来，由于预训练模型的兴起，出现了以 GPT（general pretraining）为代表的仅有编码器的生成模型。它们使用了统一的神经网络结构同时处理编码和解码部分。或者说，GPT 模型中的编码器和解码器共享同样的网络结构与参数。同时，预训练的"编码器 – 解码器"结构也开始被研究和使用。

7.3　自然语言生成任务

自然语言生成任务的输入多种多样，在之前的定义中给出了一个非常普适的输入形式，即 <CG，UM，KB，CH>。引入交互目标和用户模型，能使该形式覆盖风格化语言生成（正式语言和非正式语言、金庸风格和莎士比亚风格）、个性化语言生成（根据用户特征的不同生成不同文本）等任务。但输入中最重要的还是上下文信息部分，该部分与生成文本直接相关。其形式通常可以是文本、类别标记、关键词、数据、表格、图像、视频等。

从输入信息形态的角度来说，自然语言生成任务可以分成：文本到文本（text-to-text）、数据到文本（data-to-text）、抽象意义表示到文本（meaning-to-text）、多模态到文本（multimodality-to-text）、无约束文本生成（zero-to-text）等。

文本到文本：输入是文本内容（连续文字或者关键词信息）。这是最常见的一类任务，主要包括文本摘要、机器翻译、句子化简、语义重述生成、诗歌生成、故事续写等。

数据到文本：输入时数值、数据类信息，如表格、键值对列表、三元组等。例如，根据球赛的统计数据表格生成对应的体育新闻报道，根据结构化的个人信息生成维基百科简介页面等。在这类任务中，往往不可能将所有的原始数据都体现在生成内容中，因此对数据的选择、关联、概括非常重要。

抽象意义表示到文本：输入是语义的抽象表示，生成任务需要将抽象意义表示翻译成自然语言文本。常见的输入形式包括抽象意义表示（abstract meaning representation）和逻辑表达式（logic form）。

多模态到文本：输入是图像、视频等类型的多模态信息，模型需要将图像、视频中表达的语义信息转换为自然语言文本。典型的任务包括图像描述生成（image captioning）和视觉故事生成（visual story telling），即根据视频或者多个图像生成故事。

无约束文本：不给定任何输入，要求模型自由生成自然语言文本。一般来说，这些模型会从学习到的分布中采样，以生成多样但符合数据分布的文本。部分模型也会先采样一个随机向量，然后将该向量转换为对应的文本。该任务一般用于测试基础的生成模型，如循环神经网络、生成式对抗网络（generative adversarial network，GAN）和变分自编码器（variational auto-encoder）生成模型等。

从输入输出信息变化的维度来看，自然语言生成可以分为开放端语言生成和非开放端语言生成。开放端语言生成是指输入信息不完备，不足以引导模型得到完整输出意义的任务。故事生成是一个典型的开放端语言生成任务，给定故事开头一句话或者几个主题关键字模型需要生成具备一定情节的完整故事，显然这个场景输入信息非常有限，模型还需要利用其他信息，如知识、大规模其他语料或创造输入中没有的其他关键信息，才能完成故事情节的规划，并生成有意义的故事。这类任务普遍具有"一到多"的特点及同一个输入存在多种语义显著不同的输出文本，对话生成、长文本生成（如故事生成、散文生成）都存在这样的特点，属于开放端语言生成任务。需要指出的是，这里的创造是相对狭义的，意指生成在输入中未指定或未约束的部分内容。

对应的非开放端语言生成任务中，输入信息在语义上提供了完备甚至更多的信息，模型需要将这些信息用语言文字表述出来。机器翻译就是典型的非开放端语言生成任务。一般情况下，输入已经完整地定义了输出需要表达的语义模型，需要用另一种语言将其表达出来。语义复述生成可视为信息的等价变换。输入与输出的语义完全相同，只是表达形式不同。在文本摘要、句子化简这类任务中，输入给出了输出语义空间中更多的信息，模型需要通过信息过滤来选择合适的信息表达在输出文本中。在抽象意义表示到文本的任务中，输入完整地定义了输出所要表达的语义，因此模型只需要完成相应的语言实现即可。

表 7.2 总结了常见的自然语言生成任务与特点（黄民烈等，2021：11）。

表 7.2　常见的自然语言生成任务与特点

任务	任务类型	输入完备性	生成开放性	模型创造性
文本摘要	文本到文本	完备	非开放端	低
机器翻译	文本到文本	完备	非开放端	低
句子化简	文本到文本	完备	非开放端	低
语义复述生成	文本到文本	完备	非开放端	低
对话生成	文本到文本	非完备	开放端	高
故事生成	文本到文本	非完备	开放端	高
散文生成	文本到文本	非完备	开放端	高
表格－文本转换	文本到文本	完备	开放端	中
逻辑表达式－文本转换	抽象意义表示到文本	完备	非开放端	低
图像描述生成	多模态到文本	完备	非开放端	低
视觉故事生成	多模态到文本	非完备	开放端	中

7.4 自然语言生成质量评价

自然语言生成的质量评价是指模型的可控性，即在给定输入条件下生成不符合预期的文本的容忍度，这些文本在语法用词词义等方面不符合人类语言的规范或者事先给定的约束。传统的模块化自然语言生成框架中，基于规则的方法往往能生成稳定可靠的文本。基于神经网络的端到端方法，由于引入了概率采样的机制，每次需要从模型估计的概率分布中采样。考虑到词表规模较大，一般为 1 000 到 50 000 量级，因此概率分布中不可避免地存在大量出现概率很低的长尾词，再加上概率采样本身的随机性，基于采样的自然语言生成模型面临的可控性问题尤为严重。

自然语言生成的可控性问题，可以从以下四个方面来概括。

（1）语法性问题。语法性问题是指生成文本是否通顺，是否符合自然语言的语法，是否存在重复。多数情况下，现在自然语言生成模型在大数据和大规模的支撑下，通顺性几乎不存在显著问题。但在重复性问题上，即便现在出现了先进的预训练模型 GPT-4，在生成长文本时，仍然存在显著的重复性问题。有研究者发现，神经网络模型在语言生成时存在自我加强（self-reinforcing）的问题，很容易生成重复内容。

（2）信息量问题。信息量问题是指模型生成高频的、无意义的、通用的内容，生成文本的信息量、多样性、特异性显著不足，这是语言生成模型中最根本的可控性问题。基于概率采样的模型，更容易在每个位置上生成常见词，使整个生成的文本也变得常见（如"好的""我知道了""我不知道"等），损失了本身应该具有的信息量、多样性和特异性。

（3）关联度问题。关联度问题是指生成内容与输入的相关性低，或者与输入信息不符合，忠实度低。例如在对话生成中，生成与输入相关的、有意义的回复仍然是一个比较大的挑战。尤其是在数据到文本的生成任务中，忠实度是非常重要的问题，所生成的文本中不能编造新数据或者修改给定的输入数据。例如，在新闻报道中，若给定输入是"A 队打败了 B 队"，但模型输出的是"B 队打败了 A 队"，这种情况是不可接受的。

（4）语义问题。语义问题是指生成文本与给定上下文一致性不足，前后连贯性差，或与常识存在语义冲突。如何检测语义问题本身就存在困难，因此语义问题也是可控性问题中最难的一类。当前自然语言生成模型很容易生成通顺但存在语义问题的内容，如前后矛盾（如"我喜欢你，但我不喜欢你"）或者与常识不符（如"四个角的独角兽"）。

自然语言生成可控性的另一个维度是社会学偏置（social bias），即现有的生成模型容易生成侵略性的、恶毒的、人身攻击的、性别歧视的、种族歧视的内容。尤其是当训练数据的质量不高，包含较多不合适的数据时，模型表现的社会学偏置问题可能会进一步加剧。现有模型的社会学偏置实际上反映了人类自身根深蒂固的偏见。对于这类可控性问题，一种简单的做法是在后处理基础上加过滤模块。从模型控制的角度来说，可以引入反似然的训练（unlikelihood training）目标及降低不合适词语的采样概率。目前这个研究方向的工作还比较少。

7.5　自然语言生成现状分析与展望

围绕语言的概率建模问题，传统的统计语言模型采用的是完全符号化的方法，通过词与上下文之间的简单计数估计语言模型中的条件概率。在以神经网络模型为代表的语言生成模型中，语言之间的语义相似性通过向量空间的距离来体现，这些模型都遵从分布假设的基本思想：出现在相似上下文中的词是相似的。向量表示的方式极大地便利了计算和学习，使这些模型能充分利用大数据和大模型的优势，在语言建模和表示建模上取得了前所未有的成功。

在基础模型结构方面，循环神经网络模型和 Transformer 等模型将语言直接编码为向量空间中的确定性的向量，在向量表示的基础上进行语言建模和语言生成。循环神经网络模型采用循环递归结构顺序连接每个位置上的隐状态，基于当前位置的隐状态预测需要生成的词，对上文信息的利用体现在依次连接的隐状态中。Transformer 模型采取了完全不同的设计结构，去掉了循环结构，递归采用自注意力机制在每个位置上与所有位置直接计算注意力分布，使模型不仅在计算上更加高效，在刻画任意上下文之间的依赖关系上也更加有效。进一步，与预训练任务结合，Transformer 模型结构充分发挥了大数据和模型大容量的优势，相比其他模型取得了显著优势，近期 GPT、BERT、XLNet 系列模型的发展趋势充分说明了这些特点。

特别值得注意的是，循环神经网络和 Transformer 神经网络是在各种语言生成模型中广泛采用的基础模型结构，适用于各种编码器和解码器。在变分自编码器中，编码网络负责将输入编码为概率分布的参数，解码网络根据隐变量重构原有输入；在生成式对抗网络中，生成网络负责解码生成辨别网络，对生成内容进行编码，这些网络均可以采用循环神经网络或 Transformer 结构。

传统的自然语言生成方式是采用自回归的方式从左到右生成，这符合人类基本的阅读和写作习惯。在自回归的生成方式中已经生成的词被依次重新输入模型，以便生成下一个词。近年来，变序生成（如从右向左，从中间往两边生成等）、非自回归和半自回归的生成方式为文本生成提供了一些新的视角和思考。非自回归的语言生成在生成顺序上并不存在前后依赖关系，而是一次性解码所有位置的单词，具有很好的并行性，但在生成质量上还存在很大的提升空间，半自回归生成则介于自回归和非自回归之再有较好并行性的同时，也需要迭代的解码过程以提升生成质量。这些新的生成方法，虽然在生成效果上距离最佳模型还存在一定距离，但也是非常有意义的新尝试。

规划是人类进行语言创作的基本步骤，在语言生成尤其是成文本生成中具有重要作用。合理的规划可以显著提升生成文本的通顺性和连贯性，也可以增加生成内容的信息量，减少无意义的重复内容。在数据到文本生成任务中，规划体现在决定输入数据的展现顺序、建模数据之间的依赖、对数据进行关联和组合、对数据进行选择和抽象等方面。在故事生成这类开放端语言生成任务中，规划显得尤为重要，需要通过事件链、故事骨架等逐步建构故事情节篇章结构，使之成为有机整体。以 GPT 为代表的预训练语言生成模型，虽然能生成看似流畅的文本，但他们在题材、情节、篇章结构的显式规划上有所欠缺，因此在文本生成过程中的可控性、可解释性上还存在很多不足，引入显式规划机制十分必要。

　　人类语言包含丰富的知识，包括语言中显式世界知识表达，如"2008 年北京成功举办了奥运会，中国创纪录地夺得了 48 枚金牌"，隐式表达的常识知识如"柠檬是酸的，树有叶子"。尤其是常识问题，早在 1959 年就被 John McCarthy 和 Marvin Minsky 认为是人工智能中最重要的问题之一。在语言生成中，如何让语言生成模型生成符合世界知识、常识的内容，在连贯性、一致性、逻辑自洽性等方面取得突破依然是目前研究中主要的挑战。当下，强大的 GPT 模型依然很容易犯常识性的错误，尤其是长文本生成中很容易产生前后矛盾、不一致的内容。融合知识的语言生成研究还处在早期阶段，以知识为基础的文本生成是未来重要的研究方向。

　　基于神经网络的现代语言生成模型，在许多生成任务中获得了成功，这一领域的研究也变得非常活跃，新的任务层出不穷，尤其是基于大规模预训练模型的生成模型受到广泛关注。下面基于偏宏观的角度，从四个方面讨论自然语言生成的发展趋势：可控性问题、知识运用、长文本生成、语言生成中的创造性。

　　自然语言生成的可控性问题很大程度上制约了语言生成模型的应用场景和范围，例如，在对话系统或实时机器翻译系统中，不可控的语言生成可能会带来灾难性的后果。关于自然语言生成的可控性问题，需要回答"控什么""如何控"两个问题。前文介绍的可控性的四个方面：语法性问题、信息量问题、关联度问题和语义问题，基本上覆盖了目前自然语言生成中绝大部分问题。语言生成中的随机性本质上来自生成概率估计的不可靠与从生成概率中采样的随机性。针对第一个问题，语言生成概率分布的可靠估计始终是模型优化的目标，目前基于最大似然准则的优化方法在数据观测有限的条件下还存在不少局限。尤其是开放端语言生成任务，仅仅依赖有限观测数据的最大似然优化存在较大局限。例如，有研究表明，在对话生成中为了避免模型生成恶意的、歧视的、人身攻击的文本，采用反似然训练能有效降低生成这类文本的概率。针对第二个概率采样随机性的问题，新的采样方法能一定程度上避免生成低概率的词，提高生成质量。这两个方向还有许多值得深入研究的问题。

　　现有的语言生成模型较大程度地缺少知识，特别是常识。因此如何将世界知识、常识、领域知识等语言生成模型有机结合在一起，是十分值得深入的研究方向。以目前强大的语言生成模型 GPT-4 为例，虽然它能生成令人惊叹的故事，但经常出现"四个角的独角兽"之类的常识错误。融合知识的语言生成是未来重要的研究方向，特别是与现有的大规模预训练模型的结合，如何让语言模型生成既连贯、通顺，又符合世界知识、常识的文本依然是迫切需要解决的问题。其中的重要问题包括：知识表示与文本表示之间的映射与对齐、结合复杂知识推理的语言生成、零样本或少样本知识融合的语言生成等。近年来出现了一些综合语言生成和常识推理的研究任务，如常识解释生成、归因推理（如何给定开头和结尾，推导中间情节）、反事实故事生成，表明在语言生成中的知识表示开始受到重视。

如何生成高质量的长文本是语言生成面临的主要挑战之一。端到端语言生成模型在短文本生成上取得了显著进展，但在长文本生成上，也面临显著问题：缺少宏观规划，容易生成通用无意义的文本、重复内容。规划是人类创造的基本步骤，特别是在创造长篇作品之前，往往需要在作品的多个维度上进行精心规划，包括作品的题材、情节、框架等，从而能够较好地掌控作品的呈现，以准确传达作品的精神和思想。现有的语言生成模型在规划宏观话题、事件脉络、叙事结构等方面均存在显著不足，这导致生成文本缺少句间一致性和连贯性，并进一步导致通用无意义文本、重复内容的生成。因此研究长文本生成的关键问题是未来重要的研究方向。

创造性是高质量人类写作的典型特征。维基百科将"创造性"定义为"创建新的、有价值物品的能力"，"物品"可能是抽象的（如科学理论、想法等），也可能是具体的（如发明专利、艺术画、小说著作等）。在许多自然语言生成任务中，尤其是开放端语言生成任务中，如现代诗生成、古诗生成、歌词生成、故事生成等，都体现了对创造性的要求。如何定义创造性，如何评价创造性，如何在语言生成中体现创造性，都是亟待解决的问题。语言生成模型中的"创造性"的定义是狭义的，意指模型生成输入中未指定、约束的部分。相对广义的"创造性"可以定义为生成训练数据中未出现的、新颖、有价值的内容。以故事生成为例，对模型创造性的要求体现在生成新颖、有趣的故事情节上。

7.6　ChatGPT 及其性能评测

大语言模型（large language models，LLMs）是近年来神经网络自然语言处理的核心研究点之一，学术界和工业界围绕大语言模型产生了大量研究成果。Kiela et al.（2021）研究发现，大语言模型在语言理解推理、对话生成等多个任务上已经达到甚至超越了人类的平均水平。大多数研究通过语言模型在一系列具体数据集上的表现来评估模型能力，而缺乏其是否能适应复杂的应用环境的研究。对于大型语言模型能否与人类正常互动的问题，即能否正确响应人类所提出的指令、满足用户的合理请求，以及生成内容是否符合人类的普世价值观，这方面的研究仍然处于起步阶段。

ChatGPT 是由美国的人工智能创业公司 OpenAI 于 2022 年 11 月公开发布的聊天机器人，它以多轮对话的形式，通过用户的提示引导进行内容创作。ChatGPT 在日常使用情境下具有主题创作、知识问答与编程计算等功能，在与人类的交互过程中，通过追踪对话进程并回答问题、承认错误并纠正以及拒绝不合理请求等，展现出令人印象深刻的语言能力。ChatGPT 能准确捕捉用户的意图，生成期望的回答，对于用户指出的错误会主动承认并改正，在诗歌散文等创作中也展现出一定的能力，然而相较于使用其他语言的用户而言，使用英语与它对话无疑是用户体验最好的方式，因此 ChatGPT 在尊重非英语国家的文化背景和使用习惯上仍有欠缺。

张华平等（2023）使用公开标注数据集对 ChatGPT 在中文数据集上的知识常识性能表现进行评估，并与国内的主流大模型对比，研究其在中文环境下的具体表现。具体来讲，他们在九个中文数据集上评估了 ChatGPT 的性能表现，评估任务分为中文情感分析、中文文本自动摘要、中文机器阅读理解和中文知识常识问答，评估结果发现其在情感分析、自动摘要和阅读理解等经典自然语言处理任务上具有较好的表现，在闭卷知识问答上容易犯事实性错误。

第8章
多语言机器翻译研究进展

机器翻译（machine translation，MT）是自然语言处理中最早的研究分支，是利用计算机把一种自然语言转变成另一种自然语言的过程，用以完成这一过程的软件叫作机器翻译系统。

从计算机诞生之日起，人们就曾经尝试用它来进行一些语言现象的处理工作。自然语言理解的研究，最初就是从机器翻译开始的。随着信息时代的到来，信息爆炸成为信息处理领域的瓶颈问题，不同语种之间大量的信息交流更加大了问题的严重性。不同语言之间的翻译工作越来越迫切，工作量也越来越大。如何利用计算机高效率的信息处理能力突破不同语种之间的语言障碍，成为全人类面临的共同问题。机器翻译便是解决这个问题的有力手段之一，这也是机器翻译长期成为自然语言处理研究中心的主要原因之一。

多语言机器翻译（multilingual machine translation，MMT）又称"多语种机器翻译"。自 2014 年以来，端到端与基于注意力机制的神经网络机器翻译（neural machine translation，NMT）模型日趋成熟，其翻译性能相比于传统的统计机器翻译模型有了很大提升。神经网络机器翻译问世不久，人们就发现这一框架可以自然地适用于多语言场景，因此很多工作都在研究多语言神经翻译系统。拥有高质量、大规模的两种或多种语言之间的平行语料是当今神经网络机器翻译模型获得良好性能的前提。然而，除了英文、德文、中文等少数几种资源丰富的语言外，世界大多数语言都无法找到大规模的双语平行语料以满足神经机器翻译模型的需求。当今世界有 7 000 多种语言，机器翻译系统研究与开发应用大多集中于诸如英语或其他具有大规模文本语料库的少数语言中（约20 种），其他语言都急需相应的语言处理工具和语料资源以满足当前深度学习模型的计算需求，这些语言被称为低资源语言（low-resource language）。如何解决低资源语言的机器翻译问题成为当今机器翻译研究的热点。

若一个神经网络机器翻译系统能处理多于一个语言对之间的翻译，就可以被称作多语言神经网络机器翻译系统（multilingual neural machine translation，MNMT）。MNMT 的终极目标是一个能够有效利用可用的语言资源，翻译尽可能多的语言的机器翻译系统。在这个系统中，由于知识迁移的作用，低资源语言的翻译可以从其他语言对中获取额外知识，翻译效果得以大幅提升，且 MNMT 系统的泛化性会提高，应用更加广泛。根据其应用场景，MNMT 可以被分为三种：

（1）多路翻译。系统使用统一的模型，利用多语语言对其中一个语言对的语料，训练得到的翻译系统可以做到一对多翻译、多对一翻译或多对多翻译；

（2）低资源翻译。多语言系统为低资源语言翻译提供了两种解决思路：利用迁移学习增强现有双语平行语料、利用枢轴语言融合语言模型；

（3）多源翻译。已被翻译成一种或者多种语言的文档在将来可能要被翻译成更多种语言。

这种情况下，已经产生的目标语言内容可以为将来的翻译文本内容消歧从而提升翻译质量提供训练数据。

8.1 多路翻译

MNMT 的初衷是能支持多个语言对的互译，具有这种能力的模型称为多路神经网络翻译模型。下文分别从参数共享、训练方法和语言多样性等角度提出了解决方案。

8.1.1 参数共享

早期的多语言翻译模型是基于循环神经网络的，例如在 Firat et al.（2016）的模型中，不同语言都使用独立的词嵌入、编码器和解码器，仅共享注意力机制。此外，模型中加入了两个共享构件：一个对所有编码器都适用，以编码器的最终状态为输入，来初始化解码器初始状态；另一个仿射层对所有解码器都适用，并在计算 softmax 之前将解码器最终状态进行投影。这种 RNN 模型虽然比较灵活，但是参数量大，而且所有语言对翻译都需要通过共享的注意力机制，容易造成表示瓶颈。

Google 在 2017 年提出一种改进模型 Google MNMT（GMNMT），所有语言共享词嵌入、编码器、解码器和注意力机制，但在每个句对前面加一个语言标签（language tag），以指明应该翻译成什么语言，帮助编码器正确生成对应目标语言的句子。若系统中涉及的语言有较近的"亲属"关系，模型效果会尤其好，因为它们有更高的词汇和语法相似性；再如，使用同一种书写系统，效果会更好（Johnson et al.，2017），但在不同"亲属"关系或者书写系统的语言对的翻译中效果不佳。Ha et al.（2016）提出一种类似的多语言翻译系统，不过该工作为每个语言保留一个独立的词表，因此可能更适用于语言系属关系不强的情况。这种完全参数共享的方法简单直观，参数量最少，且与双语系统相比不落下风，有时评测指标 BLEU 值还会有所提升。在这个范式下，诞生了很多工作：有的通过处理语料，使得不同书写系统的语言能够更好表示［例如使用转写（script conversion）、音译（transliteration）、使用基于字符的模型等］；有的通过数据选择策略和语料平衡策略提升低资源语言的重要性；有的通过加深 Transformer 的层数提高模型的表示能力。总体来说，这种方法能通过知识迁移有效地提升低资源语对的翻译效果，但是整体上，将低资源语言翻译成资源丰富语言的效果要好过把资源丰富语言当作原文情况下的翻译效果。此外，在海量语料和大量语言的高强度机器翻译需求之下，完全参数共享的模型也存在表示瓶颈。Arivazhagan et al.（2019）对该现象进行了更细致的论述，而 Kudugunta et al.（2019）对多语言模型的工作原理进行了可视化，有助于更直观地了解。

作为上述两种方法的折中，一些工作试图让不同网络层的参数共享程度可控，其背后的动机是多语言系统接受的语言通常存在差异性，以及希望网络有一定的灵活性和简易性。由于生成的工作主要由解码器完成，因此让解码器独立是比较重要的，相比而言，编码器的工作比较简单，所以大部分工作会选择多个语言共享解码器，达成更好的参数利用率。但在这种情况下，解码器和注意力机制要尽可能鲁棒。Blackwood et al.（2018）指出，目标语言特定的注意力机制比其他注意力共享方案效果要好，因此设计一个强壮的解码器尤为重要。Sachan & Neubig（2018）则指出对于基于自注意力的模型，共享解码器自注意力和编 – 解码器注意力参数对不相似的语言效果更好，因为解码器学到的目标语言表示能更好地和源语言表示对齐。Bapna et al.（2019）是在完全参数共享的模型上作了扩展插入特定于语言对的适配器层（adapter layer）。宿主模型训练好以后，将额外的适配器层插入模型，对特定的语言对微调这一层。Zaremoodi et al.（2018）则认为不应该在训练之前固定设置哪些参数应该被共享，因为共享的参数可能有助于提升一些语言对但是不利于另一些语言对，他们提出了一种路由网络（routing network），动态控制哪些参数应该共享的算法。Platanios et al.（2018）则从训练数据中学习参数的共享程度：其定义了基本参数和语言嵌入。对于给定的语言对，基本参数会通过线性投影变换为这两个语言各自的参数。相比较于语言标签，语言嵌入也能更直接影响模型参数。

设计正确的共享策略可以平衡模型的大小、翻译准确性、简易性和灵活性，因此非常重要。但并未有太多工作研究这些模型的表示瓶颈。另有一些工作使用强化学习或遗传算法来研究神经网络架构搜索（network architecture search，NAS），并通过这种方法自动调整网络大小。此外，条件计算（conditional computation）可能是多语言翻译可用的一种技术。

8.1.2 训练方法

MNMT 模型的训练是一个关键问题，需要比较精妙的方法。所有方法的核心都是对所有语言对最小化负对数似然。主流的训练方法有两种：单阶段训练（或称并行训练、联合训练）和多阶段训练（或称顺序训练）。根据具体用例，多阶段训练可以用来做模型压缩或微调，或加入新数据 / 语言（增量训练）。

（1）单阶段训练

最简单的情况，把所有语料拼在一起再送入模型。如果模型有多个编/解码器，每个 batch 包含的所有数据需要来自同一个语言对；如果模型参数完全共享，则不需要受此限制。单阶段翻译的最大问题是数据不平衡问题，传统做法试过采样低资源数据，但是近几年 Arivazhagan et al.（2019）提出的基于温度系数的采样（temperature-based sampling）方法开始流行。

（2）知识蒸馏

原始的知识蒸馏方法是训练一个极深的大模型，然后原始数据和该模型预测得到的 softmax 组成新的数据，训练浅层小模型。这种方法后来得到改进，成为序列级知识蒸馏，就是用大模型翻译一遍训练集，再把源句和翻译结果组成新的数据集训练小模型。Tan et al.（2019）为所有语言对训练双语模型，然后把它们作为教师模型来为所有语言对训练一个学生模型。训练学生模型时，使用翻译损失和蒸馏损失两者的差值，其中后者捕捉学生模型输出的概率分布和教师模型输出的概率分布之间的距离。只有当教师模型在验证集上的准确率高于学生模型时，蒸馏损失才起作用。这种方法比联合训练效果好，但是代价太大，因为每个语向都需要一个单独的模型。

（3）增量训练

这些方法主要是想减小引入新语言或新数据时的代价，至少要避免重新训练。新语言引入以后，最直接的问题就是会修改词表，因此很多工作都聚焦于此。最简单的方法是对非拉丁字母语言使用拉丁转写，这样可以无缝继续训练或者微调模型。Bapna et al.（2019）在预训练 MNMT 模型上使用小的前馈神经网络（称为适配器）。对预训练模型中的每个语言对，该工作在每一层都加入适配器，然后在该语对数据上微调这些适配器——但是这种方法只能解决新数据带来的问题，对新语言无能为力。此外，增量训练不可避免会带来灾难性遗忘（catastrophic forgetting），这还需要进一步研究。

对上述所有方法的一个主要的批评是它们把 MNMT 模型都看作一种普通的 NMT 模型，很多研究人员平等对待所有语言对（除了在采样方式上有所不同），但很少有人研究 NMT 是否实际上更擅长处理某些语言对，或者更不擅长处理哪些。有工作研究如何对资源丰富度不同的任务缩放学习率或梯度。另外，目前训练过程中使用的开发集都是多语言的，因此选出的模型可能对个别语言对并非最优——甚至大部分工作的模型都是次优的，即便它们已经对低资源任务有了相当大的提升。

8.1.3 语言多样性

MNMT 的一大核心任务是对齐不同语言的单词/句子表示，使得"亲属"关系较远的语言也能被连接起来，使模型能够处理尽量多的语言。词表对 MNMT 模型很重要，但是目前并未得到太多重视。对共享词表的 MNMT 模型，很自然的解决方案是对每个语言采样等量单词来平衡表示能力，但是考虑到数据的不平衡现象，这种做法仍有改进空间。Aharoni et al.（2019）提出的基于温度系数的采样方法，被广泛使用。以下主要讨论多语言的表示：已有工作对多语言模型的嵌入作了可视化，并认为编码器可以对不同语言的相似句子学到相似表示，但是这些可视化工作通常是在二维或三维空间中作出，因此存在一定局限性。Kudugunta et al.（2019）使用 SVCCA 对表示结果作了更系统的分析，认为尽管编码器能对不同语言的相似句子学出相似表示，但是这些表示可以根据语言相似度聚成更细粒度的若干簇。这也解释了为什么对相近语言迁移学习效果更好。编码器和解码器之间的界限不明显，源语言表示和目标语言表示互相依赖，不同层学到的表示相似性不同。编码器端，越高层学到的表示越不变，而解码器端相反，越高层学到的表示差异越大。这个结论符合直觉，因为解码器需要敏感于生成什么语言，也就需要在语言不变的表示和语言感知的表示间寻求平衡。

（1）编码器表示

影响编码器表示，使其依赖于具体语言的原因有若干点，其中一点是对于同一个目标句，不同源语言对应的句子其词元数可能不同，因此解码器的注意力机制看到的编码器表示数量就会根据语言不同而不同。一种方法是如 Lu et al.（2018）和 Vázquez et al.（2019）建立注意力桥接网络，生成固定数量的上下文表示，这样解码器的任务被简化，可以更利于语言生成。Murthy et al.（2019）则指出编码器产生的句子表示依赖于词序，因此是语言相关的，其提出的对应方法是重排序输入句的词元，进而提升迁移学习的效果。

（2）解码器表示

对于一对多任务，解码器的设计更有挑战，因为它要兼顾语言不变性和语言相关性。如果只是把平行语料拼在一起训练模型，那么由于语言不变性的作用和词表泄露，模型很容易解码生成混合语言。最有效的对策是使用语言标签。

Wang et al.（2018）探索了三种支持多目标语言的方法：在目标句句首加目标语言标签；设计目标语言相关的位置编码；将解码器每一层的隐藏单元划分成共享的或语言相关的。每种方法与基线模型相比均有提升，综合利用最好。Hokamp et al.（2019）则认为，为每个语言使用不同解码器和注意力机制能得到更好的结果，因此最好的设计实践可能是共享编码器而分离解码器。即便是使用共享解码器，使用任务相关的嵌入也比使用语言标签好。此外，一些研究将不同语言按照语系 / 语族划分，不同语系 / 语族的语言独立使用解码器。一种折中方案是不同语系 / 语族的语言独立使用解码器，语系 / 语族内使用标签提示模型输出何种语言。但是较新的预训练工作，如 MASS、mBERT、XLM 等已经证明语言标签足够帮助大模型确定应该输出何种语言。已有工作尚未对语言之间的负面影响（干扰）进行更深入的研究。

8.2　低资源翻译

数据稀缺是低资源语言机器翻译面临的主要问题，解决这一问题有两个思路。一是充分利用既有的双语平行训练语料，这个思路都是对现有数据的增强，称为"数据增强"（data argumentation）。二是融合单语训练语料的语言模型和翻译模型，这个思路是在现有深度学习算法和神经网络模型基础上的融合，称为"模型融合"（model stacking）。

8.2.1 增强现有双语平行语料

反向翻译（又称"回译"，back translation）是目前机器翻译任务中最常见的一种数据增强方法，主要思想是：利用目标语言–源语言翻译模型（反向翻译模型）生成伪双语句对，用于训练源语言–目标语言翻译模型（正向翻译模型）（Sennrich et al., 2016）。反向翻译方法只需要一个反向翻译模型，就可以利用机器翻译产生的数据增加训练语料的数量，因此被广泛应用。对于低资源语言机器翻译，通过将目标语言句子复制到源语言端构造出伪训练语料能够提升机器翻译的性能。即使构造的伪训练语料是不准确的，其目标语言端仍然是真实语料，既保留了两种语言之间的互译信息，又存在一定的噪声。神经网络机器翻译模型在伪双语句对上进行训练，可以学习到如何处理带有噪声的输入，从而提高了模型的健壮性。由于反向翻译模型的训练只依赖于有限的双语语料，因此生成的源语言端伪语料的质量难以保证，为此可以采用迭代式反向翻译（iterative back translation）的方法，不断通过反向翻译的方式提升正向和反向翻译模型的性能。如果只有源语言的单语语料，也可以通过一个双语语料训练的正向翻译模型获得相应的目标语言翻译，从而构造出正向翻译模型的伪训练语料。然而，由于生成的译文质量很难保证，构造的伪训练语料对译文的流畅性并没有太大帮助，其主要作用是提升编码器的特征提取性能。

词替换（word replacement）是将双语语料中的部分词替换为词表中的其他词。通过替换词，在保证句子语义或者语法正确的前提下，将替换以后的句对添加到训练语料中去，可以增加训练语料的多样性（Fadaee et al., 2017；Wang et al., 2018）。可以替换源语言中的词，也可以替换目标语言中的词；可以替换常用词，也可以替换稀有词；可以"刻意"替换，也可以随机替换；可以替换掉一个词，也可以丢弃这个词或者用掩码屏蔽该词；可以用词表中的其他词替换，也可以用本句中的其他词替换。词替换方法的本质是对原始双语训练语料进行修改，得到加了噪声以后的伪双语训练语料，以上词替换方式都是对原始语料进行加噪处理。在神经网络机器翻译中，通过加噪进行数据增强的常用方法是：在保证句子整体语义不变的情况下，给原始的双语语料适当加入一些噪声，从而生成伪双语语料来增加原始训练语料的规模。

相比词替换方法，转述（paraphrasing）不仅是对句子做轻微的修改，而且考虑到自然语言表达的多样性，即通过对原始句子的进行改写，使用不同的句式来表达同样的意思。通过转述的方法对原始的语料进行改写，可以使训练语料覆盖更多的语言现象，在神经网络机器翻译任务中得到了广泛应用。同时，由于每个句子可以对应多种译文，转述方法可以避免模型过拟合，从而提高模型的泛化能力。

8.2.2 融合单语语言模型

通常情况下，在机器翻译系统中单语语料会被用于训练语言模型，训练好的语言模型既可以用于源语言端，也可以用于目标语言端。在源语言端，语言模型可以用于句子编码和生成句子的表示；在目标语言端，语言模型会帮助系统选择更流畅的译文。在低资源机器翻译中，语言模型融合可以在一定程度上弥补双语训练数据稀缺的缺陷。

因为神经网络机器翻译模型的解码器本质上是一个语言模型，用于描述生成译文词串的规律，那么将解码器与目标语言端的语言模型融合就成为一种最直接的使用单语数据的方法。常用的融合方法分为浅层融合和深度融合，前者独立训练翻译模型和语言模型，在生成每个词时对两个模型的预测概率进行加权求和得到最终的预测概率；而后者则联合翻译模型和语言模型进行训练，从而在解码过程中动态地计算语言模型的权重，计算预测概率。

同样，神经网络机器翻译模型的编码器也是一个语言模型，是源语言的语言模型，但编码器并不直接输出源语言句子的生成概率，因此可以使用更大规模的单语语料对编码器进行训练。可以直接使用一个预先训练好的编码器，与机器翻译的解码器配合完成翻译任务。这种方法叫预训练（pre-training），即把句子的表示学习任务从翻译任务中分离，从而利用额外的更大规模的单语语料进行学习，得到神经网络机器翻译模型中的部分模型的参数初始值（Han et al.，2021）。然后，在双语数据上进行调参得到最终的翻译模型。对每个独立单词进行的表示学习结果称为固定词嵌入，但在不同上下文中，同一个单词经常表示不同的意思。模型需要通过上下文理解每个词在当前语境下的具体含义，因此就需要上下文词嵌入。和固定的词嵌入相比，上下文词嵌入包含了当前语境中的语义信息，丰富了模型的输入表示，降低了训练难度。然而，为方便提取整个句子的表示，模型仍有大量的参数需要学习。因此，大量的预训练模型被提出。目前，应用最为广泛的有生成式预训练 GPT（Radford & Narasimhan，2018）和来自 Transformer 的双向编码器表示 BERT（Devlin et al.，2019）。预训练模型在资源充分的语言翻译中效果并没有明显提升，但在低资源语言机器翻译中效果却比较显著。这是因为预训练阶段的训练语料规模非常大，因此在下游任务的数据量较少的情况下帮助比较大，低资源语言机器翻译刚好符合这个特征。机器翻译是一种典型的语言生成任务，不仅包含源语言表示学习的问题，而且包含序列到序列的映射、目标语言端序列生成的问题，这些知识无法通过源语言单语语料训练和学习得到，因此，需要使用单语语料对编码器－解码器结构进行预训练。

8.2.3 低资源翻译方法

尽管神经网络机器翻译模型在拥有大规模高质量平行语料的语言对中表现出很好的性能，但是实验证明，神经网络机器翻译性能在资源匮乏的语言对中性能大幅降低，甚至不如传统的统计机器翻译模型。研究者们充分利用可以利用的语料资源，探索了多种在低资源场景下的神经网络机器翻译方法。将当前的低资源语言神经网络机器翻译方法进行归类，按照训练过程使用的语料类型，低资源语言神经网络机器翻译方法可以分为：监督方法、半监督方法和无监督方法。

1. 监督方法

低资源语言神经网络机器翻译方法中的监督方法，指在整个模型训练过程中，需要直接提供源语言和目标语言之间的双语平行语料。监督方法可以进一步可以分为：反向翻译、词替换、迁移学习（transfer learning）和元学习（meta-learning）四种方法。前两种方法侧重增加训练语料，在前文中已有提及，此处不再赘述。值得一提的是，反向翻译方法在国内外机器翻译评测比赛中已经被认为是提升机器翻译性能必不可少的步骤。

迁移学习方法指的是利用从已知任务中获得的知识来改进相关任务的性能，这种方法通常可以减少所需的训练数据量。对于神经机器翻译模型的迁移学习（Zoph et al., 2016），其主要思想为：首先，训练在资源丰富语言对中训练一个神经机器翻译模型（父模型）；其次，使用父模型的神经网络参数初始化和约束低资源语言对（子模型）的模型训练。

元学习算法是"快速适应新数据"的最有效算法。Gu et al.（2018）首次将元学习算法运用在神经机器翻译任务中，其基本思想为：首先，在多对资源丰富语言平行语料中训练高性能的神经网络机器翻译模型；其次，构建一个所有语言的词汇表；最后，根据词汇表和模型参数进行低资源语言神经机器翻译模型的初始化。可以看到，元学习模型更像是迁移学习运用在神经机器翻译中的进一步深化表示，实验结果也表明，元学习神经机器翻译在低资源语言对中表现出很好的性能。

虽然监督方法在很多翻译任务中表现出很好的性能，但同样存在一些局限：首先，该方法的最终性能很大程度取决于利用现有平行语料训练的机器翻译的质量，不适用于零资源语言（无平行语料的翻译任务）；其次，该方法运用在低资源语言机器翻译任务中存在一些语言自适应问题，即语言本身的特点对最终模型性能也有一定的影响。

我们使用数据增强技术初步尝试了有监督方法的工作，不同于传统的反向翻译方法，提出了一种基于语义相关词替换的数据增强方法。我们的目标是在保持源语言和目标语言句子结构的前提下，丰富两种语言句子的语义信息以达到扩充语料的目的。具体地，首先训练目标语言的词向量模型选取语义相关词；其次根据选取的语义相关词结合语言模型寻找语义相近的替换词；然后，根据词对齐模型生成扩充的双语平行语料；最后，我们对生成的伪语料进行语法纠错。实验结果表明，所提的基于语义相关词替换的方法能达到甚至超过当前数据增强技术的基线。

2. 半监督方法

低资源语言神经网络机器翻译方法中的半监督方法，指的是在整个模型训练过程中，不直接使用双语句对的平行句对，而是采用间接的方式利用双语语料库。半监督方法又可以进一步可以分为以下两种方法：枢轴方法（pivot-based）和双语语料挖掘方法（parallel-extraction）。

枢轴方法（Ren et al., 2018）指的是利用第三种语言作为枢轴语言（通常为英语），搭建枢轴语言与源语言和目标语言之间的机器翻译模型，进而构建源语言与目标语言之间的机器翻译模型。该方法的主要步骤为：首先，训练源语言与枢轴语言（记作 S-P）和枢轴语言与目标语言（记作 P-T）的神经机器翻译模型；其次，利用 S-P 和 P-T 机器翻译模型将源语言翻译到目标语言，形成源语言和目标语言之间的平行语料；最后，根据构建出的源语言与目标语言之间的双语语料进行机器翻译模型的训练。基于枢轴的神经机器翻译方法在零资源语言对（两种语言之间没有直接的平行语料）表现出很好的性能，是零资源机器翻译最主要的方法。

双语语料挖掘（Schwenk et al., 2019）指从大规模的互联网数据中挖掘出双语平行语料进行机器翻译的一种方法。该方法主要步骤为：首先，从网络中提取大规模的语料（非平行对齐语料）；其次，将这些语料通过现有方法（知识库、多语言句子嵌入等）进行双语平行语料挖掘；最后，使用挖掘生成的平行语料构建神经网络机器翻译模型。双语语料挖掘是构建机器翻译所需平行语料的主要手段，是从无到有搭建零资源语言（尤其是濒临灭绝的语言）机器翻译的有力手段。

半监督方法在挖掘平行语料资源方面取得了很好的效果，但是该方法存在一定的局限性：间接使用的平行语料的质量得不到保障，存在明显的错误传播问题，即神经网络机器翻译模型的最终性能会随着错误语料的堆积而放大。

我们开展了基于枢轴语言的神经网络机器翻译研究工作，借鉴传统的枢轴机器翻译方法，结合对偶翻译模型和模型融合技术。与传统的多次翻译的枢轴翻译相比，目标是尽量减轻多次翻译累积的错误。我们在爱沙尼亚语、拉脱维亚语、罗马尼亚语与汉语的翻译任务中进行了实验，实验表明，所提方法大大超过了传统的多次迭代翻译方法。

3. 无监督方法

低资源语言神经网络机器翻译方法中的无监督方法，指的是在整个模型训练过程中，不使用双语句对的平行句对，仅利用源语言和目标语言中的单语数据搭建神经网络机器翻译模型的一种方法。

无监督神经机器翻译方法（Lample et al., 2018）是仅利用两种语言的单语数据进行神经网络机器翻译模型搭建的一种方法。该方法一般有如下三个步骤：

（1）利用大规模的单语数据训练跨语言词嵌入（cross-lingual word embedding），根据跨语言词嵌入初始化一个源语言到目标语言的机器翻译模型；

（2）利用两种语言大规模单语数据分别训练源语言和目标语言的语言模型，作为降噪自编码器（de-noising auto-encoding）；

（3）利用反向翻译将无监督机器翻译问题转化为监督机器翻译问题，并进行多次迭代。

无监督神经机器翻译方法的提出，在机器翻译领域引起了轰动，颠覆了传统的机器翻译训练必须依赖平行语料的限制，并在两种语言比较相近的语言对（例如，英语和德语）中表现出很好的性能。

无监督神经网络机器翻译在一定程度上颠覆了人们对机器翻译研究的认识，在零资源机器翻译任务中取得了很好的效果，但实验表明，该方法仅仅在语言相似的两种语言对中表现出很好的性能，在远距离语言对中的性能极差。

我们在最新提出的无监督神经网络机器翻译模型的基础上，对翻译模型进行了改进。具体地，首先，在大规模的维基百科语料中训练多语言句子嵌入模型挖掘平行语料；然后，从挖掘出来的平行语料中抽取双语词典作为监督信号指导跨语言词嵌入的生成；最后，将训练好的跨语言词嵌入对无监督神经网络机器翻译模型进行初始化。我们分别在阿拉伯语、俄语、葡萄牙语、印度语与汉语的翻译任务中进行实验，实验结果表明，我们提出的方法可以提升无监督跨语言词嵌入的性能，但受限于与汉语之间的较大差异，最终在无监督神经网络机器翻译中仅有微弱的提升。

8.3 多源翻译

如果源句已经被翻译为多个语言，这些翻译成果可以一起用来改进到新目标语言的翻译质量，这种技术称为多源翻译（multi-source neural machine translation，MNMT）。其底层原理是源语言的语言现象在多语言之间表达的形式不同，可以利用他们的互补信息。

8.3.1 多源翻译的发展契机

人们直觉上会认为获得同一个原文的不同目标语种的译文是不现实的，但实际上在欧盟和印度，这种情况是存在的。欧盟的官方语种数量超过十种，印度官方语种超过 22 个。欧洲议会的进行均以多语言进行，尤其是涉及影响多个成员国的问题时。因此，议会内容被翻译成多个语种已经成为非常普遍的现象。基于这种现象，与其针对每个语种训练一个翻译器，不如针对这些语种的子集训练翻译器，然后利用这些子集语种的多源机器翻译系统进行翻译，往往相对于单源翻译系统能产生翻译质量更高的译文。这些多源机器翻译系统产生的译文可以进一步被编辑，最终输出成为多源机器翻译系统的训练语料。由此，可以产生类似欧盟语料库和联合国语料库的多语平行语料库。

8.3.2 可获得多源数据

大部分研究假设同样句子会被翻译成不同语言，尽管这不一定是真的。但是，只要多源句子可用，就应该尽量用好。和多路神经网络机器翻译模型类似，多源神经网络机器翻译模型可以包含多个编码器，也可以只包含一个。Zoph et al.（2016）表明，每个源语言使用独立的编码器和注意力网络构成的多源神经网络机器翻译模型比单源系统好。该系统中，每个编码器为不同的源语言句子生成不同的表示，解码器对每个源语言有独立的注意力机制，它们被拼接起来送入解码器，因此解码器的隐藏层会特别大，参数也很多——可以考虑不用拼接，而是使用线性变化降维拼接得到的上下文向量，来避免解码器维数过大的问题。Firat et al.（2016）并没有使用特别的多源模型，而是直接使用多语言模型。它也为不同的源语言生成上下文，但是并没有连接和投影，而是简单将它们相加作为解码器的输入——这种方法称为"早平均"；对应的，"晚平均"是解码器在每一时间步使用各个源语言计算 softmax 然后求平均。将这两种方法结合，效果最好。

Dabre et al.（2017）直接将多个源句拼在一起，送入标准神经网络机器翻译模型，效果与 Zoph et al.（2016）可比。有趣的是，这个模型可以自动判别不同语言句子之间的边界，简化训练过程。此文还显示最好使用语言相近的源语言，注意力机制更倾向于选择某些语言。如果两个语言亲属关系较远，则解码计算上下文时更容易被忽略掉。Garmash & Monz（2016）提出使用多个模型做模型组合的方法，学习一个组合函数来组合多个双语模型的 softmax 结果。这种方法需要的 N- 语语料更小，但是训练组合函数可能相对烦琐。然而，Dabre et al.（2017）指出普通的组合方法也可以得到可观的改进，这种方法相当于 Firat et al.（2016）的"晚平均"方法。

8.3.3　多源数据的缺失

针对多源平行语料中可能存在部分源句子缺失的问题，Nishimura et al.（2018，2020）先后提出使用机器翻译模型产生的伪数据或者使用 dummy 标签占位的方法来解决数据缺失的问题。伪数据生成法是利用已训练完成的神经机器翻译模型自动生成缺失语种的源句子，这种利用机器翻译生成的数据称为伪数据。利用伪数据生成法可以将所有语种的源句子准备完备，在数据完备的情况下，训练也就不存在任何问题了。占位法在训练的神经机器翻译模型时就设计了利用占位符来应对源句子缺失的情况，因此当所有源句子都存在的情况下，这个翻译模型可以产生更高质量的译文。

由于多源翻译系统是利用一个模型接受多个语种原文进行翻译的系统，因此，它可以在多种不同条件下部署。例如，当翻译延迟要求较高时，可以仅仅部署成一个双语模型；当翻译延迟要求一般时，可以部署成仅需要所有支持源语种中的几个语种的翻译模型；当对翻译延迟没有要求时，就可以部署成完整的多源翻译系统。

8.3.4 多源翻译的使用场景

多源翻译可以给译者提供一个相对较高质量的译文初稿，译者只需要在多源翻译系统生成的译文之上做一些译后编辑工作就可以完成整个翻译工作。相对于让译者从零开始翻译原文，这种译后编辑的形式更省时省力，经济性也更好。多源翻译系统在原文有一个或多个不同语种的原文进行补充时可以产生质量更高的译文。多源机器翻译系统也可以用在多系统融合的翻译系统中，例如将统计机器翻译和神经机器翻译结合的场景中，多源机器翻译系统就能将两个系统的输出当成不同语种的输入，进一步提升翻译的质量。

总体来讲，多源翻译系统受到的关注较少，因为它往往需要多个步骤来完成翻译，所以翻译的实时性较弱，无法像双语模型一样广泛用在各类翻译场景中。但当考虑如何实际一个灵活多变的翻译系统时，多源翻译和多目标翻译应该与单源翻译 – 单目标翻译具有同等地位。

8.4 领域适配问题

高质量平行语料一般只在某些特别领域可以获得。无论是统计机器翻译还是神经网络机器翻译，在低资源的、领域特定的翻译上效果都不好。如何充分利用领域外平行语料和领域内单语语料做领域内翻译是一个值得研究的问题，也被称为机器翻译的领域适配问题。

由于可以把每个领域看作一种语言，多语言神经网络机器翻译和神经网络机器翻译的领域适配之间存在很多相似性和共通方法。因此，类似于多语言神经网络机器翻译，使用领域外平行语料做领域适配时，多领域神经网络机器翻译和基于迁移学习的方法也用在了领域适配问题上。领域内单语语料的用法也以回译为主，类似于多语言神经网络机器翻译的伪平行语料生成。

MNMT 和领域适配之间也有很多不同。例如，基于枢轴的翻译在 MNMT 中很常见，但是在领域适配问题上不适用。不同领域之间一般会有重合的单词，因此领域适配也没有零样本学习问题。以不同风格写出领域内句子也并非难事，所以多源方法也不适用。此外，领域适配问题的一个常见解决方案是使用某种算法从领域外数据中选出与领域内数据相似的一部分，这种方法在 MNMT 中还没研究过。但是，随着跨语言句嵌入的发展，数据选择和实例权重调整等方法很可能在不久的未来用在 MNMT 上。

另外有一些工作尝试将 MNMT 和领域适配问题相关联，研究工作聚焦于在 MNMT 和领域适配问题上使用或改进微调方法。其中改进的微调方法可以是使用适配层，这只会引入少量的额外的参数。

8.5　机器翻译的难点

从翻译活动的过程来看，翻译的过程是译者集理解、分析、判断、选择、加工及再创造的综合过程。译者可以结合原文，根据自己的双语知识、常识、文化、历史、地理、风俗习惯等背景知识进行重组。在对原文进行方方面面的考虑之后，译者可以对译文进行删减和添加，也可以根据情况酌情进行雕饰和润色，总之，译者有相当的自由度，可操作的空间很大。与人工翻译不同，机器没有思维、推理、判断能力，缺乏译者最起码的综合知识和长期积淀下来的文化知识等，无法对原文作出全面的理解，只能是在限定的范围内进行一对一的选择。从机器翻译的过程来看，无论是通过词法分析进行词的转换，通过句法分析进行句子的转换、还是通过予以分析进行予以的转换，都面临自然语言的歧义问题，如一词多义、结构歧义、语义歧义等。

汉英机器翻译还有一些特殊的困难，最主要的困难是汉语的分析，刘群等（1998）对于这一问题有很详细的研究。他们认为汉语分析的困难，在相当程度上是由于对汉语语法层次的认识不够清楚，所采用的汉语分析算法与相应的汉语语法层次特点不相适应。汉语语法层次的模糊性包括：汉字层和词语层的模糊性、汉语的词语层和短语层之间的模糊性、汉语的短语层和句子层之间界限模糊、汉语的句子和句群之间同样界限模糊。由于汉语语法层次与英语语法层次不平行，现有的英语分析算法套用到汉语上就会难以适应。

在现有的机器翻译系统框架下，还是以词法、句法分析为基础，采用词汇和形式句法规则系统，难以满足汉英高质量全文机器翻译的要求，因此需要庞大的语言知识库工程加以支持。实际上，现有的词例化语言知识库对这一框架的修补，没有彻底解决机器翻译的问题。翻译的根本是语义的转换表示，一个实用的语义结构分析系统才是机器翻译真正需要的，机器翻译可以构建在语义结构分析系统的基础之上，进行源语言的语义理解和目标语言的语义生成。这个语义结构系统应相对独立于词法和句法分析，对其保持较小的依赖性；应包含自然语言理解所需要的全方位的语义信息，并通过语义关系构成一个全信息语义网络。这样才能跳出现有的语法分析的窠臼，实现语义到语义的翻译。当然，还应当把这样的语义网络与百科知识库结合，实现对语境的理解，这一语境可能是上下文语境知识、常识、语域知识乃至更广泛的文化背景知识。也可以与平行语料库相结合，建立语义层面的平行语料，帮助机器翻译系统的构建。

具体到多语言处理，虽然神经网络机器翻译具有诸多优势，但仍然存在尚未解决的问题，需要进一步研究。

难点一：数据不平衡问题。多语言神经网络机器翻译模型的训练集一般由多个语言对的平行语料混合而成。在混合训练集中，不同语言对的数据分布极不均衡，资源丰富语言对的数据量，往往比低资源语言对大几个数量级。训练数据的不均衡，显然会影响训练效果及语言间迁移学习效果。为了缓解数据不平衡的问题，在实际训练时，通常需要对低资源语言的语料进行过采样，否则模型在训练期间只能见到很少的低资源语言的训练样本。基于温度的数据选择方法难以确定合适的温度值，然而温度取值对模型性能影响非常大。另外，该采样方法仅仅考虑了不同语言数据集的大小，忽视了其他更多与语言相关的因素。Wang & Neubig（2019）提出，先根据目标端的语料采样，然后根据采样得到的目标语言句子对源端的语料采样，其中两次采样的分布可以根据句子之间或语言之间的相似度确定。也有研究（Wang et al.，2020）将训练集和验证集的梯度点积作为奖励，并基于此提出了自适应的数据采样方法。然而，这些方法对模型翻译能力的提升有限，数据不平衡问题仍是尚未解决的难题之一。

难点二：语言特征学习。世界现存的语言多达上千种，不同语言差异显著，对多语言神经机器翻译提出了巨大挑战。找到语言间的共性，并基于共性对不同语言进行分类，对构建实际的多语言神经机器翻译系统非常重要。然而，哪些共性对语言间知识迁移有正面影响，哪些有负面影响，目前仍然缺乏理论语言学尤其是语言类型学和对比语言学的理论指导。多语言神经网络机器翻译模型本身可以从数据中学习到部分的语言特征和共性。经过训练的多语言神经网络机器翻译模型的确能够学习到一定的语言特征，而且这些自动学习到的语言特征甚至可以用来补充人类语言类型学特征数据库中没有的部分。尽管如此，当让机器翻译系统去翻译从未学习过的语言对时，翻译模型会生成不是目标语言的其他语言单词（Gu et al.，2019），这表明机器翻译系统学习到的语言特征还不足以指导翻译模型的翻译。

难点三：共享模型参数。跨语言共享模型参数或语义空间，是实现语言间知识迁移学习的基础。多语言神经网络机器翻译模型参数共享包括部分共享和完全共享。完全共享是让所有语言共享模型的全部参数，而部分共享则是让所有语言在共享模型一部分参数的同时保留另一部分特定语言的参数。和部分共享相比，完全共享让语言在模型中没有任何隔阂，追求最大化的语言间知识迁移。然而，不同语言的特征也不同，模型在训练过程中除了需要建模源语言句子和目标语言句子的语义信息，还需要学习不同语言的构词、词序、句法等方面的差异，因此完全共享可能并不一定是最优的选择。部分共享可以在对各种语言的共性建模的同时对语言间的差异建模，理论上可以弥补完全共享的不足，但是模型含有大量的参数，哪些参数应该被哪几种语言共享仍然有待进一步的研究。Tan et al.（2019）和 Khusainova（2021）研究了根据语言间的相似度来共享参数的方法，不过，语言之间的相似性度量至今还没有一个通用的标准。因此，如何设计一种既可以让各种语言最大限度共享模型参数，又可以让不同语言保留各自独立参数的方法或框架，是多语言神经网络机器翻译亟待解决的重要问题之一。

除此以外，大规模多语种神经网络机器翻译还将面临大模型的通用性问题。要实现数百种甚至上千种不同语言的自动翻译，势必要增大模型的容量，扩大模型的训练数据规模，这就涉及大模型研究面临的计算能力的挑战、数据挖掘的挑战和跨语言知识迁移的挑战等。模型容量的增加会带来很多问题，需要在技术研究和工程方面双管齐下（熊德意等，2022）。

8.6　机器翻译评测

机器翻译评测与机器翻译之间相辅相成，随着 20 世纪八九十年代机器翻译技术研究的再次兴起，国内外对机器翻译评测的研究也不断予以更多的关注。美国国家自然基金委员会和欧盟在 20 世纪 90 年代初期资助的国际语言工程标准（ISLE）计划中就专门设立了 EWG 机器翻译评测工作组。1992—1994 年，美国国防部高级研究计划署（DARPA）专门组织一批专家从翻译译文的忠实度、流利度和信息量三个角度对当时的法英、日英、西英的机器翻译系统进行了大规模的评测。

从评测方法来看，可以大致分为三类：操作性评测、质量评测和分类评测。

（1）操作性评测。比较机器翻译与人工翻译每字或每页的花费以及所耗的时间，关注的是机器翻译系统的经济价值，这种评测方法没有涉及译文质量且针对性太强，不适于比较不同的系统。

（2）质量评测。侧重通过评测译文质量评测各机器翻译系统的性能，关键在于制定质量标准，又称说明性评测。

质量评测的常用指标有：

a. 忠实度（adequacy）：译文在多大程度上传递了源文的内容；

b. 流利度（fluency）：译文是否符合目标语言的语法和表达习惯；

c. 信息度（informative）：用户可以从译文中获得信息的程度（通过选择题评分）。

ALPAC 报告就是采用了质量评测的方法。质量评测通常聘请专家或懂源语言和目标语言的人参加，有时也邀请母语为目标语的人加入。由他们根据评分标准对每个句子评分。每个系统的最后得分根据所有句子的得分算出。质量评测的优势是直接表明了译文的质量，但是评测过程带有强烈的主观性：制定评分标准含有主观性，评测者的各自理解也带有强烈的主观性。

（3）分类评测。分类评测有两种模式：一是错误分析法，即记录下译后编辑中发现的错误，把错误归类，最后根据错误多少和错误类型为系统评分；二是预先制定测试集，测试集中每一个测试项目代表机器翻译系统可能遇到或应该了解的语言现象（如歧义切分、兼类词、句法歧义等），根据系统对测试集中句子的翻译情况予以评分。这种方法可以分析系统的语言处理能力，诊断出需要改进与提高的"语言点"，方便易行。测试集合可以为多个系统测试，也便于比较。

从方法论的角度来看，评测研究可以分为定性的评测研究和定量的评测研究两种。在人工翻译中常用的翻译批评方法是定性的，在机器翻译中常用的译文评测方法是定量的（或"自动的"）。定性研究和定量研究各有特点和适用范围，但均不可偏废。

机器翻译的译文评测一般是由第三方中立机构对某种产品根据统一指标使用相同工具来进行的评比，其目的是为用户提供一种客观的比较，以帮助用户选择合适的产品；同时，通过评估机器翻译的性能和发展水平，为现有机器翻译系统的改进提供方向或为开发新型机译系统的技术路线的选择提供决策依据，促进机器翻译系统发挥社会效益与经济效益。

从评测的实现方式来看，机器翻译评测可以分为人工评测和自动评测两种。

（1）人工评测。传统的机器翻译人工评测中使用的是诸如忠实度和流利度指标来衡量译文的质量。直观地说，这里的忠实度反映的是机器翻译系统生成的译文在多大程度上忠实于原文所要表达的意思，而流利度则用于评测译文本身是否流畅、是否符合目标语言的表达习惯等。理论上，这两个指标是相互独立的，译文可以非常通顺、很容易理解，但与原文完全不相关。不过，对于机器翻译评测而言，这两个指标常常是相关的，一般忠实度比较差的译文也不容易理解。在人工评测的具体操作过程中，可进一步对上述指标进行分级，由双语专家对照原文判断每个译文的忠实度和流利度，并为其打分，系统的最终得分即为每个译文分数的累加（俞士汶，2003）。

（2）自动评测。如果一个机器翻译评测系统只根据原文就能自动地为若干译文打分并选择出其中最好的结果，那么这个评测系统本身就是一个质量更好的机器翻译系统了。因此，人们最先想到的自动评测的出发点就是给出一些标准的翻译结果，然后比较机器生成的译文与这些翻译之间的相似程度。我们称这些标准的翻译为参考译文或参考答案。同一个句子可以有多个不同的参考译文，这些参考译文都表达同一个含义，但可能使用了不同的词汇，或者虽然使用了相同词汇但在句中词序不同。这样一来，机器翻译自动评测的问题转换为比较机器翻译系统输出的一个翻译结果和多个通过人工产生的正确的参考译文之间的相似度的问题，使用不同的相似度计算方法即可得到不同的自动评测方法（黄瑾等，2007）。

机器翻译的自动评测越来越引起机器翻译研究者的重视，这是因为"评测驱动"成为当前自然语言处理研究的一个主要动力（熊德意等，2022）。而且，大规模语料库的出现和各种机器翻译算法的提出，使得开发过程中频繁的评测成为必需。况且，开发过程中频繁的评测只能采用自动评测方法。

目前，自动翻译评测技术主要有两种，一种是基于 N 元语法的BLEU（BiLingual Evaluation Understudy）评测标准，一种是基于编辑距离的 TER（translation edit rate）评测标准。

（1）BLEU 评测。该方法认为如果翻译系统的译文越接近人工翻译的结果，那么它的翻译质量就越高。因此，评测关键就在于如何定义系统译文与参考译文之间的相似度。BLEU 采用的方式是比较并统计共现的 N 元词的个数，即统计同时出现在系统译文和参考译文中的 N 元词的个数，最后把匹配到的 N 元词的数目除以系统译文的单词数目，得到评测结果。BLEU 的总体评测公式如下：

$$\text{BLEU} = \text{BP} \cdot \exp\left(\sum_{n=1}^{N} w_n \log p_n\right) \qquad （公式 1）$$

其中，p_n 是出现在参考译文中的 n 元词语接续组占候选译文中 n 元词语接续组总数的比例，$w_n=1/N$，N 为最大的 n 元语法阶数（实际取 4）。BP 为长度过短的惩罚因子，按以下方式计算：

$$\text{BP} = \begin{cases} 1 & \text{if } c > r \\ e^{(1-r/c)} & \text{if } c \leqslant r \end{cases} \qquad （公式 2）$$

其中 c 为候选译文中单词的个数，r 为参考译文中与 c 最接近的译文单词个数。在 BLEU 中，n 的实际取值是 $1\sim4$，总的评测指标是一元语法到四元语法的几何平均，一般记作 BLEU-4。

（2）TER 评测。该方法是一种基于编辑距离的自动评测方法，反映了将机器译文修改成参考译文时所需要的编辑次数，通常采用百分比的形式（即所需的编辑次数除以参考译文单词数量），分数越低翻译质量越好，TER 评测公式为：

$$\text{TER} = \frac{\#edits}{average \ \#reference \ words} \qquad （公式 3）$$

TER 使用的编辑操作包括插入、删除、单个单词的替换，以及连续单词序列的移位（块移动）。需要注意的是，块移动的加入使得距离的计算成为计算复杂性的非确定问题（NP-hard），所以 TER 在计算距离时做了特殊处理：使用贪心算法选择移动操作集合，并限制移动操作出现的位置。

常用的基于 N 元语法的机器翻译自动评价指标包括 BLEU、NIST、CHRF 等。基于编辑距离的方法包括 TER、ITER、characTER 等。机器学习的方法可用来组合各种特征和指标以获取评价结果最好的译文。近年来，随着深度学习的发展，基于神经网络的机器翻译评价指标也被提出，比如基于预训练语言模型的 BERTScore（Zhang et al., 2020），COMET（Rei et al., 2020）和 YiSi（Lo, 2019）等。

第 9 章
文本智能挖掘研究进展

文本挖掘作为多项技术的交叉研究起源于文本分类（text classification）、文本聚类（text clustering）和文本自动摘要（automatic text summarization）等单项技术。大约在 20 世纪 50 年代，文本分类和聚类作为模式识别的应用技术崭露头角，当时主要是面向图书情报分类等开展研究。当然，文本分类和聚类都是基于文本主题和内容进行的。1958 年 H. P. Luhn 提出了自动文摘的思想（Luhn，1958），为文本挖掘领域增添了新的内容。20 世纪 80 年代末期和 90 年代初期，随着互联网技术的快速发展和普及，新的应用需求推动这一领域不断发展和壮大。之后，信息抽取、文本情感分析（text sentiment analysis）、观点挖掘（opinion mining）和话题检测与跟踪（topic detection and tracking，TDT）等一系列面向社交媒体的文本处理技术相继产生，并得到快速发展，在系统集成和应用形式上也不断推陈出新。以下对几种典型的文本挖掘技术做简要的介绍。

9.1 文本分类

文本分类是模式分类技术的一个具体应用，其任务是将给定的文本划分到事先规定的文本类型。例如，根据中国图书馆分类法（第五版），所有图书按学科内容被划分成六大类：马列主义、毛泽东思想、哲学、社会科学、自然科学和综合性图书，并细分成 22 个基本大类。如何将内容自动分类，是一项具有挑战性的任务。

　　早期的文本分类方法以规则方法为主，但是这种方法往往需要专家精心制定分类规则，规则集的建立和维护都非常耗时耗力。20 世纪 90 年代以后，随着统计机器学习算法的兴起，基于监督机器学习的分类算法在文本分类任务中取得了很大的成功。近年来，以卷积神经网络（convolutional neural network，CNN）和循环神经网络为代表的深度神经网络技术在文本分类任务上都取得了较大进展，并逐渐发展成为当下研究中的主流方法。

　　基于统计机器学习算法的文本分类系统主要由文本表示、特征选择和分类器设计三部分组成。对于不同的分类模型，其相应的文本表示方法也有所不同。如传统的线性分类模型（如 Logistic 回归、支持向量机）通常以向量空间模型进行文本表示，而生成式模型的文本表示则由类条件分布假设确定，如在朴素贝叶斯模型中多项分布（multinormial distribution）假设对应的是词袋模型。特征选择是从特征空间中择优选出一部分特征子集的过程。文本分类领域常见的特征选择方法包括无监督特征选择和有监督特征选择两类。前者可以应用于没有类别标注的语料，常见方法包括基于词频 TF（或者文档频率 DF）的特征选择。后者依赖于标注信息，可以有效地针对分类问题选择出比较优秀的特征子集，常见方法包括互信息法（MI）、信息增益法（IG）和卡方统计量（x^2）等。分类器即分类算法，常见的文本分类算法包括：朴素贝叶斯算法、Logistic 回归算法、最大熵模型（maximum entropy，ME）算法和支持向量机等。集成学习（ensemble learning）也称组合分类器，是将多个分类器的输出融合为一个精度更高的分类器的过程，近年来集成学习成为机器学习领域研究的一个重要分支。分类器集成的算法也非常多，常见的有三类：固定的规则、加权规则和元学习方法。

　　尽管深度神经网络在文本分类早期研究中还没有大规模盛行，但是已经出现了以多层前馈神经网络为代表的文本分类用神经网络模型（Yang & Liu，1999）。不过，那时的神经网络还只是被当作一个分类器模块，在传统的文本分类系统框架下，文本通过向量空间模型被表示成为一个稀疏向量之后作为神经网络的输入层，整个模型并没有特征学习的能力。同时，由于当时数据量较小，以人工神经网络为代表的非线性分类器并没有取得显著的性能，加之运算开销较大，并没有得到青睐。

近年来，随着数据量的增大、运算性能的提高和从特征表示到分类，以及端对端一体化学习框架的应用，以深度学习重新冠名的人工神经网络模型，包括卷积神经网络、循环神经网络、长短时记忆网络等，在文本分类领域取得了巨大成功。

9.2　文本聚类

文本聚类的目的是将给定的文本集合划分成不同的类别。通常情况下从不同的角度可以聚类出不同的结果，如根据文本内容可以将其聚类成新闻类、文化娱乐类、体育类或财经类等，而根据作者的倾向性可以将其聚类成褒义类和贬义类等。

文本聚类和文本分类的根本区别在于：分类事先知道有多少个类别，分类的过程就是将每一个给定的文本自动划归为某个确定的类别，打上类别标签；聚类则事先不知道有多少个类别，需要根据某种标准和评价指标将给定的文档集合划分成相互之间能够区分的类别。但两者又有很多相似之处，所采用的算法和模型有较大的交集。

在向量空间模型中，每个文本被表示为向量空间的一个向量，但通过概率分布进行表示的文本则没有被表示为向量。那么，如何度量两个文本之间的相似性呢？在文本聚类中，有三种常见的文本相似性度量指标：两个文本对象之间的相似性（样本相似性）、两个文本集合之间的相似性（簇相似性）以及文本对象与文本集合之间的相似性（样本与簇之间的相似性）。在文本聚类中，每个聚类算法都会用到上述一种或者多种相似性度量指标。

针对定义在向量空间模型中的样本，基于距离的度量和基于夹角余弦的度量两种样本相似性度量方法被广泛应用在文本聚类任务中。针对通过词项分布、主题分布等概率分布的样本相似性度量，可以用统计距离（statistical distance）来度量。

最简单的文本相似性测量方法是基于距离的方法，该方法以向量空间中两个向量之间的距离作为相似性的度量指标，距离越小则相似性越大。常用的度量距离包括：欧氏距离（euclidean distance）、曼哈顿距离（manhattan distance）、切比雪夫距离（chebyshev distance）、闵科夫斯基距离（minkowski distance）、马氏距离（mahalanobis distance）和杰卡德距离（jaccard distance）等。而使用最为广泛的相似性计算方法则是余弦相似度（cosine similarity）方法，该方法通过测量两个向量之间夹角的余弦值来度量它们之间的相似性，其计算公式如下：

$$\cos(a, b) = \frac{a^T b}{\|a\| \|b\|}, \text{（a 和 b 分别为两个带比较文本的向量表示）}$$

（公式 1）

距离度量衡量的是空间各点之间的绝对距离，与各个点所在的位置坐标（个体特征维度的数值）直接相关，而余弦相似度衡量的是空间向量的夹角，更多地体现了方向上的差异，而不是位置（距离或者长度）。距离能够体现数据各个维度数值大小的差异，而余弦相似度则更多是从方向上区分样本间的差异，而对绝对的数值不敏感。

统计距离计算的则是两个概率分布之间的差异性，常见的准则包括Kullback-Leibler 距离（K-L 距离）。但需要注意的是，当文本长度较短时，数据稀疏问题容易让概率分布失去意义，因此，K-L 距离计算适用于较长的文本相似性比较。

一个簇通常由多个相似的样本组成。簇间的相似性度量是以各簇内样本之间的相似性为基础的。常见的簇间相似性度量方法有以下几种：

（1）最短距离法：取分别来自两个簇的两个样本之间的最短距离作为两个簇的距离；

（2）最长距离法：取分别来自两个簇的两个样本之间的最长距离作为两个簇的距离；

（3）簇平均法：取分别来自两个簇的两两样本之间距离的平均值作为两个簇的距离；

（4）重心法：取两个簇的重心之间的距离作为两个簇的距离；

（5）离差平均和法（Ward's method）：两个簇中各样本到两个簇合并后的簇中心之间距离的平方和，相比于合并前各样本到各自簇中心之间距离平方和的增量。

此外，还可以使用 K-L 距离等指标度量两个文本集合之间的相似性。

样本与簇之间的相似性通常转化为样本间的相似性或者簇间的相似性进行计算。如果用均值向量来表示一个簇，那么样本与簇之间的相似性可以转化为样本与均值向量的样本相似性；如果将一个样本视为一个簇，那么可以采用簇间的相似性度量方法进行计算。

常用的文本聚类方法包括基于划分的方法、基于层次的方法、基于密度的方法、基于网格的方法、基于图论的方法以及基于模型的方法等，每一类方法都有一些代表性的算法。

K-均值聚类算法是一种使用广泛的基于划分的聚类算法，通过样本间的相似性计算尽可能地将原样本划分成不同的簇，使不同簇之间的样本差异，相同簇中的样本特征相似。单遍聚类（single-pass clustering）算法是一种简单、高效的网格聚类算法，在初始阶段从数据集中读入一个对象，并以该对象构建一个簇，随后逐个读入一个新对象，并计算它与每个已有簇之间的相似性，如果相似性小于规定的阈值则产生一个新的簇，如果大于规定阈值则将其合并到与它相似度最高的簇。重复上述过程，直至完成数据集中所有对象的处理。层次聚类（hierarchical clustering）方法依据一种层次架构将数据逐层进行聚合或分裂，最终将数据对象组织成一棵聚类树状的结构。聚合式层次聚类过程需要计算两个簇之间的相似性，常见的度量指标包括最小距离、最大距离和平均距离，在层次聚类中它们分别被称为单链接（single linkage）、全链接（complete linkage）和平均链接（average linkage）。DBSCAN（density-based spatial clustering of applications with noise）算法是基于密度的聚类方法中的经典算法，基本思路是：样本空间中分布密集的样本点被分布稀疏的样本点分割，连通的稠密度较高的样本点集合就是要寻找的目标簇。DBSCAN 算法认为，对于任一核心样本 P，样本集中所有从 P 密度可达的样本构成的集合属于同一个聚类。算法从某个核心样本出发，不断向密度可达的区域扩张，从而得到一个包含核心样本和边界样本的最大区域，该区域中任意两点密度相连，聚合为一个簇。接着寻找未被标记的核心样本，重复上述过程，直到样本集中没有新的核心样本为止。样本集中没有包含在任何簇中的样本点就构成噪声点簇。

近年来，随着分布式表示学习的兴起，分布式文本表示得到广泛应用。例如基于词向量进行词的表示，再通过语义组合得到句子和文档的表示，最后基于这种分布式表示进行聚类运算。表示学习的另一优势就是可以学习到与任务相关的文本表示形式，上述优点给文本聚类运算的性能和效率都带来了优势。

常用的聚类方法除了前文介绍的几种之外，还包括基于网格的聚类、基于子空间的聚类、基于神经网络的聚类、图聚类、谱聚类等方法。此外，一些文本处理领域特有的聚类算法，如后缀树聚类（suffix tree clustering，STC）算法。后缀树作为一种数据结构，最早为支持有效的字符串匹配和查询而提出。后缀树聚类算法使用后缀树结构表示和处理文本，将文本看作词的序列而非词的集合，这样往往能够更充分地捕捉文本中的词序信息，达到更好的聚类效果。

9.3 主题模型

通常情况下，每篇文章都有一个主题和几个子主题，而主题可以用一组词汇表示，这些词汇之间有较强的相关性，概念和语义也基本一致。可以认为每一个词汇都通过一定的概率与某个主题相关联，也可以认为某个主题以某种概率选择某个词汇。为了从文本中挖掘出隐藏在词汇背后的主题和概念，人们提出了一系列统计模型，称为主题模型（topic model）。向量空间模型作为一种显式的文本表示方法，将一个文本表示为词项对应的权重向量，并假设各词项之间相互独立。这种表示方法虽然简单实用，但破坏了文本的词序信息和句法结构，无法深入挖掘文本中的多义性（polysemy）和同义性（synonym）等隐式语义关系。近年来，潜在语义分析（latent semantic analysis，LSA）、概率潜在语义分析（probabilistic latent semantic analysis，PLSA）和潜在狄利克雷分布（latent dirichlet allocation，LDA）等模型相继建立，使用这些主题模型的目的就是要从文本预料中发现隐藏在词汇表面之下的潜在语义。

9.3.1 LSA 和 PLSA

Dumais et al.（1988）学者提出将潜在语义分析技术用于分布式语义（distributional semantics）表示，目标是将文本表示为一组隐式的语义概念。LSA 假设语义接近的词更容易出现在相似的文本片段中，利用奇异值分解（SVD）技术将文档和词汇的表示映射在潜在语义空间中，缩小了问题的规模。这种表示揭示了词汇（文本）在语义上的联系。LSA 具体内容包括：词项 – 文档矩阵（term-by-document matrix）的奇异值分解、词项之间相似度计算、文档之间相似度计算、文档的概念表示、词项与文档之间的相关性计算、新文档的概念表示。

尽管潜在语义分析模型简单直观，但是缺乏深度的数理统计解释。同时，大规模数据 SVD 运算的瓶颈也约束了 LSA 模型的应用。Hoffmann（1999）提出了概率潜在语义分析（PLSA）模型，将潜在语义分析从线性代数的框架发展成为概率统计的框架。概率潜在语义分析也称概率潜在语义索引，是一种利用概率生成式模型对文本集合进行话题分析的无监督学习方法，最大特点是利用概率生成模型对文本集合进行话题分析的无监督学习方法。该模型使用隐变量表示话题：整个模型表示文本生成话题，话题生成单词，从而得到单词 – 文本共现数据的过程；假设每个文本由一个话题分布决定，每个话题由一个单词分布决定。

给定一个文本集合，每个文本讨论若干个话题，每个话题由若干个单词表示。对文本集合进行概率潜在语义分析，就能够发现每个文本的话题，以及每个话题的单词，话题是不能从数据中直接观察到的，是潜在的。

文本集合转换为文本 – 单词共现数据，具体表现为单词 – 文本矩阵。每一行对应一个单词，每一列对应一个文本，每一个元素表示单词在文本中出现的次数。一个话题表示一个语义内容。文本数据基于如下的概率模型产生（共现模型）：首先有话题的概率分布，然后有话题给定条件下文本的条件概率分布，以及话题给定条件下单词的条件概率分布，概率潜在语义分析时发现隐变量表示的话题，即潜在语义。直观上看，语义相近的单词，语义相近的文本会被聚到相同的"软类别"，而话题所表示就是这样的软类型。

假设有单词集合 W={w_1, w_2, w_3, ... w_M}, 其中 M 是单词个数; 文本 (指示) 集合 D={d_1, d_2, d_3, ... d_N}, 其中 N 是文本个数; 话题集合 Z={z_1, z_2, z_3, ... z_K}, 其中 K 是预先设定的话题个数。随机变量 w 取值于单词集合; 随机变量 d 取值于文本集合, 随机变量 z 取值于话题集合。概率分布 P(d), 条件概率分布 P(z|d), 条件概率分布 P(w|z) 皆属于多项分布, 其中 P(d) 表示生成文本 d 的概率, P(z|d) 表示文本 d 生成话题的概率, P(w|z) 表示话题生成单词 w 的概率。

每个文本 d 拥有自己的话题概率分布 P(z|d), 每个话题 z 拥有自己的单词概率分布 P(w|z); 也就是说一个文本的内容由其他相关话题决定, 一个话题的内容由其他相关单词决定。

生成模型通过以下步骤生成文本 – 单词共现数据:

(1) 依据概率分布 P(d), 从文本 (指示) 集合中随机选取一个文本 d, 共生成 N 个文本;

(2) 在文本 d 给定条件下, 依据条件概率分布 P(z|d), 从话题集合中随机选取话题 z, 共生成 L 个话题, 这里 L 是文本长度;

(3) 在话题 z 给定条件下, 依据条件概率分布 P(w|d), 从单词集合随机选取一个单词。注意, 这里为叙述方便, 假设文本都是等长的, 现实中不需要这样的假设。生成文本中, 单词变量 w 与文本变量 d 是观测变量, 话题变量 z 是隐变量。

在 PLSA 模型中, 文档 – 主题分布 p (00) 和主题 – 词项分布 p (00) 使给定文档生成主题和给定主题生成词项的依据, 它们都服从类别分布 (categorical distribution), 令分布参数 p=00, p=00, 则 p 和 p 都是确定型变量。而潜在狄利克雷分布 (LDA, Blei et al., 2003) 模型将参数 p 和 p 都视为随机变量, 并以狄利克雷分布作为参数的先验分布。狄利克雷分布和类别分布形成一组共轭分布, 并相应地将 PLSA 中的最大似然估计推广到贝叶斯估计。

9.3.2　LDA

LDA 模型由可观测变量（observed variable）和潜在变量（latent variable）以及两变量间的条件依赖性（conditional dependency）构成。

LDA 假设文档的生成过程如下：

（1）对每个主题：生成"主题 – 词项"分布参数；

（2）对每个文档：生成"文档 – 主题"分布参数；

（3）对当前文档的每个位置：a. 生成当前位置的所属主题；b. 根据当前位置的主题，以及"主题 – 词项"分布参数，生成当前位置对应的词项。

从本质上讲，LDA 在 PLSA 模型基础上将狄利克雷先验分布引入到了"文档 – 主题"分布和"主题 – 词项"分布，模型的学习和推断算法也从最大似然估计转化到了贝叶斯估计。

在 PLSA 中，"文档 – 主题"分布 p（00）和"主题 – 词项"分布 p（00）都是事先确定的，可以利用最大似然估计方法从数据集中估计得到。生成文本时，PLSA 首先根据文档对应的"文档 – 主题"分布 p（00），为每个词选择一个主题，再根据"主题 – 词项"分布 p（00）产生一个具体的词。

在 LDA 模型中，"文档 – 主题"分布参数是不确定的，它是一个随机变量，p 是其具体取值，是根据超参数 p 由狄利克雷分布抽取出来的，它不像是在 PLSA 模型里是必须学习的参数，因此参数空间不会随着文档数的增加而增加。但是，在实际应用中仍然常常需要计算 p 的统计量（如期望）作为对"文档 – 主题"分布的估计。同时，"主题 – 词项"分布参数 p 也不是事先确定的，是根据超参数 p 由狄利克雷先验分布抽取得到的。

LDA 是文本分析领域最受关注的模型之一。由于 LDA 模型训练完成后能够得到一个文档在主题空间的表示，在词项空间中进行的一些文档处理可以通过 LDA 模型在主题空间中完成，如文档分类、聚类等。此外，利用主题模型中的参数估计值，还可以完成协同过滤、单词或者文档相似性计算、文本分段等任务。但是，传统的 LDA 模型是一种基于无监督机器学习的文本分析方法，它只对简单的文档和主题关系进行建模，没有考虑复杂文档/主题关系、富文本信息、时序信息等。为了解决上述问题，近年来出现了大量的 LDA 模型的扩展工作，如 Blei & Lafferty（2006）提出了一种相关主题模型（correlated topic model，CTM），Blei et al.（2003）提出一种层级 LDA 用于对树状层次的主题进行建模，Li & McCallum（2006）提出了 PCM（Pachinko allocation model）将主题之间的关系表示成一个有向无环图，而 RTM（relational topic model）（Chang & Blei，2009）针对具有链接关系的文档（即文档网络）进行主题建模。Mcauliffe & Blei（2008）在传统的无监督 LDA 的基础上提出了监督 LDA（supervised latent dirichlet allocation，SLDA）模型，在文本中引入文档的类别标号作为监督信息，类别标号服从于文档主题相关的正态线性分布，这种标注信息作为监督信息约束和影响主题建模，同时达到文本分类等监督学习的目的。

9.4　情感分析与观点挖掘

文本情感是指文本作者所表达的主观信息，即作者的观点和态度。因此，文本情感分析又称文本倾向性分析或文本观点挖掘（opinion mining），其主要任务包括情感分类（sentiment classification）和属性抽取等。情感分类可以看作文本分类的一种特殊类型，指根据文本所表达的观点和态度等主观信息对文本进行分类，或者判断某些文本的褒贬极性。例如，某一特殊事件发生之后，互联网上有大量的新闻报道和用户评论，如何从这些新闻和评论中自动了解各种不同观点（倾向性）呢？再如，某公司发布一款新的产品之后，商家希望从众多用户的网络评论中及时地了解用户的评价意见（倾向性）、用户年龄区间、性别比例和地域分布等，以帮助公司对下一步决策作出判断。这些都属于文本情感分析要完成的任务。

早期的情感分类研究主要基于规则方法。Turney（2002）提出一种 PMI-IR 方法识别文本中的词语（或语块）的倾向性，并将这些词语的极性进行累加，最后得到整个文本的倾向性。

在随后的研究中，情感分析技术自然分流成两类，即基于规则（情感词典）的方法和基于统计学习的方法。前者根据情感词典所提供的词的情感倾向性信息，结合语言知识和统计信息，进行不同粒度下的文本情感分析；后者主要研究如何在文本表示层面寻找更加有效的情感特征，以及如何在机器学习模型中合理地使用这些特征。主要特征包括：次序及其组合、词类、高阶 n 元语法、句法结构信息等。同时，除了文档或者句子级别情感分类研究以外，还衍生出包括属性级别的情感信息抽取和摘要、字或短语级别的情感分类、情感词典构建等更多细化的情感分析任务。

目前的情感文本分类研究最多的是极性分类（polarity classification），或者称为褒贬分类，即判断一篇文档或者一个句子所包含的情感是"好"（thumbs up）还是"坏"（thumbs down）。"好"和"坏"被形象地看作褒义和贬义的两个极性。褒贬分类有一个前提，就是文本中所包含的内容必须是主观信息。在褒贬两类极性分类之外，常常还考虑一类中性情感，从而扩展出了"褒 – 贬 – 中"（positive-negative-neutral）三类情感分类问题。中性情感文本又包括两种情况：一种是不包括主观情感的客观文本，另一种是褒贬情感混合的文本。

9.4.1　文档和句子级情感分析方法

Das & Chen（2007）通过使用人工构造的情感词典识别其中的倾向性词语，并将这些倾向词语的极性进行累加（正面为 +1，负面为 –1，中立为 0），得到整个文本的极性，据此评价整个文本的情感类别。Turney（2002）利用 PMI-IR 方法计算文本中符合规则的短语的情感倾向性，通过对文本中所有短语的情感倾向性的平均值的正负，判断文本描述的对象是否值得推荐。这种方法不需要使用人工标注的语料进行模型训练。

规则的方法的优点在于使用方便，不依赖于人工标注的语料集。但是，其性能极大地受限于情感词典的质量、规则的合理程度和覆盖范围。近 20 年来，统计机器学习方法在人工智能、自然语言处理和数据挖掘等领域迅速兴起，并占据了主流地位。它是一种经验主义方法，优势在于其知识是基于大规模语料分析获得的，为语言处理提供了比较客观的数据依据和可靠的质量保证。早期的工作沿袭了基于机器学习的文本分类研究框架，利用词袋模型进行文本表示，然后进行分类器设计。Pang et al.（2002）首先将机器学习模型引入电影评论的情感分类任务中，比较了三种经典的分类算法（朴素贝叶斯模型、最大熵模型和支持向量机）。该工作奠定了机器学习的情感分类研究的基础。但是，传统的统计机器学习方法利用词袋模型（BOW）进行文本表示，而 BOW 模型存在明显的缺点，打乱了文本的原始结构，丢失了词序信息、句法结构信息和部分语义信息。因此，很多研究者立足挖掘文本中更多有效表达情感的信息作为新特征，如位置信息、词性信息、词序及其组合信息、高阶 n 元语法和句法结构特征等。位置信息作为词的辅助特征被用于生成特征向量，这种潜在的信息可以补充单纯的词汇所包含的信息。词性信息对辅助挖掘文本的深层次信息具有重要作用，早期的主观语义预测研究就是利用形容词作为特征，结果表明语句的主观性与形容词有很高的相关性（Hatzivassiloglou & Mckeown，1997）。基于 n 元语法的文本表示在自然语言处理中有着重要作用。Dave et al.（2003）的实验表明，在某些情况下基于二元和三元语法的系统要好于单独使用一元语法的系统。因此，实践中高阶的 n 元语法特征往往作为一元语法特征的补充，而不是单独使用。虽然 n 元语法能够体现部分词序信息，但它不能捕捉句子中词与词之间的长距离依赖关系。一种简单的依存关系抽取方法可以抽取出相互依存的词对作为特征，这些词对包含一部分句法结构信息甚至语义信息，可能对情感文本分类起到帮助作用。但是，在篇章级别的情感分类任务中引入依存词对信息是否有效，Dave et al.（2003）和 Gamon（2004）有不同结论。

近年来，以人工神经网络为代表的深度学习方法因其强大的特征自动学习能力和端到端的联合建模架构，已经被广泛应用到自然语言处理的诸多领域，在情感分析任务中也取得了很大的成功。句法树特征对于情感分类具有重要作用，因此 Socher et al.（2011）率先提出了利用句法树结构信息的句子递归神经网络建模方法，在此基础上，他们（Socher et al., 2012）又提出了矩阵向量递归神经网络（matrix-vector recursive neural network，MV-RNN）模型，在 MR 数据集上进行两类情感分类实验，获得了当时最优的结果。此后，他们（Socher et al., 2013）进一步提出了递归张量神经网络（recursive neural tensor network，RNTN）模型，通过张量乘积项对节点交互信息进行编码，且在不同节点上共享该张量，增加的参数量也不会过大。Tai et al.（2015）结合循环神经网络和递归神经网络的优势，提出了基于树结构的长短时记忆网络（tree-structured long short-term memory networks，Tree-LSTM），使得循环神经网络具有树结构建模的能力，在句子级情感分类任务数据集（SST）上进行实验，结果有明显提升，证明了该模型的有效性。Tang et al.（2015）先使用 CNN 或者 LSTM 对每个句子进行建模，句子中的每个词经过 CNN 或者 LSTM 模块得到该词的编码，并使用平均池化作为每个句子的表示，然后将文档包含的多个句子表示所构成的序列输入到 GRNN 中，得到每个句子的编码，最后对各句子的编码使用平均池化得到文档的表示，并送到 Softmax 层进行分类。结果表明，这种针对文档的层次化建模方法相对于已有方法有明显提升。

9.4.2　属性级情感分析

情感分析包括文档级、句子级、词语级和属性级等多个层次。词语或短语级情感分析的目的是识别词语或短语个体的情感极性，句子或者文档级情感分析的任务是识别文档或句子整体的情感，而不涉及评论的具体属性以及针对该属性的情感。属性级情感分析的目标则是识别文本的评价对象，并确定针对该评价对象的情感。

属性级情感分析的核心任务有两个：属性抽取和属性情感分类。

在一条评论中属性和情感往往是成对出现的，这是属性抽取不同于传统的信息抽取技术的独有特点。属性抽取的主要方法有三种：无监督学习方法、传统的监督学习方法和深度学习方法。早期的属性抽取方法都是基于启发式规则实现的。一般来说，特定领域的属性用词集中在某些名词或名词短语上，因此高频名词或名词短语通常是显式的属性表达。然而，为了提高算法的准确性，Yu et al.（2011）利用浅层依存关系分析器提取合适的名词词组作为属性候选词，在词基础上利用属性排名算法提取重要属性。除了利用属性的名词性特点，有些研究还利用了属性与情感之间的关联关系——属性及其相对应的情感通常成对出现，来进行属性抽取（Blair-Goldensohn et al.，2008；Qiu et al.，2011）。属性抽取是信息抽取的特例，因此序列学习模型，如隐马尔可夫模型和条件随机场模型等，都可以用于属性抽取。Jin et al.（2009）使用了词汇化的 HMM 模型抽取属性及其情感。Jakob & Gurevych（2010）基于 CRF 进行单领域和跨领域两种设置下的属性抽取，制定了包括词项特征、词性特征、依存关系特征、词距离特征和观点特征在内的特征模板。Toh & Wang（2014）还引入了中心词特征、中心词词性特征和索引特征等，同时增加 WordNet 分类信息、词聚类信息特征等，在 SemEval 评测任务中取得了优异的成绩。在利用深度学习方法进行属性抽取时，Liu et al.（2015）基于词嵌入和循环神经网络提出了一个通用的细粒度观点挖掘模型框架；Wang et al.（2016）提出了一种递归神经网络条件随机场（RNCCRF）模型，用于评论中要素和观点的联合抽取；Li & Lam（2017）提出了一个记忆提升的 LSTM 模型，引入记忆交互机制分别抽取属性和观点。

属性情感分类是指在评价对象已知的情况下，对评价对象进行情感倾向性判别。属性情感分类的主要方法包括：基于词典的方法、传统的分类方法和深度学习方法。基于词典的方法基本思路是利用情感词典（包含情感词或短语）、复合表达、观点规则和句法分析树来确定句子中每个属性的情感倾向，同时考虑情感转移、转折等可能影响情感的结构。Hu & Liu（2004）基于情感词典将句子中的所有情感词得分进行简单相加作为句子中属性的情感得分。Ding et al.（2008）设计了详细的属性情感计算规则，在计算属性情感得分时考虑了情感词和属性词之间的距离因素。Blair-Goldensohn et al.（2008）结合有监督的学习方法，而Thet et al.（2010）则借助情感词典 SentiWordNet 确定评论中各个属性的情感倾向和情感强度。Jiang et al.（2011）分析了属性词和其他词的依存关系，设计了一系列属性相关特征并将其加入到传统的情感分类特征模板中，显著提高了情感分类的性能。Kiritchenko et al.（2014）设计的复杂特征模板包括表层特征、词典特征和句法特征三类，然后使用 SVM 分类器进行情感分类。Vo & Zhang（2015）将评论文本划分为评价对象、左上下文和右上下文三部分，基于这三部分关系抽取一个包含传统词嵌入、带情感的词嵌入和词典特征的特征模板，最后利用 SVM 分类器进行情感分类。随着深度学习在自然语言处理领域的进一步发展，针对情感分类问题也出现了一些"端到端"的深度学习方法，如自适应的递归神经网络（adaptive recursive neural network，AdaRNN）模型（Dong et al.，2014）、基于注意力机制的 LSTM 模型（Wang et al.，2016）、深度记忆网络（deep memory network，DMN）模型（Tang et al.，2016）、三路门控神经网络（three-way gated neural network）模型（Zhang et al.，2015）等。

9.4.3　情感分析中的特殊问题

　　虽然情感分类中的统计机器学习方法沿袭了传统基于主题的文本分类模型的框架，但是存在一些特殊问题需要单独处理，如情感极性的转移和领域适应问题等。围绕不同的机器学习任务，还出现了半监督情感分类、类别不平衡情感分类和跨语言情感分类等相关研究。

1. 情感极性转移

　　情感极性转移（sentiment polarity shift）是指由于一些特殊的语言结构，文本中的情感发生转移的一种语言现象。导致情感极性转移的因素有很多，如否定、转折、加强、削弱等语言结构，它们通常被称为"情感转移符"（sentiment shifter）或者"效价转移符"（valence shifter）。

　　经过情感转移的文本在文本表示时，与源文本往往是相似的，如"I like this book"和"I don't like this book"两个句子，利用词袋模型进行文本表示时具有很大的相似性，但是从情感表达上却截然相反。商品评论文本中有超过 60% 的句子包含显式的极性转移现象（Li et al.，2010），因此，在情感分类文本表示和分类建模时必须考虑极性转移问题。在实际问题中，否定、转折都会改变情感的极性，而加强、削弱只会改变情感的程度，不会改变极性，因此研究者更加重视对否定和转折的处理。

在词汇和短语级情感分析的极性转移研究中，Wilson et al.（2005）将情感极性事先确定的情感词典作为先验知识，使用机器学习方法识别包含先验情感词的短语的上下文极性。Choi & Cardie（2008）基于句法模式，手动设计了一系列语义组合规则，将否定词与词典极性进行组合，提高了子句级情感分类的性能。Nakagawa et al.（2010）提出了一种半监督的子句级情感分析方法，利用依存句法树节点间的依存关系捕获否定结构。

在句子和文档级情感分析的极性转移研究中，极性转移的处理手段因情感分类方法的不同而有明显的区别。一般来说，在基于词典和规则的情感分类方法中比较容易处理极性转移问题，可以通过设计合理的规则对否定、转折等极性转移现象以及情感增强和削弱等现象进行模式匹配。如果遇到极性转移，则反转相应部分的情感得分；如果遇到情感增强或者削弱，则增加或者减少相应部分的情感得分，最后将各部分的得分相加，得到全部文档的情感得分。（Taboada et al., 2011）

在属性级情感分类任务中，首先识别出每条评论中带观点的句子，然后通过分析句子中情感词和否定词的组合模式帮助判断观点句子的情感极性。Ding & Liu（2007）利用了连词（如 and，but）等语言规则，如 and 前后的子句应该是相同的情感极性，通过已知情感极性帮助判断其他观点的情感极性。Ding et al.（2008）设计了复杂的规则用于匹配否定、转折和加强、削弱等各种情感转移类型。

传统的机器学习方法利用词袋模型进行文本表示，这种表示方法忽略了文本中的词序信息，不易对极性转移进行处理。一种简单的处理方法是在被否定或转折的情感词后面追加一个"NOT"，这样前文的否定句"I don't like this book"就转换成为"I like-NOT this book"，但是这种方法带来的性能提升非常有限。还有一些研究工作试图利用语言学特征和词典资源对极性转移现象进行建模，如基于特定的词性模式定义规则以识别和处理否定问题。

Li & Huang（2009）通过总结极性转移语法规则，将文档切分为极性转移和非极性转移两个部分，分别表示成两个词袋，通过不同的策略组合两个词袋的分类结果。Xia et al.（2016）将极性转移现象分为显式极性转移和隐式极性转移两种情况，前者包括否定和转折等显示语言结构，后者主要指隐式的句间情感不连贯现象。基于这种考虑，提出了一种基于规则的显式极性转移检测方法和基于统计的隐式极性转移检测方法。对于不同类型的极性转移采取不同的预处理方法，如对否定部分的句子进行反义替换，最后对不同部分的文本进行集成学习以得到整个文档的情感。

对偶情感分析（dual sentiment analysis，DSA）模型利用反义句情感极性反转的特点，提出了一种数据扩充技术，将原始评论翻转为反义评论（训练样本同时反转其情感极性），原始评论和反义评论由一对词袋（对偶词袋）表示，在此基础上 Xia et al.（2015）提出了一种对偶训练算法和对偶预测的算法，在情感分析过程中同时考虑正反两方面的因素。文本在反转的过程中消除了否定等极性转移结构，因此能够较好地抑制极性转移问题。进而将对偶情感分析从监督机器学习推广到半监督机器学习，产生了一种基于对偶视角联合训练的半监督情感分类方法。

Qian et al.（2017）在深度学习框架下提出了一种情感极性转移问题的解决方法，基于语言正则化的 LSTM，利用 LSTM 从右到左对句子进行建模，预测每个词的情感分布，并通过正则化的方式引入情感词、否定词、强度词等语言学信息作为约束条件，优化学习得到语言学相关的文本表示，以增强句子情感分类的性能，在 MR 和 SST 数据集中证明了该方法的有效性。

2. 领域适应问题

在统计机器学习任务中，一个领域的学习过程通常是基于该领域大量标注样本训练实现的，并且要求测试数据与训练数据服从相同的分布。因此，统计机器学习常常存在领域依赖问题，即在某一领域标注样本上学习得到的分类器通常只在相同领域的测试样本上表现较好，换到其他领域，尤其是与原来的领域的分布相差较大时，算法性能会大打折扣。这一领域依赖问题在情感分析任务中表现得尤为突出。针对这一问题，"领域适应学习"成为相关领域近年来的研究热点。

领域适应学习研究的内容是在训练样本和测试样本来自不同领域的情况下，如何利用测试领域的大量非标注语料帮助训练一个适应的分类器。领域适应问题在情感文本分类任务中有非常重要的意义。例如，在已有餐馆评论的标注样本和电子产品评论的非标注样本的情况下，领域适应的目标就是利用这些样本训练一个能够对电子产品评论进行有效分类的模型。Pan & Yang（2010）将领域适应学习划分为基于实例的迁移、基于特征的迁移和基于模型参数的迁移三种情况。

基于实例的迁移方法在利用源领域的训练样本训练分类器时，考虑训练样本与目标领域分布的相似程度，对不同的样本赋予不同的权重。这一问题的核心是概率密度比的估计，即需要计算样本在目标领域和源领域出现的概率比，并用该比值衡量源领域样本在目标领域中出现的可能性——可能性越大，在模型训练时赋予的权重越大；可能性越小，赋予的权重就越小。

基于特征表示的迁移学习算法通常基于源领域的标注数据和目标领域的大量无标注数据（或少量标注数据）找到一种适合目标领域的特征学习方法，并利用新的特征表示进行分类建模。结构相关性学习（structure correspondence learning，SCL）算法是该领域的代表性工作（Blitzer et al.，2007）。SCL 方法首先定义了一些枢轴特征（pivot feature）和非枢轴特征（non-pivot feature），然后学习两种特征空间之间的映射矩阵，再利用 SVD 分解获取映射矩阵的主成分子空间，最后将非枢轴特征在映射矩阵子空间上进行投影后进行情感分类，取得了很好的效果。随后出现了一系列类似的研究工作，基本思路都是以源领域和目标领域的共性特征作为桥梁，分别关联各自领域的特有特征，这种关联往往通过特征之间的同现程度（相关性）来衡量。基于这些同现信息，利用子空间方法将源领域和目标领域的特征映射到同一个子空间，最后在子空间进行分类。近年来出现了一系列基于神经网络的迁移学习算法，其本质思想与 SCL 类似，通过构建一些领域独立的辅助任务作为关联源领域和目标领域特有特征的桥梁，然后利用神经网络对辅助任务进行优化，将两个领域的特征映射到同一个子空间后进行情感分类。

基于模型参数的迁移方法假设源领域和目标领域的模型参数具有相同的先验分布，在模型优化时利用共同的先验作为约束条件，从而实现两个领域分类知识的迁移。一种包含源领域和目标领域的主题桥接的 PLSA（topic-bridged PLSA）模型假设图模型结构中源领域与目标领域共享一个先验概率，在利用 EM 算法对模型进行优化时体现上述共享参数，在跨领域文本分类任务中进行了验证。

3. 情感分析发展前沿

一方面，随着深度学习的不断发展和更新，更多新型的深度神经网络方法（CNN、RNN、注意力机制、对抗生成网络等）被应用到不同级别的情感分析和观点挖掘诸多任务上。此外，还出现了基于深度神经网络的半监督情感分类、类别不平衡情感分类和跨领域、跨语言情感分类等相关研究。

另一方面，在传统的情感极性分类任务之外，逐渐出现了一些情绪分类、立场分类等广义的情感分析任务。情绪分类是在情感分类的基础上，从人类的心理学角度出发，多维度地描述人的情绪态度。文本情绪分类通常分为：喜爱（love）、高兴（joy）、诧异（surprise）、愤怒（anger）、悲伤（sadness）和恐惧（fear）六类。此外，针对微博、推特等的情绪分类工作中，常常使用表情符或哈希标签对文本进行自然标注以构成训练语料，然后进行情绪分类。

近年来还出现一类检测文本对于给定具体目标所持有的立场的任务，也属于情感分析的研究范畴。立场分类与传统情感分类任务的不同之处在于，后者的目标是判断文本表达的情感极性（正面、负面、中性），而前者的目标是判别对给定目标所持有的立场（支持、反对、质疑等）。与属性级情感分类任务相比，立场分类中给定的目标一般是一个话题或者一个事件，是一个相对概括的抽样概念，而属性级情感分类的目标通常是细颗粒度的显式评价对象。

9.5　话题检测与跟踪

话题检测通常是指从众多新闻事件报道和评论中挖掘、筛选出文本的话题，而多数人关注和追踪的话题称为热点话题。热点话题发现（hot topic discovery）、检测和跟踪是舆情分析、社会媒体计算和个性化信息服务中一项重要的技术，其应用形式多种多样。

话题检测与跟踪的目标是帮助人们应对信息爆炸问题，自动识别新闻媒体和社交媒体数据流中的新话题，对已知话题进行跟踪，帮助用户从整体上了解话题的发展与演变。通过话题检测与跟踪，将互联网上分散的信息进行有效的汇集和组织，帮助用户发现与话题相关的各种因素之间的关系，从整体上了解话题的全部细节以及该话题与其他话题之间的关系。

话题检测与跟踪技术可以把信息按话题分类组织，将特定时间段内最活跃的话题智能地推送给用户，并按照用户的需求跟踪话题的动态演化过程，从而帮助用户有效地掌握社会动向和重大事件。与信息检索、信息抽取和文本摘要等任务相比，话题检测与跟踪更加强调信息发现、跟踪和整合的能力。此外，话题检测与跟踪技术研究的对象为具有时序关系的文本数据流，而非静态的、封闭的文本集合。话题检测与跟踪技术可以用来监控各种信息源，及时发现信息源中新的话题，并对话题的来龙去脉进行历史性的研究，在信息安全、舆情分析、社会调查等领域都有广泛的应用前景。

近年来，互联网信息分享和传播的方式逐渐从以网站媒体为代表的Web1.0时代走向以社交媒体为代表的Web2.0时代。以推特、脸书、微博、微信为代表的社交媒体逐渐发展成为人们议论时事、交换信息、表达观点的重要平台。社交媒体上时刻产生着大量用户参与的关于事件、人物、产品等内容的数据，成为反映真实社会的一面镜子。检测和跟踪这种丰富、持续、海量的用户生成的数据流可以产生前所未有、富含价值的信息。例如，通过使用社交媒体话题检测与跟踪技术，用户感兴趣的信息可以从海量、杂乱无章的各类信息中被挑选出来，从而帮助用户了解社会上正在发生的热点事件，并且很容易地跟踪事件的来龙去脉。再如，公司可以检测与之相关的热点话题和突发事件，从而及时调整策略，提高竞争能力；政府可以监督社会秩序，了解社会舆情。可以说，研究社交媒体话题检测与跟踪技术具有非常重要的现实意义。但是，社交媒体文本以其语言简短、形式丰富、话题广泛、更新迅速、数据海量、存在大量非规范语言现象等特点，给话题检测与跟踪技术的研究带来了新的问题和挑战。

TDT 有五项基础任务：报道切分（story segmentation，SS）、首次报道识别（first story detection，FSD）、话题检测（topic detection，TD）、

话题跟踪（topic tracking，TT）和关联检测（link detection，LD）。

1. 报道切分

报道切分任务的目标是找出新闻报道中所有话题及其边界，把新闻报道流切分成结构完整、话题独立的多个报道。例如，给定一段包括时政新闻、体育赛事、金融财经等多个话题的新闻广播，一个报道切分系统需要将这段新闻报道切分成多个不同话题的片段。报道切分主要是面向新闻广播类的报道，其数据流包含两种方式：一是直接对音频信号进行切分；二是先将音频信号翻录成文本数据流，然后再进行切分。

2. 首次报道识别

首次报道识别任务的目标是从具有时间顺序的新闻报道流中自动检测出首次讨论某个话题的报道。该任务需要对每个报道判断是否讨论了一个新话题，因此被看作话题检测的基础，也被称为话题检测的透明测试或新事件检测（new event detection，NED）。

3. 话题检测

话题检测任务的目标是在不给定话题先验知识的条件下，检测出新闻数据流中的话题。FSD 输出的是一篇报道，而 TD 输出的是关于某一话题的报道集合。TD 的难点在于事先不给出话题的先验知识，因此要求 TD 模型不能独立于某一确定的话题，而要适用于任何话题。尽管一篇报道通常只围绕一个话题展开，但是也有一些报道同时涉及多个话题，并且这些话题之间具有层次关系。因此，话题检测任务中又增加了层次话题检测（hierarchical topic detection，HTD）。

4. 话题跟踪

话题跟踪任务的目标是跟踪已知话题的后续报道，即要求在给定与某个话题相关的一则或者多则报道条件下，检测出数据流中与该话题相关的后续报道，其中待测话题并非由问询指定，而是通过若干相关报道描述性地给出。

5. 关联检测

关联检测的目标是判断两篇报道是否属于同一话题。与 TD 任务类似，LD 任务不提供先验知识，因此 LD 系统必须在没有明确话题作为参照的情况下，建立不依赖于特定报道的话题关联性检测模型。与其他 TDT 任务不同的是，关联检测往往不直接作为一项应用，而是作为一门核心技术，广泛应用于其他 TDT 任务中，如话题检测和话题追踪。一个好的关联检测可以提高其他 TDT 任务的性能。

总体而言，话题检测与跟踪本质上是研究报道和话题之间的关系，技术上主要解决以下问题：话题和报道的表示问题（报道切分、首次报道识别）；话题和报道的相似度计算问题（关联检测）；话题和报道的聚类问题（话题检测）；话题和报道的分类问题（话题跟踪）。

话题检测与跟踪是 21 世纪初期文本挖掘研究领域一个较为活跃的研究方向。该方向近年来的研究进展一方面体现在传统任务面向新的社交媒体应用场景出现的改变，另一方面，出现了一些工作试图将最新的机器学习理论方法应用到该任务上。如 Fang et al.（2016）基于分布式表示改进传统的特征空间，以提高报道和话题的表示和相似度计算的性能。然而，由于基于深度学习的聚类模型目前所见不多，而话题检测与跟踪任务使用最多的是聚类算法，因此基于深度学习的话题检测与跟踪研究尚不多见。

同时，话题检测与跟踪与文本挖掘的多个热点领域是相互联系的，它与信息检索与抽取关系密切，还与情感分析、事件抽取等任务也有较为密切的联系。话题检测与跟踪与情感分析任务相结合，不仅可以有效地检测热点话题，还可以识别出人们对该话题的看法和评价。利用话题检测技术，从社交媒体中检测出最新的话题，并将文本及时地按照话题进行组织。基于话题跟踪技术，监控信息流以发现与某一已知话题相关的后续报道。同时，将情感分析技术结合起来，分析报道及话题所对应的评论的极性倾向性和强度，实现社会热点事件发现与舆情分析。话题检测与跟踪与事件抽取方向也有着较强的关联性，前者强调文档集合的面向宏观事件的自动组织，后者注重文本中的细粒度的事件识别及元素抽取。

9.6　文本自动摘要

文本自动摘要或自动文摘是指利用自然语言处理方法自动生成摘要的一种技术。在信息过度饱和的今天，自动文摘技术具有非常重要的用途。例如，信息服务部门需要对大量的新闻报道进行自动分类，然后形成某些（个）事件报道的摘要，推送给可能感兴趣的用户，或者某些公司、政府舆情监控部门想大致了解某些用户群体发布言论（短信、微信、微博等）的主要内容，自动摘要技术就派上了用场。

从不同的角度文本自动文摘技术可以划分为不同的类型。按照摘要的功能划分，可以分为指示型摘要（indicative summary）、报道型摘要（informative summary）和评论型摘要（critical summary）。指示型摘要仅提供输入文档（或文档集）的关键主题，旨在帮助用户决定是否需要阅读原文，如标题生成。报道型文摘提供输入文档（或文档集）的主要信息，使用户无须阅读原文。评论型摘要不仅提供输入文档（或文档集）的主要信息，而且需要给出关于原文的关键评论。

根据输入文本的数量划分，可以划分为单文档摘要（single-document summarisation）和多文档摘要（multi-document summarisation）两种类型。而根据输入和输出语言的不同，自动文摘可以划分为单语言摘要（monolingual summarisation）、跨语言摘要（cross-lingual summarisation）和多语言摘要（multi-lingual summarisation）。单语言摘要的输入和输出都是同一种语言，跨语言摘要的输入是一种语言，输出是另一种语言，多语言摘要的输入是多种语言，输出是其中的某一种语言。

根据应用形式的不同，自动文摘技术又可划分为通用型摘要（generic summarisation）和面向用户查询的摘要（query-based summarisation）。前者总结原文作者的主要观点，后者提供与用户兴趣密切相关的内容。从文摘与原文的关系（即文摘获取方法）划分，自动摘要技术还可以分为抽取式摘要（extraction-based summarization）、压缩式摘要（compression-based summarization）和理解型摘要（abstraction-based summarization）。抽取式摘要需要通过摘录原文中的重要句子形成文摘，压缩式摘要通过抽取并简化原文中的重要句子构成文摘，而理解型摘要也要通过改写或重新组织原文内容形成最终文摘。

由于多文档文摘的概念具有更大的外延，而且多文档摘要技术涉及更加广泛的技术内容，因此多文档文摘一直是自动文摘领域最受关注和最具挑战性的研究方向。从应用角度看，一方面，在互联网上搜索信息时搜索同一主题的文档往往会返回成千上万个网页，如果将这些网页形成一个统一、精炼、能够反映主要信息的摘要，必将极大地提升用户获取信息的效率。另一方面，对于某一新闻单位针对同一事件的系列报道，或者数家新闻单位在同一时间段内对于同一事件的报道，如果能够从这些相关性很强的文档中提炼出一个覆盖性强、形式简洁的摘要，将会有效降低信息存储和传播的代价，节省用户阅读的时间。这两种情况正是多文档摘要技术的典型应用。

Yao et al.（2017）对近年来自动文摘新技术做了综述，分别介绍了比较式摘要、更新式摘要、时间轴摘要和多模态摘要。比较式摘要旨在为相似主题的文档集合生成多侧面比较的总结性文摘，如为 2008 年和 2016 年奥运会的报道生成对比性摘要。假设用户已知某个话题的历史摘要信息，更新式摘要的目标就是为用户生成最新的与之前信息不同的简短摘要。时间轴摘要则是为了某个事件或者话题按照时间节点生成一系列的简短报道。以文本为核心的多模态摘要受到越来越广泛的关注。例如，如何在产生摘要的过程中充分利用图片信息，如何将同一话题下的文本报道、图片视频新闻和语音报道综合考虑，对文本、语音和视觉三种模态信息统一建模，生成全方位但简短的文本摘要，以及如何以图文并茂的方式生成摘要结果。

从方法的角度，端到端的生成式模型是近年来当仁不让的前沿方法，这种方法涉及三个关键技术：如何准确地编码原文、如何精准地选择和关注文档的重点以及如何压缩生成最终的摘要。Zhou et al.（2017）、Gu et al.（2016）、Tan et al.（2017）以及 Nema et al.（2017）分别针对上述三个问题进行了深入探讨。但是，目前端对端的方法还只是停留在复杂句子或单文档的摘要生成上，如何将其应用于多文档、多语言和多模态等摘要仍然是一个开放的问题。

参考文献

陈小荷. 2004. 用基于词的二元模型消解交集型分词歧义. 南京师范大学学报（社会科学版），（6）：109–204.

陈小荷，冯敏萱，徐润华. 2013. 先秦文献信息处理. 北京：世界图书出版公司.

陈小荷，石定栩. 1997. 汉语句子的主题–主语标注. 陈力为，袁琦主编. 语言工程. 北京：清华大学出版社，102–108.

陈群秀. 2006. 现代汉语述语动词机器词典和现代汉语名词槽关系系统的研究和建立. 许嘉璐，傅永和主编. 中文信息处理现代汉语词汇研究. 广州：广东教育出版社，360–458.

程川. 2016. 基于柱搜索和神经网络的组块分析研究. 南京：南京大学硕士学位论文.

程宁，李斌，葛四嘉，郝星月，冯敏萱. 2020. 基于 BiLSTM-CRF 的古汉语自动断句与词法分析一体化研究. 中文信息学报，34（4）：1–9.

崔竞烽，郑德俊，王东波，李婷婷. 2020. 基于深度学习模型的菊花古典诗词命名实体识别. 情报理论与实践，43（11）：150–155.

崔启亮. 2015. 译后编辑错误类型研究——基于科技文本英汉机器翻译. 中国科技翻译，28（4）：19–22.

董振东. 2006. 语义知识词典的建立和词汇语义网络描述. 许嘉璐，傅永和主编. 中文信息处理现代汉语词汇研究. 广州：广东教育出版社，459–524.

杜悦，王东波，江川，徐润华，李斌，许超，徐晨飞. 2021. 数字人文下的典籍深度学习实体自动识别模型构建及应用研究. 图书情报工作，65（3）：100–108.

段磊，韩芳，宋继华. 2012. 古汉语双字词自动获取方法的比较与分析. 中文信息学报，26（4）：34–42.

范开泰等. 2005. 汉语框架语义分析系统研究. 自然语言理解与的大规模内容计算. 北京：清华大学出版社.

冯志伟. 2005. 自然语言处理的学科定位. 解放军外国语学院学报，28（3）：1–8.

高明乐. 2004. 题元角色的句法实现. 北京：中国社会科学出版社.

胡明扬（译）. 2002. "格"辩. 北京：商务印书馆.

皇甫晶，王凌云. 2013. 基于规则的纪传体古代汉语文献姓名识别. 图书情报工作，57（3）：120–124.

黄昌宁，林娟，孙承杰. 2005. 何谓金本位. 孙茂松，陈群秀主编. 全国第八届计算语言学联合学术会议（JSCL-2005）论文集. 北京：清华大学出版社，5–12.

黄建传，宋柔．2007．标点句标注研究．孙茂松，陈群秀主编．内容计算的研究与应用前沿．北京：清华大学出版社，359–364．

黄瑾，刘洋，刘群．2007．机器翻译的自动评测技术．计算机世界．10月22日，B1版．

黄民烈，黄斐，朱小燕．2021．现代自然语言生成．北京：电子工业出版社．

黄水清，王东波，何琳．2015．以《汉学引得丛刊》为领域词表的先秦典籍自动分词探讨．图书情报工作，59（11）：127–133．

李斌，陈小荷，方芳，徐艳华．2005．高频最大交集型歧义字段问题研究．孙茂松，陈群秀主编．全国第八届计算语言学联合学术会议（JSCL-2005）论文集．北京：清华大学出版社，221–226．

李娜．2021．面向方志类古籍的多类型命名实体联合自动识别模型构建．图书馆论坛，（12）：113–123．

李素建，刘群，白硕．2002．统计和规则相结合的汉语组块分析．计算机研究与发展，39（4）：385–391．

李文捷，周明．1995．基于语料库的中文最长名词短语的自动提取．陈力为，袁琦主编．计算语言学进展与应用．北京：清华大学出版社，119–124．

李昭原．2007．数据库技术新进展（第二版）．北京：清华大学出版社．

林杏光主编．2003．人机通用现代汉语动词大词典．北京：北京语言文化大学出版社．

梁南元．1987．书面汉语自动分词系统——CDWS．中文信息学报，（2）：44–52．

梁社会．2021．基于注疏文献的《孟子》信息处理研究．北京：北京大学出版社．

刘芳，赵铁军，于浩．2000．基于统计的汉语组块分析．中文信息学报，14（6）：28–32，39．

刘海涛．2001．关于自然语言计算机处理的几点思考．术语标准化与信息技术，（1）：23–27．

刘海涛．2009．依存语法的理论与实践．北京：科学出版社．

刘海涛．2022．依存关系与语言网络．北京：科学出版社．

刘慧敏．2015．中文词性标注及未登录词词性预测研究．南京：南京师范大学硕士学位论文．

刘开瑛．2000．中文文本自动分词和标注．北京：商务印书馆．

刘群，俞士汶．1998．汉英机器翻译的难点分析．黄昌宁主编．1998中文信息处理国际会议论文集．北京：清华大学出版社，507–514．

刘挺，王开铸．1998．关于歧义字段切分的思考与实验．中文信息学报，（2）：63–65．

刘扬．2005．双语WordNet语义知识库的构造理论与工程实践．北京：北京大学博士学位论文．

留金腾，宋彦，夏飞．2013．上古汉语分词及词性标注语料库的构建——以《淮南子》为范例．中文信息学报，27（6）：6–15，81．

鲁川．1997．汉语意合网络．北京：商务印书馆．

梅家驹等．1985．同义词词林．上海：上海辞书出版社．

彭玉海. 2004. 俄语题元理论. 哈尔滨：黑龙江人民出版社.

齐浩亮，杨沐昀，孟遥，韩习武，赵铁军. 2004. 面向特定领域的汉语句法主干分析. 中文信息学报，18（1）：1–5, 13.

钱青青，王诚文，荀恩东，王贵荣，饶高琦. 2022. 汉语块依存语法与树库构建. 中文信息学报，36（7）：50–58.

钱小飞. 2018. 组块分析研究综述. 现代语文，（6）：166–170.

钱智勇，周建忠，童国平，苏新宁. 2014. 基于 HMM 的楚辞自动分词标注研究. 图书情报工作，58（4）：105–110.

秦颖，张素香，王小捷，钟义信. 2016. 汉语句子骨架成分识别. 中国人工智能学会第 12 届全国学术年会.

邱冰，皇甫娟. 2008. 基于中文信息处理的古代汉语分词研究. 微计算机信息，（24）：100–102.

曲维光，吉根林，穗志方，周俊生. 2006. 基于语境信息的组合型分词歧义消解方法. 计算机工程，（17）：74–76.

石民，李斌，陈小荷. 2010. 基于 CRF 的先秦汉语分词标注一体化研究. 中文信息学报，24（2）：39–45.

宋柔. 2018. 汉语小句复合体的话头结构. 揭春雨，刘美君主编. 实证和语料库语言学前沿. 北京：中国社会科学出版社，198–226.

宋柔. 2022. 小句复合体的语法结构. 北京：商务印书馆.

宋作艳. 2011. 生成词库理论的最新发展. 语言学论丛，（44）：202–221.

孙广路. 2008. 基于统计学习的中文组块分析技术研究. 哈尔滨：哈尔滨工业大学硕士学位论文.

孙宏林. 1997. 从标注语料库中归纳语法规则："V+N"序列实验分析. 陈力为，袁琦主编. 全国计算机语言学联合学术会议论文集. 北京：清华大学出版社，157–163.

孙茂松. 1999. 高频最大交集型歧义切分字段在汉语自动分词中的作用. 中文信息学报，（1）：28–35.

孙茂松，邹嘉彦. 2001. 汉语自动分词研究评述. 当代语言学，（1）：22–32.

汤亚芬. 2013. 先秦古汉语典籍中的人名自动识别研究. 现代图书情报技术，（7）：63–68.

汪青青. 2009. 先秦人名识别初探. 文教资料，（18）：202–204.

王贵荣，荀恩东，饶高琦. 2022. 基于规则的中文组块内部关系分析. 郑州大学学报（理学版），54（3）：28–33.

王嘉灵. 2014. 以《汉书》为例的中古汉语自动分词. 南京：南京师范大学硕士学位论文.

王晓玉，李斌. 2017. 基于 CRFs 和词典信息的中古汉语自动分词. 数据分析与知识发现，1（5）：62–70.

王阳阳 . 2018. 基于朴素贝叶斯与 BP 网络神经分类方法的《红楼梦》文本特征差异研究 . 统计与决策,（13）: 121–125.

王跃龙, 姬东鸿 . 2009. 汉语树库综述 . 当代语言学, 11（1）: 47–55.

闻玉彪 . 2011. 一种基于组合模型的中文未登录词词性猜测方法 . 昆明: 云南大学硕士学位论文 .

奚晨海, 孙茂松 . 2002. 基于神经元网络的汉语短语边界识别 . 中文信息学报, 16（2）: 20–26.

肖磊 . 2009.《左传》地名研究初探 . 文教资料,（18）: 204–207.

肖云 . 2001. 汉语自动分词中组合型歧义消解策略初探 . 北京: 清华大学硕士学位论文 .

邢福义 . 2001. 汉语复句研究 . 北京: 商务印书馆 .

熊德意, 李良友, 张檬 . 2022. 神经机器翻译: 基础、原理实践与进阶 . 北京: 电子工业出版社 .

徐晨飞, 叶海影, 包平 . 2020. 基于深度学习的方志物产资料实体自动识别模型构建研究 . 数据分析与知识发现, 4（8）: 86–97.

徐峰 . 2004. 汉语配价分析与实践 . 北京: 学林出版社 .

徐润华, 陈小荷 . 2012. 一种利用注疏的《左传》分词新方法 . 中文信息学报, 26（2）: 13–17, 45.

杨辉 . 2008. 汉语新词语发现及其词性标注方法研究 . 上海: 复旦大学硕士学位论文 .

杨世超 . 2018. 古汉语分词与词性标注方法研究 . 唐山: 华北理工大学硕士学位论文 .

俞敬松, 魏一, 张永伟, 杨浩 . 2020. 基于非参数贝叶斯模型和深度学习的古文分词研究 . 中文信息学报, 34（6）: 1–8.

俞士汶 . 2003. 计算语言学概论 . 北京: 商务印书馆 .

袁义国 . 2022. 基于深度学习的古汉语自动词法分析与自动标点研究 . 南京: 南京师范大学博士学位论文 .

袁毓林 . 1998. 汉语动词的配价研究 . 南昌: 江西教育出版社 .

詹卫东 . 2003. 面向自然语言处理的大规模语义知识库研究述要 . 徐波, 孙茂松, 靳光瑾主编 . 中文信息处理若干重要问题 . 北京: 科学出版社, 107–121.

张华平, 李林瀚, 李春锦 . 2023. ChatGPT 中文性能评测与风险应对 . 数据分析与知识发现, 7（3）: 16–25.

张海军, 冯冲, 史树敏 . 2010. 一种应用组合特征的中文未登录词词性猜测研究 . 小型微型计算机系统, 31（7）: 1402–1406.

张琪, 江川, 纪有书, 冯敏萱, 李斌, 许超, 刘浏 . 2021. 面向多领域先秦典籍的分词词性一体化自动标注模型构建 . 数据分析与知识发现, 5（3）: 2–11.

张霄军 . 2008.“切分歧义”考证——兼论“金本位”语言资源建设 . 语文学刊,（1）: 70–72.

张霄军. 2010. "长安"的同名地名自动识别与指代消解. 张京鱼主编. 跨语言文化研究（第一辑）. 北京：中国社会科学出版社，198–206.

张霄军，陈小荷. 2008. 双语平行语料的预处理. 外语教育，（7）：145–149.

张霄军，张凌岚，刘军. 2004. 基于 Web 语料挖掘技术及其系统设计. 上海电力学院学报，20（2）：39–43.

张小衡，王玲玲. 1997. 中文机构名称的识别与分析. 中文信息学报，11（4）：21–32.

张昱琪，周强. 2002. 汉语基本短语的自动识别. 中文信息学报，16（6）：1–8.

赵军. 1998. 汉语基本名词短语识别及结构分析. 北京：清华大学博士学位论文.

赵海，蔡登，黄昌宁，揭春雨. 2018. 中文分词十年又回顾：2007—2017. 揭春雨，刘美君主编，实证和语料库语言学前沿. 北京：中国社会科学出版社，139–162.

赵元任. 1968. 汉语口语语法. 吕叔湘译. 北京：商务印书馆.

曾江. 2020. 冯志伟谈计算语言学：把基于语言大数据的经验主义方法和基于语言规则的理性主义方法结合起来. 中国社会科学网，2020 年 9 月 25 日，来自中国社会科学网网站.

郑定欧. 2005. 配价语法与词汇 – 语法. 孙茂松，陈群秀主编. 自然语言理解与大规模内容计算. 北京：清华大学出版社，120–125.

支天云，张仰森. 2001. 基于 BP 网络的汉语文本词类标注方法. 山西大学学报（自然科学版），24（1）：33–36.

周强. 2004. 汉语句法树库标注体系. 中文信息学报，18（4）：1–8.

朱晓. 2012. 古汉语编年体的人名实体识别与词性标注. 上海：复旦大学硕士学位论文.

宗成庆，张霄军（译）. 2012. 统计机器翻译. 北京：电子工业出版社.

邹纲. 2004. 中文新词语自动检测研究. 北京：中国科学院研究生院（计算技术研究所）硕士学位论文.

Abney, S. P. 1991. Parsing by chunks. In R.C. Berwick, S.P. Abney & C. Tenny (Eds.), *Principle-based Parsing: Computation and Psycholinguistics*. Berlin: Springer, 257–278.

Aharoni, R., Johnson, M. & Firat, O. 2019. Massively multilingual neural machine translation. In *Proceedings of the 2019 Conference of the North American Chapter of the Association for Computational Linguistics: Human Language Technologies (NAACL-HLT 2019)*, 3874–3884.

Akbik, A., Blythe, D. & Vollgraf, R. 2018. Contextual string embeddings for sequence labeling. In *Proceedings of the 27th International Conference on Computational Linguistics (COLING 2018)*, 1638–1649.

Allen, J. F. 1995. *Natural Language Understanding*. Redwood City: Benjamin/Cummings.

Anderson, J. 2006. *Automata Theory with Modern Applications*. Cambridge: Cambridge University Press.

Andor, D., Alberti, C., Weiss, D., Severyn, A., Presta, A., Ganchev, K., Petrov, S. & Collins, M. 2016. Globally normalized transition-based neural networks. In *Proceedings of the 54th Annual Meeting of the Association for Computational Linguistics (ACL 2016)*, 2442–2452.

Andrew, G. 2006. A hybrid markov/semi-markov conditional random field for sequence segmentation. In *Proceedings of the 2006 Conference on Empirical Methods in Natural Language Processing (EMNLP 2006)*, 465–472.

Arivazhagan, N., Bapna, A., Firat, O., Lepikhin, D., Johnson, M., Krikun, M., Wu, Y. 2019. Massively multilingual neural machine translation in the wild: Findings and challenges. In *Proceedings of the 2019 Conference of the North American Chapter of the Association for Computational Linguistics: Human Language Technologies (NAACL-HLT 2019)*, 3874–3884.

Bahdanau, D., Cho, K. & Bengio, Y. 2015, May 7–9. *Neural machine translation by jointly learning to align and translate*. Third International Conference on Learning Representations, ICLR 2015, San Diego, United States.

Baldwin, T., Marneffe, M. C., Han, B., Kim, Y. B., Ritter, A. & Xu, W. 2015. Shared tasks of the 2015 workshop on noisy user-generated text: Twitter lexical normalization and named entity recognition. In *Proceedings of the Workshop on Noisy User-generated Text*, 126–135.

Bapna, A. & Firat, O. 2019. Simple, scalable adaptation for neural machine translation. In *Proceedings of the 2019 Conference on Empirical Methods in Natural Language Processing and the 9th International Joint Conference on Natural Language Processing (EMNLP-IJCNLP 2019)*, 1538–1548.

Bender, E. & Koller, A. 2020. Climbing towards NLU: On meaning, form, and understanding in the age of data. In *Proceedings of the 58th Annual Meeting of the Association for Computational Linguistics (ACL 2020)*, 5185–5198.

Blackwood, G., Ballesteros, M. & Ward, T. 2018. Multilingual neural machine translation with task-specific attention. In *Proceedings of the 27th International Conference on Computational Linguistics (COLING 2018)*, 3112–3122.

Blair-Goldensohn, S., Hannan, K., Mcdonald, R., Neylon, T., Reynar, J. & Reis, G. 2008. Building a sentiment summarizer for local service reviews. In *Proceedings of WWW Workshop Track*, 339–348.

Blei, D., Griffiths, T., Jordan, M. & Tenenbaum, J. 2003. Hierarchical topic models and the nested Chinese restaurant process. In *Proceedings of the 16th International Conference on Neural Information Processing Systems (NIPS'03)*, 17–24.

Blei, D. & Lafferty, J. 2006. Dynamic topic models. In *Proceedings of the 23rd International Conference on Machine Learning (ICML'06)*, 113–120.

Blei, D., Ng, A. & Jordan, M. 2003. Latent dirichet allocation. *Journal of Machine Learning Research, 3*(4–5): 993–1022.

Blitzer, J., Dredze, M. & Pereira, F. 2007. Biographies, Bollywood, boomboxes and blenders: Domain adaptation for sentiment classification. In *Proceedings of the 45th Annual Meeting of the Association for Computational Linguistics (ACL 2007)*, 440–447.

Bohnet, B., McDonald, R., Simoes, G., Andor, D., Pitler, E. & Maynez, J. 2018. Morphosyntactic tagging with a Meta-BiLSTM model over context sensitive token encodings. arXiv preprint arXiv:1805.08237.

Bontcheva, K., Cunningham, H., Roberts, I., Roberts, A., Tablan, V., Aswani, N. & Gorrell, G. 2013. GATE teamware: A web-based, collaborative text annotation framework. *Lang Resources and Evaluation, 47*(2): 1007–1029.

Brill, E. 1995. Transformation-based error-driven learning and natural language processing: A case study in part-of-speech tagging. *Computational Linguistics, 21*(4): 543–565.

Cai, D. & Zhao, H. 2016. Neural word segmentation learning for Chinese. arXiv preprint arXiv:1606.04300.

Cai, D., Zhao, H., Zhang, Z., Xin, Y., Wu, Y. & Huang, F. 2017. Fast and accurate neural word segmentation for Chinese. arXiv preprint arXiv: 1704.07047.

Chang, J. & Blei, D. 2009. Relational topic models for document networks. In *Proceedings of the 12th International Conference on Artificial Intelligence and Statistics (AISTATS 2009)*, 81–88.

Chen, C. 1997. Category guessing for Chinese unknown words. In *Proceedings of the Natural Language Processing Pacific Rim Symposium*, 35–40.

Chen, D., Manning, C. 2014. A fast and accurate dependency parser using neural networks. In *Proceedings of the 2014 Conference on Empirical Methods in Natural Language Processing (EMNLP 2014)*, 740–750.

Chen, H. & Liu, H. 2014. A diachronic study of Chinese word length distribution. *Glottometrics, 29*: 81–94.

Chen, K., Luo, C., Chang, M., Chen, F., Chen, C., Huang, C. & Gao, Z. 2003. Sinica treebank. In A. Abeillé (Ed.), *Treebanks: Text, Speech and Language Technology*. Dordrecht: Springer, 231–248.

Chen, X., Qiu, X., Zhu, C. & Huang, X. 2015a. Gated recursive neural network for Chinese word segmentation. In *Proceedings of the 53rd Annual*

Meeting of the Association for Computational Linguistics and the 7th International Joint Conference on Natural Language Processing (ACL2015), 1744–1753.

Chen, X., Qiu, X., Zhu, C. & Huang, X. 2015b. Long short-term memory neural networks for Chinese word segmentation. In *Proceedings of the 2015 Conference on Empirical Methods in Natural Language Processing (EMNLP 2015)*, 1197–1206.

Choi, Y., Cardie, C. 2008. Learning with compositional semantics as structural inference for subsentential sentiment analysis. In *Proceedings of the 2008 conference on Empirical Methods in Natural Language Processing (EMNLP 2008)*, 793–801.

Chomsky, N. 1957. *Syntactic Structures*. The Hague: Mouton de Gruyter.

Chomsky, N. 1986. *Knowledge of Language: Its Nature, Origin, and Us*. New York: Praeger.

Chomsky, N. 1965. *Aspects of the Theory of Syntax*. Cambridge: The MIT Press.

Clark, K., Luong, M., Manning, C. & Le, Q. 2018. Semi-supervised sequence modeling with cross-view training. In *Proceedings of the 2018 Conference on Empirical Methods in Natural Language Processing (EMNLP 2018)*, 1914–1925.

Collobert, R., Weston, J., Bottou, L., Karlen, M., Kavukcuoglu, K. & Kuksa, P. 2011. Natural language processing (almost) from scratch. *Journal of Machine Learning Research*, 12: 2493–2537.

Cong, J., Liu, H. 2014. Approaching human language with complex networks. *Physics of Life Reviews*, 11(4): 598–618.

Cunningham, H., Maynard, D., Bontcheva, K. & Tablan, V. 2002. GATE: An architecture for development of robust HLT applications. In *Proceedings of the 40th Annual Meeting of the Association for Computational Linguistics (ACL 2002)*, 168–175.

Dabre, R., Cromieres, F. & Kurohashi, S. 2017. Enabling multi-source neural machine translation by concatenating source sentences in multiple languages. In *Proceedings of Machine Translation Summit XVI: Research Track*, 96–107.

Daelemans, W. & Van Den Bosch, A. 2005. *Memory-based Language Processing*. Cambridge: Cambridge University Press.

Das, S. & Chen, M. 2007. Yahoo! for Amazon: Sentiment extraction from small talk on the web. *Management Science*, 53(9): 1375–1388.

Dave, K., Lawrence, S. & Pennock, D. 2003. Mining the peanut gallery: Opinion extraction and semantic classification of product reviews. In *Proceedings of the 12th international conference on World Wide Web (WWW'03)*, 519–528.

Deng, K., Bol, P K., Li, K J. & Liu, J S. 2016. On the unsupervised analysis of domain-specific Chinese texts. *Proceedings of the National Academy of Sciences of the United States of America, 113*(22): 6154–6159.

Derczynski, L., Ritter, A., Clark, S. & Bontcheva, K. 2013. Twitter part-of-speech tagging for all: Overcoming sparse and noisy data. In *Proceedings of the International Conference Recent Advances in Natural Language Processing (RANLP 2013)*, 198–206.

DeRose, S. J. 1988. Grammatical category disambiguation by statistical optimization. *Computational Linguistics, 14*(1): 31–39.

Devlin, J., Chang, M.W., Lee, K. & Toutanova, K. 2019. BERT: Pre-training of deep bidirectional transformers for language understanding. In *Proceedings of the 2019 Conference of the North American Chapter of the Association for Computational Linguistics: Human Language Technologies (NAACL-HLT 2019)*, 4171–4186.

Ding, X. & Liu, B. 2007. The utility of linguistic rules in opinion mining. In *Proceedings of the 30th Annual International ACM SIGIR Conference on Research and Development in Information Retrieval (SIGIR'07)*, 811–812.

Ding, X., Liu, B. & Yu, P. 2008. A holistic lexicon-based approach to opinion mining. In *Proceedings of the 2008 International Conference on Web Search and Data Mining (WSDM'08)*, 231–240.

Dong, L., Wei, F., Tan, C., Tang, D., Zhou, M. & Xu, K. 2014. Adaptive recursive neural network for target-dependent Twitter sentiment classification. In *Proceedings of the 52nd Annual Meeting of the Association for Computational Linguistics (ACL 2014)*, 49–54.

Dumais, S., Furnas, G., Landauer, T., Deerwester, S. & Harshman, R. 1988. Using latent semantic analysis to improve access to textual information. *Proceedings of the SIGCHI Conference on Human Factors in Computing Systems (CHI'88)*, 281–285.

Fadaee, M., Bisazza, A. & Monz, C. 2017. Data augmentation for low-resource neural machine translation. In *Proceedings of the 55th Annual Meeting of the Association for Computational Linguistics (ACL 2017)*, 567–573.

Fang, A., Macdonald, C., Ounis, I. & Habel, P. 2016. Using word embedding to evaluate the coherence of topics from Twitter data. In *Proceedings of the 39th International ACM SIGIR Conference on Research and Development in Information Retrieval (SIGIR'16)*, 1057–1060.

Fang, M., Jiang, Y., Zhao, Q. & Jiang, X. 2009, November 30–December 1. *Automatic word segmentation for Chinese classics of tea based on tree-pruning.*

2009 Second International Symposium on Knowledge Acquisition and Modeling, Wuhan, China.

Fang, Y. & Liu, H. 2022. Locality effects and predictability in sentence construction: An investigation of ba sentences and SVO sentences in Mandarin Chinese. *Journal of Chinese Linguistics, 50*(1): 103–139.

Firat, O., Cho, K. & Bengio, Y. 2016. Multi-way, multilingual neural machine translation with a shared attention mechanism. In *Proceedings of the 2016 Conference of the North American Chapter of the Association for Computational Linguistics: Human Language Technologies (NAACL-HLT 2016)*, 866–875.

Francis, W. N. & Kučera, H. 1982. *Frequency Analysis of English Usage*. Boston: Houghton Mifflin.

Fu, X., Yuan, T., Li, X., Wang, Z., Zhou, Y., Ju, F., Li, J., Chen, X. & Xiaoming, S. 2019, November 18–21. *Research on the method and system of word segmentation and POS tagging for ancient Chinese medicine literature*. 2019 IEEE International Conference on Bioinformatics and Biomedicine (BIBM 2019). San Diego, CA, USA.

Gamon, M. 2004. Sentiment classification on customer feedback data: Noisy data, large feature vectors and the role of linguistic analysis. In *Proceedings of the 20th International Conference on Computational Linguistics (COLING 2004)*, 841–847.

Gao, J. & Liu, H. 2020. Valency dictionaries and Chinese vocabulary acquisition for foreign learners. *Leixkos, 30*(1): 111–142.

Gao, S., Zhang, H. & Liu, H. 2014. Synergetic properties of Chinese verb valency. *Journal of Quantitative Linguistics*, (1): 1–21.

Garmash, E. & Monz, C. 2016. Ensemble learning for multi-source neural machine translation. In *Proceedings of the 26th International Conference on Computational Linguistics: Technical Papers (COLING 2016)*, 1409–1418.

Godin, F. 2019. *Verbetering en interpretatie van neurale netwerken voor voorspellingsopdrachten op woordniveau in natuurlijketaalverwerking*. Doctoral dissertation, Ghent University.

Goh, C.L., Asahara, M. & Matsumoto, Y. 2006. Machine learning-based methods to Chinese unknown word detection and POS tag guessing. *Journal of Chinese Language and Computing, 16*(4): 185–206.

Goh, L. C., Asahara, M. & Matsumoto, Y. 2003. Chinese unknown word identification using character-based tagging and chunking. In *Proceedings of the 41st Annual Meeting on Association for Computational Linguistics (ACL 2003)*, 197–200.

Goldberg, A. 1995. *Constructions: A Construction Grammar Approach to Argument Structure*. Chicago: Chicago University Press.

Greene, B. B. & Rubin, G. M. 1971. *Automatic Grammatical Tagging of English*. Providence: Department of Linguistics, Brown University.

Grishman, R. 1986. *Computational Linguistics: An Introduction*. New York: Cambridge University Press.

Gu, J., Lu, Z., Li, H. & Li, V. 2016. Incorporating copying mechanism in sequence-to-sequence learning. In *Proceedings of the 54th Annual Meeting of the Association for Computational Linguistics (ACL 2016)*, 1631–1640.

Gu, J., Wang, Y., Chen, Y., Li, V. & Cho, K. 2018. Meta-learning for low-resource neural machine translation. In *Proceedings of the 2018 Conference on Empirical Methods in Natural Language Processing (EMNLP 2018)*, 3622–3631.

Gu, J., Wang, Y., Cho, K. & Li, V. 2019. Improved zero-shot neural machine translation via ignoring spurious correlations. In *Proceedings of the 57th Annual Meeting of the Association for Computational Linguistics (ACL 2019)*, 1258–1268.

Ha, T. L., Niehues, J. & Waibel, A. 2016, December 8–9. *Toward multilingual neural machine translation with universal encoder and decoder*. 13th International Conference on Spoken Language Translation (IWSLT2016), Seattle, USA.

Hajič, J. & Hajičová, E. 1997. Syntactic tagging in the Prague Tree Bank. In *Proceedings of the Second European Seminar "Language Applications for a Multilingual Europe"*, 55–68.

Han, B. & Baldwin, T. 2011. Lexical normalisation of short text messages: Makn Sens a #twitter. In *Proceedings of the 49th Annual Meeting of the Association for Computational Linguistics: Human Language Technologies*, 368–378.

Han, X., Zhang, Z., Ding, N., Gu, Y., Liu, X., Huo, Y., Qiu, J., Yao, Y., Zhang, A., Zhang, L., Han, W., Huang, M., Jin, Q., Lan, Y., Liu, Y., Liu, Z., Lu, Z., Qiu, X., Song, R., Tang, J., Wen, J., Yuan, J., Zhao, W. & Zhu, J. 2021. Pre-trained models: Past, present and future. *AI Open*, 2: 225–250.

Harris, Z. S. 1962. *String Analysis of Sentence Structure*. The Hague: Mouton de Gruyter.

Hashimoto, K., Xiong, C., Tsuruoka, Y. & Socher. R. 2017. A joint many-task model: Growing a neural network for multiple NLP tasks. In *Proceedings of the 2017 Conference on Empirical Methods in Natural Language Processing (EMNLP2017)*, 1923–1933.

Hatzivassiloglou, V. & Mckeown, K. 1997. Predicting the semantic orientation of adjectives. In *Proceedings of 35th Annual Meeting of the Association for Computational Linguistics and 8th Conference of the European Chapter of the Association for Computational Linguistics (ACL-EACL 1997)*, 174–181.

Hausser, R. 2014. *Foundations of Computational Linguistics: Human-Computer Communication in Natural Language* (3rd ed.). Heidelberg: Springer.

Heinzerling, B. & Strube, M. 2019. Sequence tagging with contextual and non-contextual subword representations: A multilingual evaluation. arXiv preprint arXiv:1906.01569.

Hemphill, C. T., Godfrey, J. & Doddington, G. 1990, June 24–27. *The ATIS spoken language systems pilot corpus*. Speech and Natural Language: Proceedings of a Workshop Held, Hidden Valley, Pennsylvania, USA.

Hoffmann, T. 1999. Probabilities latent semantic indexing. In *Proceedings of the 22nd Annual International ACM SIGIR Conference on Research & Development on Information Retrieval (SIGIR'99)*, 50–57.

Hokamp, C., Glover, J. & Ghalandari, D. G. 2019. Evaluating the supervised and zero-shot performance of multi-lingual translation models. In *Proceedings of the Fourth Conference on Machine Translation (WMT 2019)*, 209–217.

Hu, M. & Liu, B. 2004. Mining and summerizing customer reviews. In *Proceedings of the Tenth ACM SIGKDD International Conference on Knowledge Discovery and Data Mining (SIGKDD'04)*, 168–177.

Huang, C., Chen, F., Chen, F., Gao, Z. & Chen, K. 2000. Sinica treebank: Design criteria, annotation guidelines, and On-line Interface. In *Proceedings of the Second Chinese Language Processing Workshop*, 29–37.

Jakob, N. & Gurevych, I. 2010. Extracting opinion targets in a single and cross-domain setting with conditional random fields. In *Proceedings of the 2010 Conference on Empirical Methods in Natural Language Processing (EMNLP 2010)*, 1035–1045.

Ji, T., Wu, Y. & Lan, M. 2019. Graph-based dependency parsing with graph neural networks. In *Proceedings of the 57th Annual Meeting of the Association for Computational Linguistics (ACL2019)*, 2475–2485.

Jiang, J. & Liu, H. 2015. The effects of sentence length on dependency distance, dependency direction and the implications-based on a parallel English-Chinese dependency treebank. *Language Sciences, 50*: 93–104.

Jiang, J., Ouyang, J. & Liu, H. 2019. Interlanguage: A perspective of quantitative linguistic typology. *Language Sciences, 74*: 85–97.

Jiang, L., Yu, M., Zhou, M., Liu, X. & Zhao, T. 2011. Target-dependent Twitter sentiment classification. In *Proceedings of the 49th Annual Meeting of the Association for Computational Linguistics (ACL 2011)*, 151–160.

Jin, N. 2015. NCSU-SAS-Ning: Candidate generation and feature engineering for supervised lexical normalization. In *Proceedings of the Workshop on Noisy User-generated Text*, 87–92.

Jin, W., Ho, H. & Srihari, R. 2009. A novel lexicalized HMM-based learning framework for Web opinion mining. In *Proceedings of the 26th International Conference on Machine Learning (ICML'09)*, 465–472.

Jing, Y. & Liu, H. 2017. Dependency distance motifs in 21 Indo-European languages: Motifs in language and text. In H. Liu & J. Liang (Eds.), *Motifs in Language and Text*. Berlin/Boston: Mouton De Gruyter, 133–150.

Johnson, M., Schuster, M., Le, Q. V., Krikun, M., Wu, Y., Chen, Z., Thorat, N., Vièas, F., Wattenberg, M., Corrado, G., Hughes, M. & Dean, J. 2017. Google's multilingual neural machine translation system: Enabling zero-shot translation. *Transactions of the Association for Computational Linguistics (TACL)*, 5: 339–351.

Jurafsky, D. & Martin, J. H. 2009. *Speech and Language Processing*. Upper Saddle River: Prentice Hall.

Jurafsky, D. & Martin, J. H. 2009. *Speech and Language Process* (2nd ed). Upper Saddle River: Pearson.

Kiela, D., Bartolo, M., Nie, Y., Kanshik, D., Geiger, A., Wu, Z., Vidgen, B., Prasad, G., Singh, A., Ringshia, P., Ma, Z., Thrush, T., Riedel, S., Waseem, Z., Stenetorp, P., Jai, R., Bansal, M., Potts, C. &Wilkliams, A. 2021. Dynabench: Rethinking benchmarking in NLP. In *Proceedings of the 2021 Conference of the North American Chapter of the Association for Computational Linguistics: Human Language Technologies*, 4110–4124.

Khusainova, A., Khan, A., Rivera, A. & Romanov, V. 2021. Hierarchical transformer for multilingual machine translation. In *Proceedings of the Eighth Workshop on NLP for Similar Languages, Varieties and Dialects*, 12–20.

Kiperwasser, E. & Goldberg, Y. 2016. Simple and accurate dependency parsing using bidirectional LSTM feature representations. *Transactions of the Association for Computational Linguistics*, 4: 313–327.

Kiritchenko, S., Zhu, X., Cherry, C. & Mohammad, S. 2014. NRC-Canada-2014: Detecting aspects and sentiment in customer reviews. In *Proceedings of the 8th International Workshop on Semantic Evaluation (SemEval 2014)*, 437–442.

Klein, S. & Simmons, R. F. 1963. A computational approach to grammatical coding of English words. *Journal of the Association for Computing Machinery, 10*(3): 334–347.

Koehn, P. 2010. *Statistical Machine Translation*. New York: Cambridge University Press.

Koenig, E. 2007. *Knowledge Structures for Communications in Human-Computer Systems*. London: Wiley-IEEE Computer Society Press.

Kornai, A. 2008. *Mathematical Linguistics*. London: Springer.

Kudugunta, S., Bapna, A., Caswell, I. & Firat, O. 2019. Investigating multilingual NMT representations at scale. In *Proceedings of the 2019 Conference on Empirical Methods in Natural Language Processing and the 9th International Joint Conference on Natural Language Processing (EMNLP-IJCNLP 2019)*, 1565–1575.

Kuncoro, A., Ballesteros, M., Kong, L., Dyer, C. & Smith, N. 2016. Distilling an ensemble of greedy dependency parsers into one MST parser. In *Proceedings of the 2016 Conference on Empirical Methods in Natural Language Processing (EMNLP 2016)*, 1744–1753.

Lample, G., Ott, M., Conneau, A., Denoyer, L. & Ranzato, M. 2018. Phrase-based & neural unsupervised machine translation. In *Proceedings of the 2018 Conference on Empirical Methods in Natural Language Processing (EMNLP 2018)*, 5039–5049.

Langacker, R. 1985. *Foundations of Cognitive Grammar: Vol. 2. Descriptive Application*. Stanford: Stanford University Press.

Leech, G., Garside, R. & Bryant, M. 1994. CLAWS4: The tagging of the British National Corpus. In *Proceedings of International Conference on Computational Linguistics 1994 (COLING 1994)*, 622–628.

Li, C. & Liu, Y. 2015, Joint POS tagging and text normalization for informal text. In *Proceedings of International Joint Conference on Artificial Intelligence 2015*, 1263–1269.

Li, S. & Huang, C. 2009. Sentiment classification considering negation and contrast transition. In *Proceedings of the 23rd Pacific Asia Conference on Language, Information and Computation* (Vol. 1). *(PACLIC 2009)*, 297–306.

Li, S., Lee, S., Chen, Y., Huang, C. & Zhou, G. 2010. Sentiment classicfication and polarity shifting. In *Proceedings of the 23rd International Conference on Computational Linguistics (COLING 2010)*, 635–643.

Li, W. & McCallum, A. 2006. Pachinko allocation: DAG-structured mixture models of topic correlations. In *Proceedings of the 23rd International Conference on Machine Learning (ICML'06)*, 577–584.

Li, X. & Lam, W. 2017. Deep multi-task learning for aspect term extraction with memory ingteraction. *Proceedings of the 2017 Conference on Empirical Methods in Natural Language Processing (EMNLP 2017)*, 2876–2882.

Liang, J. & Liu, H. 2013. Noun distribution in natural languages. *Poznań Studies in Contemporary Linguistics, 49*(4): 509–529.

Ling, W., Dyer, C., Black, A W., Trancoso, I., Fermandez, R., Amir, S., Marujo, L. & Luís, T. 2015. Finding function in form: Compositional character models for open vocabulary word representation. In *Proceedings of the 2015 Conference on Empirical Methods in Natural Language Processing (EMNLP 2015)*, 1520–1530.

Liu, H. 2010. Dependency direction as a means of word-order typology: A method based on dependency treebanks. *Lingua, 120*(6): 1567–1578.

Liu, H. & Cong, J. 2014. Empirical characterization of modern Chinese as a multi-level system from the complex network approach. *Journal of Chinese Linguistics,* (1): 1–38.

Liu, H. & Li, W. 2010. Language clusters based on linguistic complex networks. *Chinese Science Bulletin, 55*(30): 3458–3465.

Liu, L., Shang, J., Xu, F. F., Ren, X., Gui, H., Peng, J. & Han, J. 2017. Empower sequence labeling with task-aware neural language model. arXiv preprint arXiv:1709.04109.

Liu, P., Joty, S. & Meng, H. 2015. Fine-grained opinion mining with recurrent neural networks and word embeddings. In *Proceedings of the 2015 Conference on Empirical Methods in Natural Language Processing (EMNLP2015)*, 1433–1443.

Liu, Y., Che, W., Guo, J., Qin, B. & Liu, T. 2016. Exploring segment representations for neural segmentation models. arXiv preprint arXiv: 1604.05499.

Liu, Y., Che, W., Zhao, H., Qin, B. & Liu, T. 2018. Distilling knowledge for search-based structured prediction. In *Proceedings of the 56th Annual Meeting of the Association for Computational Linguistics (ACL 2018)*, 1393–1402.

Lo, C. 2019. YiSi-a unified semantic MT quality evaluation and estimation metric for languages with different levels of available resources. In *Proceedings of the Fourth Conference on Machine Translation* (Vol. 2)., 507–513.

Low, J. K., Ng, H. T. & Guo, W. 2005. A maximum entropy approach to Chinese word segmentation. In *Proceedings of Fourth SIGHAN Workshop on Chinese Language Processing*, 161–164.

Lu, X. 2005. Hybrid methods for POS guessing of Chinese unknown words. In *Proceedings of the ACL Student Research Workshop*, 1–6.

Lu, Y., Keung, P., Ladhak, F., Bhardwaj, V., Zhang, S. & Sun, J. 2018. A neural interlingua for multilingual machine translation. In *Proceedings of the Third Conference on Machine Translation: Research Papers (WMT 2018)*, 84–92.

Luhn, H. 1958. The automatic creation of literature abstract. *IBM Journal of Research and Development*, 2(2): 159–165.

Lusetti, M., Ruzsics, T., Gohring, A., Samardzič, T. & Stark, E. 2018. Encoder-decoder methods for text normalization. In *Proceedings of the Fifth Workshop on NLP for Similar Languages, Varieties and Dialects*, 18–28.

Ma, H. & Liu, H. 2019. Probability distribution of causal linguistic features. *Glottometrics*, 44: 76–86.

Ma, J. & Hinrichs, E. 2015. Accurate linear-time Chinese word segmentation via embedding matching. In *Proceedings of the 53rd Annual Meeting of the Association for Computational Linguistics and the 7th International Joint Conference on Natural Language Processing (ACL 2015)*, 1733–1743.

Ma, X. & Hovy, E. 2016. End-to-end sequence labeling via bi-directional LSTM-CNNs-CRF. arXiv preprint arXiv:1603.01354.

Manaris, B. 1998. Natural language processing: A human-computer interaction perspective. In M. V. Zelkowitz (Ed.), *Advances in Computers*. New York: Academic Press, 1–66.

Marcus, M. P., Santorini, B. & Marcinkiewicz, M. A. 1993. Building a large annotated corpus of English: The Penn Treebank. *Computational Linguistics*, 19(2): 313–330.

Marcus, M., Kim, G., Marcinkiewicz, M., MacIntyre, R., Bies, A. & Ferguson, M. 1994, March 8–11. *The Penn treebank: Annotating predicate-argument structure*. ARPA human language technology workshop, Plainsboro, New Jersey, USA.

Marcus, M. P., Santorini, B. & Marcinkiewicz, M. A. 1993. Building a large annotated corpus of English: The Penn Treebank. *Computational Linguistics*, 19(2): 313–330.

Mcauliffe, J. & Blei, D. 2008. Supervised topic models. *Proceedings of the 21st International Conference on Neural Information Processing Systems (NIPS'08)*, 121–128.

Meftah, S., Tamaazousti, Y., Semmar, N., Essafi, H. & Sadat, F. 2019. Joint learning of pre-trained and random units for domain adaptation in part-of-speech tagging. In *Proceedings of the 2019 Conference of the North American Chapter of the Association for Computational Linguistics: Human Language Technologies*, 4107–4112.

Meng, Y., Li, X., Sun, X., Han, Q., Yuan, A. & Li, J. 2019. Is word segmentation necessary for deep learning of Chinese representations? arXiv preprint arXiv:1905.05526.

Mrini, K., Dernoncourt, F., Tran, Q., Bui, T., Chang, W. & Nakashole, N. 2020. Rethinking self-attention: Towards interpretability in neural parsing. In *Findings of the Association for Computational Linguistics: EMNLP 2020*, 731–742.

Murthy, R., Kunchukuttan, A. & Bhattacharyya, P. 2019. Addressing word-order divergence in multilingual neural machine translation for extremely low resource languages. In *Proceedings of the 2019 Conference of the North American Chapter of the Association for Computational Linguistics: Human Language Technologies (NAACL-HLT 2019)*, 3868–3873.

Nakagawa, T. Kudo, T. & Matsumoto, Y. 2001, November 27–30. *Unknown word guessing and part-of-speech tagging using support vector machines*. Natural Language Processing Pacific Rim Symposium, Tokyo, Japan.

Nakagawa, T., Inui, K. & Kurohashi, S. 2010. Dependency tree-based sentiment classification using CRFs with hidden variables. In *Proceedings of Human Language Technologies: The 2010 Annual Conference of the North American Chapter of the Association for Computational Linguistics (HLT-NAACL 2010)*, 786–794.

Nederhof, M. J. 1993. Generalized left-corner parsing. In *Proceedings of European Association for Computational Linguistics (EACL)*, 305–314.

Nema, P., Khapra, M., Laha, A. & Ravindran, B. 2017. Diversity driven attention model for query-based abstractive summarization. In *Proceedings of the 55th Annual Meeting of the Association for Computational Linguistics (ACL 2017)*, 1088–1098.

Nerbonne, J. 1996. *Computational Semantics, The Handbook of Contemporary Semantic Theory*. London: Blackwell.

Ng, H. T. & Low, J. K. 2004. Chinese part-of-speech tagging: One-at-a-time or all-at-once? Word-based or character-based? In *Proceedings of the 2004 Conference on Empirical Methods in Natural Language Processing (EMNLP 2004)*, 277–284.

Nguyen, D. Q., Dras, M. & Johnson, M. 2017. A novel neural network model for joint POS tagging and graph-based dependency parsing. arXiv preprint arXiv:1705.05952.

Nguyen, D. & Verspoor, K. 2018. An improved neural network model for joint POS tagging and dependency parsing. In *Proceedings of the CoNLL*

2018 Shared Task: Multilingual Parsing from Raw Text to Universal Dependencies, 81–91.

Nishimura, Y., Sudoh, K., Neubig, G. & Nakamura, S. 2018. Multi-source neural machine translation with data augmentation. In *Proceedings of the 15th International Conference on Spoken Language Translation (IWSLT 2018)*, 48–53.

Nishimura, Y., Sudoh, K., Neubig, G. & Nakamura, S. 2020. Multi-source neural machine translation with missing data. *IEEE/ACM Transactions on Audio, Speech, and Language Processing, 27*(12), 569–580.

Owoputi, O., O' Connor, B., Dyer, C., Gimpel, K., Schneider, N. & Smith, N. A. 2013. Improved part-of-speech tagging for online conversational text with word clusters. In *Proceedings of the 2013 Conference of the North American Chapter of the Association for Computational Linguistics: Human Language Technologies*, 380–390.

Pan, S. & Yang, Q. 2010. A survey on transfer learning. *IEEE Transactions on Knowledge and Data Engineering, 22*(10): 1345–1359.

Pang, B., Lee, L. & Vaithyanathan, S. 2002. Thumbs up: Sentiment classification using machine learning techniques. In *Proceedings of the 2002 Conference on Empirical Methods in Natural Language Processing (EMNLP 2002)*, 79–86.

Pei, W., Ge, T. & Chang, B. 2014. Max-margin tensor neural network for Chinese word segmentation. In *Proceedings of the 52nd Annual Meeting of the Association for Computational Linguistics (ACL 2014)*, 293–303.

Peng, F., Feng, F. & McCallum, A. 2004. Chinese segmentation and new word detection using conditional random fields. In *Proceedings of the 20th International Conference on Computational Linguistics*, 562–568.

Peters, P. S. & Ritchie, R. W. 1973. On the generative power of transformational grammars. *Information Science,* (6):49–83.

Plank, B., Søgaard, A. & Goldberg, Y. 2016. Multilingual part-of-speech tagging with bidirectional long short-term memory models and auxiliary loss. arXiv preprint arXiv:1604.05529.

Platanios, E. A., Sachan, M., Neubig, G. & Mitchell, T. 2018. Contextual parameter generation for universal neural machine translation. In *Proceedings of the 2018 Conference on Empirical Methods in Natural Language Processing (EMNLP 2018)*, 425–435.

Pollard, C. 1984. *Generalized phrase structure grammars, head grammars, and natural language*. Doctoral dissertation, Stanford University.

Pollard, C. & Sag, I. 1987. *Information-based Syntax and Semantics: Vol. 1. Fundamentals.* Standford: Center for the Study of Language and Information Publication.

Pollard, C. & Sag, I. 1994. *Head-Driven Phrase Structure Grammar.* Chicago & London: The University of Chicago Press.

Porter, M. F. 1980. An algorithm for suffix stripping. *Program, 14*(3): 130−137.

Pustejovsky, J. 1995. *Generative Lexicon Theory.* Cambridge: The MIT Press.

Qian, Q., Huang, M., Lei, J. & Zhu, X. 2017. Linguistically regularized LSTMs for sentiment classification. In *Proceedings of the 55th Annual Meeting of the Association for Computational Linguistics (ACL 2017)*, 1679–1689.

Qiu, G., Huang, M., Lei, J. & Zhu, X. 2011. Opinion word expansion and target extraction through double propagation. *Computational Linguistics, 37*(1): 9–27.

Qiu, L., Hu, C. & Zhao, K. 2008. A method for automatic POS guessing of Chinese unknown words. In *Proceedings of the 22nd International Conference on Computational Linguistics*, 705–712.

Radford, A. & Narasimhan, K. 2018. Improving language understanding by generative pretraining. *OpenAI Blog.* From the Open AI Blog Website.

Ramshaw, L. A. & Marcus, M. P. 1995. Text chunking using transformation-based learning. In *Proceedings of the 3rd Annual Workshop on Very Large Corpora*, 82–94.

Rei, R., Stewart, C., Farinha, A. & Lavie, A. 2020. COMET: A neural framework for MT evaluation. In *Proceedings of the 2020 Conference on Empirical Methods in Natural Language Processing (EMNLP 2020)*, 2685–2702.

Ren, S., Chen, W., Liu, S., Li, M., Zhou, M. & Ma, S. 2018. Triangular architecture for rare language translation. In *Proceedings of the 56th Annual Meeting of the Association for Computational Linguistics (ACL 2018)*, 56–65.

Richter, F. 2000. *A mathematical formalism for linguistic theories with an application in head-driven phrase structure grammar.* Doctoral dissertation, SfS, Universität Tübingen.

Ritter, A., Clark, S., Mausam. & Etzioni, O. 2011. Named entity recognition in tweets: An experimental study. In *Proceedings of the 2011 Conference on Empirical Methods in Natural Language Processing (EMNLP 2011)*, 1524–1534.

Rosenkrantz, D. J. & Lewis II, P. M. 1970. Deterministic left corner parsing. In *Proceedings of 11th Annual Symposium on Switching and Automata Theory (SWAT 1970)*, 139–152.

Ruiz de Mendoza, F. J. & Mairal Usón, R. 2007. Levels of semantic representation: Where lexicon and grammar meet. *Interlingüística, 17*: 26–47.

Rumelhart, D. E., Hinton, G. E. & Williams, R. J. 1986. Learning representations by back-propagating errors. *Nature*, *323*: 533–536.

Sachan, D. & Neubig, G. 2018. Parameter sharing methods for multilingual self-attentional translation models. In *Proceedings of the Third Conference on Machine Translation: Research Papers (WMT 2018)*, 261–271.

Sag, I., Wasow, T. & Bender, E., 2003. *Syntactic Theory: A Formal Introduction* (2nd ed.). Standford: Center for the Study of Language and Information Publication.

Schwenk, H., Chaudhary, V., Sun, S., Gong, H. & Guzmán, H. 2019. Wikimatrix: Mining 135m parallel sentences in 1620 language pairs from wikipedia. In *Proceedings of the 16th Conference of the European Chapter of the Association for Computational Linguistics (EACL 2019)*, 1351–1361.

Sennrich, R., Haddow, B. & Birch, A. 2016. Improving neural machine translation models with monolingual data. In *Proceedings of the 54th Annual Meeting of the Association for Computational Linguistics (ACL 2016)*, 86–96.

Socher, R., Huval, B., Manning, C. & Ng, A. 2012. Semantic compositionality through recursive matrix-vector spaces. In *Proceedings of the 2012 Joint Conference on Empirical Methods in Natural Language Processing and Computational Natural Language Learning (EMNLP-CoNLL'12)*, 1201–1211.

Socher, R., Lin, C., Manning, C. & Ng, A. 2011. Parsing natural scenes and natural language with recursive neural networks. In *Proceedings of the 28th International Conference on Machine Learning (ICML'11)*, 129–136.

Socher, R., Perelygin, A., Wu, J., Mannning, C., Ng, A. & Potts, C. 2013. Recursive deep models for semantic compositionality over a sentiment treebank. In *Proceedings of the 2013 Conference on Empirical Methods in Natural Language Processing (EMNLP 2013)*, 1631–1642.

Søgaard, A. & Goldberg, Y. 2016. Deep multi-task learning with low level tasks supervised at lower layers. In *Proceedings of the 54th Annual Meeting of the Association for Computational Linguistics (ACL 2016)*, 231–235.

Sun, X., Zhang, Y., Matsuzaki, T., Tsuruoka, Y. & Tsujii, J. 2009. A discriminative latent variable Chinese segmenter with hybrid word/character information. In *Proceedings of Human Language Technologies: The 2009 Annual Conference of the North American Chapter of the Association for Computational Linguistics*, 56–64.

Sun, Y., Zhang, L., Cheng, G. & Qu, Y. 2020. SPARQA: Skeleton-based semantic parsing for complex questions over knowledge bases. In *Proceedings of the 34th AAAI Conference on Artificial Intelligence (AAAI 2020)*, 8952–8959.

Suzuki, J. & Isozaki, H. 2008. Semi-supervised sequential labeling and segmentation using giga-word scale unlabeled data. In *Proceedings of the 46th Annual Meeting of the Association for Computational Linguistics (ACL 2008)*, 665–673.

Taboada, M., Brooke, J., Tofiloski, M., Voll, K. & Stede, M. 2011. Lexicon-based methods for sentiment analysis. *Computational Linguistics, 37*(2): 267–307.

Tai, K., Socher, R. & Manning, C. 2015. Improved semantic representations from tree-structured long short-term memory networks. In *Proceedings of the 53rd Annual Meeting of the Association for Computational Linguistics and the 7th International Joint Conference on Natural Language Processing: Vol. 1. Long Papers (ACL-IJCNLP 2015)*, 1556–1566.

Talmy, L. 1988. Force dynamics in language and cognition. *Cognitive Science*, (12): 49–100.

Tan, J., Wan, X. & Xiao, J. 2017. Abstractive document summarization with a graph-based attentional neural model. In *Proceedings of the 55th Annual Meeting of the Association for Computational Linguistics (ACL 2017)*, 1171–1181.

Tan, X., Chen, J., He, D., Xia, Y., Qin, T. & Liu, T. 2019. Multilingual neural machien translation with language clustering. In *Proceedings of the 2019 Conference on Empirical Methods in Natural Language Processing and the 9th International Joint Conference on Natural Language Processing (EMNLP-IJCNLP 2019)*, 963–973.

Tan, X., Ren, Y., He, D., Qin, T., Zhao, Z. & Liu, T. Y. 2019. Multilingual neural machine translation with knowledge distillation. arXiv Preprint arXiv:1902.10461.

Tang, D., Qin, B. & Liu, T. 2015. Document modeling with fated recurrent neutral network for sentiment classification. In *Proceedings of the 2015 Conference on Empirical Methods in Natural Language Processing (EMNLP 2015)*, 1422–1432.

Tang, D., Qin, B. & Liu, T. 2016. Aspect level sentimentb classification with deep memory network. In *Proceedings of the 2016 Conference on Empirical Methods in Natural Language Processing (EMNLP 2016)*, 214–224.

Thet, T., Na, J. & Khoo, C. 2010. Aspect-based sentiment analysis of movie reviews on discussion boards. *Journal of Information Science, 36*(6): 823–848.

Toh, Z. & Wang, W. 2014. DLIREC: Aspect term extraction and term polarity classification system. In *Proceedings of the 8th International Workshop on Semantic Evaluation (SemEval 2014)*, 235–240.

Tseng, H., Jurafsky, D. & Manning, C. 2005. Morphological features help POS tagging ofunknown words across language varieties. In *Proceedings of the 4th SIGHAN Workshop on Chinese Language Processing*, 32–39.

Turney, P. 2002. Thumbs up or thumbs down: Semantic orientation applied to unsupervised classification of reviews. In *Proceedings of the 40th Annual Meeting of the Association for Computational Linguistics (ACL 2002)*, 417–424.

Van der Goot, R. & Van Noord, G. 2017. MoNoise: Modeling noise using a modular normalization system. arXiv preprint arXiv:1710.03476.

Vaswani, A., Bisk, Y., Sagae, K. & Musa, R. 2016. Supertagging with LSTMs. In *Proceedings of the 2016 Conference of the North American Chapter of the Association for Computational Linguistics: Human Language Technologies*, 232–237.

Vázquez, R., Raganato, A., Tiedemann, J. & Creutz, M. 2019. Multilingual NMT with a language-independent attention bridge. In *Proceedings of the 4th Workshop on Representation Learning for NLP (RepL4NLP-2019)*, 33–39.

Vo, D. & Zhang, Y. 2015. Target-dependent Twitter sentiment classification with rich automatic features. In *Proceedings of the 24th International Conference on Artificial Intelligence (IJCAI'15)*, 1347–1353.

Wang, A., Pruksachatkun, Y., Nangia, N., Singh, A., Michael, J., Hill, F., Levy, O. & Bowman, S. 2019. SuperGLUE: A Stickier benchmark for general-purpose language understanding systems. In *Proceedings of the 33rd Conference on Neural Information Processing Systems (NeurIPS 2019)*, 3266–3280.

Wang, P. & Ren, Z. 2022. The uncertainty-based retrieval framework for ancient Chinese CWS and POS. In *Proceedings of the Second Workshop on Language Technologies for Historical and Ancient Languages (LT4HALA 2022)*, 164–168.

Wang, W., Pan, S., Dahlmeier, D. & Xiao, X. 2016. Recursive neural conditional random fields for aspect-based sentiment analysis. In *Proceedings of the 2016 Conference on Empirical Methods in Natural Language Processing (EMNLP 2016)*, 616–626.

Wang, X., Jiang, Y., Bach, N., Wang, T., Huang, Z., Huang, F. & Tu, K. 2021. Automated concatenation of embeddings for structured prediction. In *Proceedings of the 59th Annual Meeting of the Association for Computational Linguistics (ACL2021)*, 2643–2660.

Wang, X. & Neubig, G. 2019. Target conditioned sampling: Optimizing data selection for multilingual neural machine translation. In *Proceedings of the 57th Annual Meeting of the Association for Computational Linguistics (ACL 2019)*, 5823–5825.

Wang, X., Pham, H., Dai, Z. & Neubig, G. 2018. SwitchOut: An efficient data augmentation algorithm for neural machine translation. In *Proceedings of the 2018 Conference on Empirical Methods in Natural Language Processing (EMNLP 2018)*, 856–861.

Wang, X., Tsvetkov, Y. & Neubig, G. 2020. Balancing training for multilingual neural machine translation. *Proceedings of the 58th Annual Meeting of the Association for Computational Linguistics (ACL 2020)*, 8526–8537.

Wang, X. & Tu, K. 2020. Second-order neural dependency parsing with message passing and end-to-end training. In *Proceedings of the 1st Conference of the Asia-Pacific Chapter of the Association for Computational Linguistics and the 10th International Joint Conference on Natural Language Processing*, 93–99.

Wang, Y., Huang, M. & Zhao, L. 2016. Attentikon-based LSTM for aspect-level sentiment classification. In *Proceedings of the 2016 Conference on Empirical Methods in Natural Language Processing (EMNLP 2016)*, 606–615.

Wang, Y. & Liu, H. 2017. The effects of genre on dependency distance and dependency direction. *Language Sciences, 59*: 135–147.

Wang, Y., Zhang, J., Zhai, F., Xu, J. & Zong, C. 2018. Three strategies to improve one-to-many multilingual translation. In *Proceedings of the 2018 Conference on Empirical Methods in Natural Language Processing (EMNLP 2018)*, 2955–2960.

Weiss, D., Alberti, C., Collins, M. & Petrov, S. 2015. Structured training for neural network transition-based parsing. In *Proceedings of the 53rd Annual Meeting of the Association for Computational Linguistics and the 7th International Joint Conference on Natural Language Processing (ACL 2015)*, 323–333.

Wiener, N. 1948. *Cybernetics or Control and Communication in the Animal and the Machine*. Cambridge: The MIT Press.

Wilson, R. & Keil, F. 1999. *The MIT Encyclopedia of the Cognitive Sciences*. Cambridge: The MIT Press.

Wilson, T., Wiebe, J. & Hoffmann, P. 2005. Recognizing contextual polarity in phrase-level sentiment analysis. In *Proceedings of the conference on Human Language Technology and Empirical Methods in Natural Language Processing (EMNLP-HLT 2005)*, 347–354.

Wu, A. & Jiang, Z. 2000. Statistically-enhanced new word identification in a rule-based Chinese system. In *Proceedings of the Second Chinese Language Processing Workshop*, 46–51.

Xia, R., Xu, F., Yu, J., Qi, Y. & Cambria, E. 2016. Polarity shift detection, elimination and ensemble: A three-stage model for document-level sentiment analysis. *Information Processing & Management, 52*(1): 36–45.

Xia, R., Xu, F., Zong, C., Li, Q., Qi, Y. & Li, T. 2015. Dual sentiment analysis: Considering two sides of one review. *IEEE Transactions on Knowledge and Data Engineering, 27*(8): 2120–2133.

Xin, Y., Hart, E., Mahajan, V. & Ruvini, J. D. 2018. Learning better internal structure of words for sequence labeling. In *Proceedings of the 2018 Conference on Empirical Methods in Natural Language Processing (EMNLP 2018)*, 2584–2593.

Xu, J. & Sun, X. 2016. Dependency-based gated recursive neural network for Chinese word segmentation. In *Proceedings of the 54th Annual Meeting of the Association for Computational Linguistics (ACL 2016)*, 567–572.

Xu, K., Xia, Y. & Lee, C. H. 2015. Tweet normalization with syllables. In *Proceedings of the 53rd Annual Meeting of the Association for Computational Linguistics and the 7th International Joint Conference on Natural Language Processing (ACL 2015)*, 920–928.

Xue, N. 2003. Chinese word segmentation as character tagging. *International Journal of Computational Linguistics & Chinese Language Processing, 8*(1): 29–48.

Xue, N., Xia, F., Chiou, F. & Palmer, M. 2005. The Penn Chinese treebank: Phrase structure annotation of a large corpus. *Natural Language Engineering, 11*(2): 207–238.

Yan, C., Su, Q. & Wang, J. 2020. MoGCN: Mixture of gated convolutional neural network for named entity recognition of Chinese historical texts. *IEEE Access, 8*: 181629–181639.

Yan, J. & Liu, H. 2022. Semantic roles or syntactic functions: The effects of annotation scheme on the results of dependency measures. *Studia Linguistica, 76*(2): 406–428.

Yang, J. & Zhang, Y. 2018. NCRF++: An open-source neural sequence labeling toolkit. In *Proceedings of ACL 2018, System Demonstrations*, 74–79.

Yang, Y. & Eisenstein, J. 2013. A log-linear model for unsupervised text normalization. In *Proceedings of the 2013 Conference on Empirical Methods in Natural Language Processing (EMNLP 2013)*, 61–72.

Yang, Y. & Liu, X. 1999. A re-examination of text categorization methods. *Proceedings of the 22nd Annual International ACM SIGIR Conference on Research & Development on Information Retrieval (SIGIR'99)*, 42–49.

Yang, Z., Salakhutdinov, R. & Cohen, W. W. 2017. Transfer learning for sequence tagging with hierarchical recurrent networks. arXiv preprint arXiv:1703.06345.

Yao, J., Wan, X. & Xiao, J. 2017. Recent advances in document summarization. *Knowledge and Information Systems, 53*(2): 297–336.

Yasunaga, M., Kasai, J. & Radev, D. 2018. Robust multilingual part-of-speech tagging via adversarial training. arXiv preprint arXiv: 1711.04903.

Yu, J., Zha, Z., Wang, M. & Chua, T. 2011. Aspect ranking: Identifying important product aspects from online consumer reviews. In *Proceedings of the 49th Annual Meeting of the Association for Computational Linguistics (ACL 2011)*, 1496–1505.

Yu, S., Liu, H. & Xu, C. 2011. Statistical properties of Chinese phonemic networks. *Physica A, 390*(7): 1370–1380.

Yu, S., Xu, C. & Liu, H. 2018. Zipf's law in 50 languages: Its structural pattern, linguistic interpretation, and cognitive motivation. arXiv Preprint arXiv: 1807.01855.

Zaremoodi, P., Buntine, W. & Haffari, G. 2018. Adaptive knowledge sharing in multi-task learning: Improving low-resource neural machine translation. In *Proceedings of the 56th Annual Meeting of the Association for Computational Linguistics (ACL 2018)*, 656–661.

Zhang, C. & Liu, H. 2019. Chinese evolution in recent 150 years: A diachronic study of word frequency in *The Gospel of Mark. Journal of Chinese Linguistics, 47*(2): 497–530.

Zhang, M., Zhang, Y. & Fu, G. 2016. Transition-based neural word segmentation. In *Proceedings of the 54th Annual Meeting of the Association for Computational Linguistics (ACL 2016)*, 421–431.

Zhang, T., Kishore, V., Wu, F., Weinberger, K. & Artzi, Y. 2020. BERTScore: Evaluation text generation with BERT. arXiv:1904.09675.

Zhang, X., Zhao, J. & LeCun, Y. 2015. Character-level convolutional newworks for text classification. In *Proceedings of the 28th International Conference on Neural Information Processing Systems* (Vol. 1). *(NIPS'15)*, 649–657.

Zhang, Y. & Clark, S. 2007. Chinese segmentation with a word-based perceptron algorithm. In *Proceedings of the 45th Annual Meeting of the Association of Computational Linguistics (ACL 2007)*, 840–847.

Zheng, X., Chen, H. & Xu, T. 2013. Deep learning for Chinese word segmentation and POS tagging. In *Proceedings of the 2013 Conference on Empirical Methods in Natural Language Processing (EMNLP 2013)*, 647–657.

Zhou, Q., Yang, N., Wei, F. & Zhou, M. 2017. Selective encoding for abstractive sentence summarization. In *Proceedings of the 55th Annual Meeting of the Association for Computational Linguistics (ACL 2017)*, 1095–1104.

Zoph, B., Yuret, D., May, J. & Knight, K. 2016. Transfer learning for low-resource neural machine translation. In *Proceedings of the 2016 Conference on Empirical Methods in Natural Language Processing (EMNLP 2016)*, 1568–1575.

附　　录

附录 1　词性标记集

词性标记集 1：北京大学计算语言学研究所的词性标记集

a	形容词	b	区别词	c	连词	d	副词
e	叹词	f	方位词	g	语素	h	前接成分
i	成语	j	简称略语	k	后接成分	l	习用语
m	数词	n	名词	o	象声词	p	介词
q	量词	r	代词	s	处所词	t	时间词
u	助词	v	动词	w	标点	x	字
y	语气词	z	状态词				

词性标记集 2：中科院计算所的词性标记集

Ag	形语素	j	简称略语	r	代词
a	形容词	k	后接成分	s	处所词
ad	副形词	l	习用语	Tg	时语素
an	名形词	m	数词	t	时间词
b	区别词	Ng	名语素	u	助词
c	连词	n	名词	Vg	动语素
Dg	副语素	nr	人名	v	动词

（续表）

d	副词	ns	地名	vd	副动词
e	叹词	nt	机构团体	vn	名动词
f	方位词	nz	其他专名	w	标点符号
g	语素	o	拟声词	x	非语素字
h	前接成分	p	介词	y	语气词
i	成语	q	量词	z	状态词

词性标记集 3：教育部语言文字应用研究所的词性标记集

a	形容词	j	缩略语	p	介词
aq	性质形容词	ja	形容词性缩略语	q	量词
as	状态形容词	jn	名词性缩略语	r	代词
c	连词	jv	动词性缩略语	u	助词
d	副词	k	后接成分	v	动词
e	叹词	m	数词	vd	趋向动词
f	区别词	n	名词	vi	不及物动词
g	语素字	nd	方位名词	vl	判断动词
ga	形容词性语素字	ng	普通名词	vt	及物动词
gn	名词性语素字	nh	人名	vu	能愿动词
gv	动词性语素字	ni	机构名	w	其他
h	前接成分	nl	处所名词	wp	标点符号
i	习用语	nn	族名	ws	非汉字字符串
ia	形容词性习用语	ns	地名	ws	字符串
ic	连词性习用语	nt	时间名词	wu	其他未知符号
in	名词性习用语	nz	其他专有名词	x	非语素字
iv	动词性习用语	o	拟声词		

词性标记集 4：清华大学计算机系的词性标记集

@	句尾标记	pba	介词"把"（将）	vgn	带体宾的动词
a	一般形容词	pbei	介词"被"（让，叫）	vgp	直接修饰名词的动词
ab	带宾语的形容词	pg	普通介词	vgs	带小句宾语的动词
as	作主宾语的形容词	pzai	介词"在"	vgv	带动词性宾语的动词
ax	作 NP 中心的形容词	qnc	不定量词（点，些）	vgx	直接受名词修饰的动词
az	作状语的形容词	qng	名量词"个"	vgz	作主语的动词
b	区别词	qnk	种类量词	vi	系动词
c	连词	qnm	度量词	vv	"来、去"后边的动词
db	否定词之前的副词	qns	个体量词	xch	非汉字
dd	程度副词	qnt	临时名量词（树）	xfl	数学公式
dr	一般副词	qnu	集合量词（批）	y	语气词
e	叹词	qt	时量词（年）	z	状态词
f	方位词	qv	动量词（次）	、	
id	副词性成语	qvt	临时动词（眼）	。	
in	体词性成语	ra	作定语的代词	·	
iv	谓词性成语	rd	作状语的代词	——	
kh	名词前缀	rp	作补语的代词	~	
kn	名词后缀	rs	作主宾的代词	……	表示标点本身
kp	表可能的中缀	s	处所词	'	
kv	动词后缀	t	时间词	，	
l	插入语	ur	其它助词	"	
mab	后助数词（多）	usde	助词"的"	"	
maf	前助数词（约）	usdf	助词"得"	〔	

（续表）

mam	中助数词（分之）	usdi	助词"地"	〕	
mg	概数词（几）	ussi	助词"似的"	〈	
mh	数词"半"	ussu	助词"所"	〉	
mm	数量词	uszh	助词"之"	《	
mo	数词"零"	utg	助词"过"	》	
mw	位数词	utl	助词"了"	！	
mx	系数词	utz	助词"着"	（	
nf	姓氏	va	助动词	）	表示标点本身
ng	普通名词	vc	作补语的动词	，	
ngl	离合词中的名语素	vf	形式动词（进行）	／	
npf	人名	vg	不带宾语的动词	：	
npr	其它专名	vga	带形容词宾语的动词	；	
nps	地点专名	vgb	作宾语的动词	？	
npu	机构名	vgd	带双宾语的动词		
o	象声词	vgj	带兼语的动词		

词性标记集 5：Brown 语料库的词性标记集

.	sentence closer (. ; ? *)
(	left paren
)	right paren
*	not, n't
-	dash
,	comma

（续表）

:	colon
ABL	pre-qualifier (*quite, rather*)
ABN	pre-quantifier (*half, all*)
ABX	pre-quantifier (*both*)
AP	post-determiner (*many, several, next*)
AT	article (*a, the, no*)
BE	*be*
BED	*were*
BEDZ	*was*
BEG	*being*
BEM	*am*
BEN	*been*
BER	*are, art*
BEZ	*is*
CC	coordinating conjunction (*and, or*)
CD	cardinal numeral (*one, two, 2, etc.*)
CS	subordinating conjunction (*if, although*)
DO	*do*
DOD	*did*
DOZ	*does*
DT	singular determiner/quantifier (*this, that*)
DTI	singular or plural determiner/quantifier (*some, any*)
DTS	plural determiner (*these, those*)

DTX	determiner/double conjunction (*either*)
EX	existential there
FW	foreign word (*hyphenated before regular tag*)
HV	have
HVD	had (*past tense*)
HVG	having
HVN	had (*past participle*)
IN	preposition
JJ	adjective
JJR	comparative adjective
JJS	semantically superlative adjective (*chief, top*)
JJT	morphologically superlative adjective (*biggest*)
MD	modal auxiliary (*can, should, will*)
NN	singular or mass noun
NN$	possessive singular noun
NNS	plural noun
NNS$	possessive plural noun
NP	proper noun or part of name phrase
NP$	possessive proper noun
NPS	plural proper noun
NPS$	possessive plural proper noun
NR	adverbial noun (*home, today, west*)
OD	ordinal numeral (*first, 2nd*)

（续表）

PN	nominal pronoun (*everybody, nothing*)
PN$	possessive nominal pronoun
PP$	possessive personal pronoun (*my, our*)
PP$$	second (nominal) possessive pronoun (*mine, ours*)
PPL	singular reflexive/intensive personal pronoun (*myself*)
PPLS	plural reflexive/intensive personal pronoun (*ourselves*)
PPO	objective personal pronoun (*me, him, it, them*)
PPS	3rd. singular nominative pronoun (*he, she, it, one*)
PPSS	other nominative personal pronoun (*I, we, they, you*)
QL	qualifier (*very, fairly*)
QLP	post-qualifier (*enough, indeed*)
RB	adverb
RBR	comparative adverb
RBT	superlative adverb
RN	nominal adverb (*here, then, indoors*)
RP	adverb/particle (*about, off, up*)
TO	infinitive marker *to*
UH	interjection, exclamation
VB	verb, base form
VBD	verb, past tense
VBG	verb, present participle/gerund
VBN	verb, past participle
VBZ	verb, 3rd. singular present

WDT	wh-determiner (*what, which*)
WP$	possessive *wh*-pronoun (*whose*)
WPO	objective *wh*-pronoun (*whom, which, that*)
WPS	nominative *wh*-pronoun (*who, which, that*)
WQL	*wh*-qualifier (*how*)
WRB	*wh*-adverb (*how, where, when*)

词性标记集 6：Penn Treebank 词性标记集

CC	coordinating conjunction	*and, but, or*
CD	cardinal number	*one, two, three*
DT	determiner	*a, the*
EX	existential "there"	*there*
FW	foreign word	*mea culpa*
IN	preposition or subordinating conjunction	*of, in, by*
JJ	adjective	*yellow*
JJR	adj., comparative	*bigger*
JJS	adj., superlative	*wildest*
LS	list item marker	*1, 2, one*
MD	modal	*can, should*
NN	noun, singular or mass	*llama, snow*
NNS	noun, plural	*llamas*
NNP	proper noun, singular	IBM
NNPS	proper noun, plural	Carolinas

（续表）

PDT	predeterminer	*all, both*
POS	possessive endings	*'s*
PRP	personal pronoun	*I, you, he*
PRP$	possessive pronoun	*your, one's*
RB	adverb	*quickly, never*
RBR	adverb, comparative	*faster*
RBS	adverb, superlative	*fastest*
RP	particle	*up, off*
SYM	symbol	*+, %, &*
TO	"to"	*to*
UH	interjection	*ah, oops*
VB	verb, base form	*eat*
VBD	verb, preterite (past tense)	*ate*
VBG	verb, gerund	*eating*
VBN	verb, past participle	*eaten*
VBP	verb, non-3sg pres	*eat*
VBZ	verb, 3sg pres	*eats*
WDT	*wh*-determiner	*which, that*
WP	*wh*-pronoun	*what, who*
WP$	possessive *wh*-	*whose*
WRB	*wh*-adverb	*how, where*
$	dollar sign	*$*
#	pound sign	*#*

（续表）

"	left quote	' or "
"	right quote	' or "
(	left parenthesis	[, (, {, <
)	right parenthesis	],), }, >
,	comma	,
.	sentence-final punc	. ! ?
:	mid-sentence punc	: ; … -

词性标记集 7：C5 词性标记集

AJ0	adjective (unmarked)	*good, old*
AJC	comparative adjective	*better, older*
AJS	superlative adjective	*best, oldest*
AT0	article	*the, a, an*
AV0	adverb (unmarked)	*often, well, longer, further*
AVP	adverb particle	*up, off, out*
AVQ	*wh*-adverb	*when, how, why*
CJC	coordinating conjunction	*and, or*
CJS	subordinating conjunction	*although, when*
CJT	the conjunction "that"	*that*
CRD	cardinal numeral (except "one")	*3, twenty-five, 734*
DPS	possessive determiner	*your, their*
DT0	general determiner	*these, some*
DTQ	*wh*-determiner	*whose, which*

（续表）

EX0	existential "there"	*there*
ITJ	interjection or other isolate	*oh, yes, mhm*
NN0	noun (neutral for number)	*aircraft, data*
NN1	singular noun	*pencil, goose*
NN2	plural noun	*pencils, geese*
NP0	proper noun	*London, Michael, Mars*
ORD	ordinal	*sixth, 77ᵗʰ, last*
PNI	indefinite pronoun	*none, everything*
PNP	personal pronoun	*you, them, ours*
PNQ	*wh*-pronoun	*who, whoever*
PNX	reflexive pronoun	*itself, ourselves*
POS	possessive 's or '	*'s, '*
PRF	the preposition "of"	*of*
PRP	preposition (except "of")	*on, at, above*
PUL	punctuation—left bracket	({ [
PUN	punctuation—general mark	. ! , : ; - ? …
PUQ	punctuation—quotation mark	' ' " "
PUR	punctuation—right bracket	) }]
TO0	infinitive marker "to"	*to*
UNC	unclassified items (not English)	中国
VBB	base forms of "be" (except infinitive)	*am, are*
VBD	past form of "be"	*was, were*
VBG	-*ing* form of "be"	*being*

VBI	infinitive of "be"	be
VBN	past participle of "be"	been
VBZ	-s form of "be"	is, 's
VDB/D/G/I/N/Z	forms of "do"	do, does, did, doing, to do
VNB/D/G/I/N/Z	forms of "have"	have, had, having, to have
VM0	modal auxiliary verb	can, could, will, 'll
VVB	base form of lexical verb (except infin.)	take, live
VVD	past tense form of lexical verb	took, lived
VVG	-ing form of lexical verb	taking, living
VVI	infinitive of lexical verb	take, live
VVN	past participle form of lex. verb	taken, lived
VVZ	-s form of lexical verb	takes, lives
XX0	the negative "not" or "n't"	not, n't
ZZ0	alphabertical symbol	A, B, c, d

附录 2　数学基础

A 概率论

概率论是研究随机现象数量规律的数学分支。随机现象是相对于决定性现象而言的，在一定条件下必然发生某一结果的现象称为决定性现象。语言是一种很难对其进行确定性建模的东西。概率论为语言数据的建模和处理提供了一种强大的工具。

A-1. 概率

概率（probability）表示一个随机事件发生的可能性的大小。如果 P(A) 作为事件 A 的概率，Ω 是试验的样本空间，则概率函数满足下面三条公理：

（1）非负性 P(A) > =0

（2）规范性 P(Ω)=1

（3）可列可加性：对于不相交的集合 $A_j \in F$

概率函数为：

$$P\left(\bigcup_{j=1}^{\infty} A_j\right) = \sum_{j=1}^{\infty} P(A_j)$$

A-2. 条件概率和独立性

假设事件 B 的概率已知，那么事件 A 发生的条件概率为：

$$P(A \mid B) = \frac{P(A \cap B)}{P(B)}$$

根据概率的乘法律，

$$P(A \bigcap B) = P(B)P(A \mid B) = P(A)P(B \mid A)$$

则有链式法则，

$$P(A_1 \bigcap \cdots \bigcap A_n) = P(A_1)P(A_2 \mid A_1)P(A_3 \mid A_1 \bigcap A_2)\ldots$$
$$P(A_n \mid \bigcap_{i=1}^{n-1} A_i)$$

在统计自然语言处理中，这个链式法则很有用处，比如推导马尔可夫模型的性质。

A-3. 贝叶斯定理

由条件概率和链式规则推得：

$$P(B \mid A) = \frac{P(B \bigcap A)}{P(A)} = \frac{P(A \mid B)P(B)}{P(A)}$$

右边的分母 P(A) 可以看作是归一化常数，以保证其满足概率函数的性质。

如果仅关注事件发生的相对可能性，这时可以忽略分母：

$$\underset{B}{\arg\max} \frac{P(A \mid B)P(B)}{P(A)} = \underset{B}{\arg\max} P(A \mid B)P(B)$$

A-4. 随机变量、概率函数、分布函数

设 X 为一离散型随机变量，其全部可能的值为 $\{a_1, a_2, \cdots\}$。那么：

$$p_i = P(X = a_i), i = 1, 2, \cdots$$

称为 X 的概率函数。

$$P(X \leqslant x) = F(x), x \in R$$

称为 X 的分布函数。

A-5. 期望和方差

对于 N 个取值的变量 X，其概率分布为 $p(x_1)$，$p(x_2)$，$\cdots$，$p(x_N)$，X 的期望（Expectation）定义为

$$E(X) = \sum_{n=1}^{N} x_n p(x_n)$$

随机变量 X 的方差（variance）用来定义它的概率分布的离散程度：

$$\text{Var}(X) = E((X - E(X))^2) = E(X^2) - E^2(X)$$

A-6. 联合概率

设两个离散随机变量 X 和 Y，它们的联合概率函数可以写为：

$$P(x, y) = P(X = x, Y = y)$$

A-7. 最大似然估计

概率模型提供了一种推理随机事件和随机变量的原则方法。二项式分布的性质可以对二项式随机变量进行描述，例如它的期望值，以及它的值将落入某个区间内的似然。

假设 θ 是未知的，在实验中进行了 N 次尝试，并且得到了 x 次期望的结果，可以通过最大似然原理来估计 θ：

$$\hat{\theta} = \underset{\theta}{\arg\max}\, p_X(x; \theta, N)$$

这表示估计 $\hat{\theta}$ 应该是使得数据似然最大化的值。分号表示 θ 和 N 是概率函数的参数。似然 $p_X(x; \theta, N)$ 可以根据二项式分布计算出来：

$$p_X(x; \theta, N) = \frac{N!}{x!\,(N-x)!}\, \theta^x (1-\theta)^{N-x}$$

这个似然和各个单独结果的概率乘积成正比。系数项 $\frac{N!}{x!\,(N-x)!}$ 来自于 N 次试验中得到 x 次期望的许多种可能的顺序。该项不依赖于 θ，因此在进行估计时可以忽略。在实际应用中，需要最大化对数似然，它是似然的一个单调函数。在二项式分布下，对数似然是 θ 的一个凸函数，因此可以通过对其求导并将导数设为零来使其最大化。

A-8. 随机过程

随机过程（Stochastic process）是一组随机变量 X_t 的集合，其中 t 属于一个索引集合 T，索引集合 T 可以定义在时间域或者空间域。常见的和时间相关的随机过程模型包括伯努利过程、马尔可夫过程等；和空间相关的随机过程通常称为随机场（random field）。

A-9. 马尔可夫过程

在随机过程中，一个随机过程在给定现在状态及所有过去状态情况下，其未来状态的条件概率仅依赖于当前状态。以离散随机过程为例，假设随机变量 X_0，X_1，$\cdots$，X_T 构，成一个随机过程。这些随机变量的所有可能取值的集合被称为状态空间（state space）。如果 X_{t+1} 对于过去状态的条件概率分布仅是 X_t 的一个函数，则

$$P(X_{t+1}=x_{t+1} \mid X_{0:t}=x_{0:t})=P(X_{t+1}=x_{t+1} \mid X_t=x_t)$$

其中 $X_{0:t}$ 表示变量集合 X_0，X_1，$\cdots$，X_t，$x_{0:t}$ 为在当前状态空间中的状态序列。这被称为一个马尔可夫过程。

马尔可夫过程也可以描述为给定当前状态时，将来的状态与过去状态是条件独立的。

离散时间的马尔可夫过程也称为马尔可夫链（Markov chain）。如果一个马尔可夫链的条件概率 $P(X_{t+1}=s|X_t=s')$ 只和状态 s 和 s' 相关，和时间 t 无关，则称为状态转移概率。状态转移概率可以用一个矩阵 $M \in R^{K \times K}$ 表示，称为状态转移矩阵（transition matrix），表示状态 s_i 转移到状态 s_j 的概率。

如果一个马尔可夫链的状态转移矩阵 M 满足所有状态可遍历性以及非周期性，那么对于任意一个初始状态分布 $\pi^{(0)}$，在经过一定时间的状态转移之后，都会收敛到平稳分布，即

$$\pi=\lim_{T \to \infty} M^T \pi^{(0)}$$

A-10. 条件随机场

条件随机场（condition random field，CRF）是一种直接建模条件概率的无向图模型。在其建模的条件概率 $P(y|x)$ 中，y 一般为随机向量，因此需要对 $P(y|x)$ 进行因子分解。假设条件随机场的最大集合为 C，其条件概率为

$$p(y \mid x; \theta) = \frac{1}{Z(x; \theta)} \exp\left(\sum_{c \in C} \theta_c^T f_c(x, y_c)\right)$$

其中 $Z(x; \theta) = \sum_y \exp\left(\sum_{c \in C} f_c(x, y_c)^T \theta_c\right)$ 为归一化项。

B 信息论

信息论主要研究信息的量化、存储和通信等方法，需要考虑如何对每一个信息进行编码、传输以及解码，使得接收者可以尽可能准确地重构出消息。这里，"信息"是指一组消息的集合。

B-1. 熵

在信息论中，熵（entropy）被用来衡量一个随机事件所包含的信息量。对于分布为 $p(x)$ 的随机变量 X，其熵 $H(X)$ 定义为：

$$H(X) = E_X[I(x)] = E_X[-\log p(x)] = -\sum_{x \in X} p(x) \log p(x)$$

给定一串要传输的文本信息，其中字母 x 的出现概率为 $p(x)$，其最佳编码长度为 $-\log_2 p(x)$，整段文本的平均编码长度为 $-\sum_{x \in X} p(x) \log_2 p(x)$，即底为 2 的熵。在对分布 $p(x)$ 的符号进行编码时，熵 $H(X)$ 也在理论上最优的平均编码长度，这种编码方式称为熵编码（entropy encoding）。由于每个符号的熵都不是整数，因此在实际编码中很难达到理论上的最优值。霍夫曼编码（Huffman coding）和算术编码（arithmetic coding）是两种最常见的熵编码技术。

B-2. 互信息

互信息（mutual information）是衡量已知一个变量时，另一个变量不确定性的减少程度。两个离散随机变量 X 和 Y 的互信息定义为：

$$I(X; Y) = \sum_{x \in X} \sum_{y \in Y} p(x, y) \log \frac{p(x, y)}{p(x)p(y)}$$

互信息的一个性质为：

$$I(X; Y) = H(X) - H(X \mid Y) = H(Y) - H(Y \mid X)$$

如果变量 X 和 Y 互相独立，它们的互信息为零。

B-3. KL 距离和 JS 距离

KL 距离（Kullback-Leibler distance）又叫 KL 散度或相对熵（relative entropy），使用概率分布 q 来近似 p 时所造成的信息损失量。对于离散概率 p 和 q，从 q 到 p 的 KL 距离定义为：

$$KL(p, q) = H(p, q) - H(p) = \sum_x p(x) \log \frac{p(x)}{q(x)}$$

JS 距离（Heasen-Shannon distance）也是一种对称的衡量两个分布相似度的度量方式，定义为：

$$JS(p, q) = \frac{1}{2}KL(p, m) + \frac{1}{2}KL(q, m)$$

其中 $m = \frac{1}{2}(p + q)$。

C 向量和向量空间

C-1. 向量

标量（scalar）是一个实数，只有大小没有方向。向量（vector）是由一组实数组成的有序数组，同时具有大小和方向。一个 N 维向量 a 是由 N 个有序实数组成，表示为：

$$a = [a_1, a_2, \cdots, a_n]$$

其中 a_n 称为向量 a 的第 n 个分量，或第 n 维。

C-2. 向量空间

向量空间（vector space），也称线性空间，是指由向量组成的集合，并满足以下两个条件：

（1）向量加法 +：向量空间 V 中的两个向量 a 和 b，它们的和 $a+b$ 也属于空间 V；

（2）标量乘法 ×：向量空间 V 中的任一向量 a 和任一标量 c，它们的乘积 $c \times a$ 也属于空间 V。

一个常见的向量空间是欧氏空间（Euclidean space），通常表示为 R^N，其中 N 为空间维度。欧氏空间中的向量加法和标量乘法定义为：

$$[a_1, a_2, \cdots, a_n] + [b_1, b_2, \cdots, b_n] = [a_1 + b_1, a_2 + b_2, \cdots, a_n + b_n]$$

$$c \times [a_1, a_2, \cdots, a_n] = [ca_1, ca_2, \cdots, ca_n]$$

其中 a，b，$c \in R$。

C-3. 线性映射与矩阵

线性映射（linear mapping）是指从线性空间 X 到线性空间 Y 的一个映射函数 $f: X \rightarrow Y$，并满足：对于 X 中的任何两个向量 u 和 v 以及任何标量 c，有：

$$f(u+v) = f(u) + f(v)$$

$$f(cv) = cf(v)$$

两个有限维欧氏空间的映射函数 $f: R^N \rightarrow R^M$ 可以表示为：

$$y = Ax \triangleq \begin{bmatrix} a_{11} x_1 + a_{12} x_2 + \cdots + a_{1n} x_n \\ a_{21} x_1 + a_{22} x_2 + \cdots + a_{2n} x_n \\ \vdots \\ a_{m1} x_1 + a_{m2} x_2 + \cdots + a_{mn} x_n \end{bmatrix}$$

其中 A 是由一个 M 行 N 列个元素排列成的矩形阵列，称为 M×N 的矩阵（matrix）：

$$A = \begin{bmatrix} a_{11} & \cdots & a_{1n} \\ \vdots & \ddots & \vdots \\ a_{m1} & \cdots & a_{mn} \end{bmatrix}$$

向量 $x \in R^N$ 和 $y \in R^M$ 为两个空间中的向量，x 和 y 可以分别表示为 $n \times 1$ 的矩阵和 $m \times 1$ 的矩阵。这种表示称为列向量，即只有一列的向量。

矩阵 $A \in R^{M \times N}$ 定义了一个从空间 R^N 到空间 R^M 的线性映射。一个矩阵 A 从左上角数起的第 m 行第 n 列熵的元素称为第 m, n 项，通常记为 $[A]_{mn}$ 或 a_{mn}。

术 语 表

0 型语法	0-type grammar
1 型语法	1-type grammar
2 型语法	2-type grammar
3 型语法	3-type grammar
BLEU	BiLingual Evaluation Understudy
CYK	Cocke-Younger-Kasami
DBSCAN	density-based spatial clustering of applications with noise
$F1$ 值	$F1$ score
JS 距离	Heasen-Shannon distance
KL 距离	Kullback-Leibler distance
N 元模型	N-gram
PCM	Pachinko allocation model
RTM	relational topic model
TER	translation edit rate
白盒	white box
褒 – 贬 – 中	positive-negative-neutral
报道切分	story segmentation, SS
报道型摘要	informative summary
编码 – 解码模型	encoder-decoder
变分自编码器	variational auto-encoder
变量	variable
标量	scalar
标注词表	tagging lexicon

表层结构	surface structure
表示	representation
表型	surface form
表型实现器	surface realizer
宾州树库	Penn Treebank
层次话题检测	hierarchical topic detection, HTD
层次聚类	hierarchical clustering
产生式规则	production rule
成分结构	constitute structure
程序设计语言	programming language
抽取式摘要	extraction-based summarization
抽象意义表示	abstract meaning representation
抽象意义表示到文本	meaning-to-text
词表	lexicon
词簇	word cluster
词干	stem
词干分析器	stemmer
词干化	stemming
词根	root
词根分析器	lemmatizer
词根化	lemmatization
词汇 – 功能语法	lexical functional grammar
词汇构式模型	lexical constructional model, LCM
词汇归一化	lexical normalization
词汇化	lexicalization
词库	wordbank
词类	word class
词例	word token
词例化	tokenization

词嵌入	word embedding
词素或者语素	morpheme
词替换	word replacement
词条	entry
词项 – 文档矩阵	term-by-document matrix
词形	word form
词型	word type
词性	part-of-speech, POS
词性标注	POS tagging
词义消歧问题	word sense disambiguation
词缀	affix
词嵌入	word embedding
错误驱动学习	error-driven learning
带标记依存正确率	labeled attachment score, LA
单遍聚类	single-pass clustering
单词还原	detokenization
单链接	single linkage
单文档摘要	single-document summarization
单语言摘要	monolingual summarization
低资源语言	low-resource language
递归可枚举语言	recursively enumerable language
递归张量神经网络	recursive neural tensor network, RNTN
迭代式反向翻译	iterative back translation
短语结构语法	phrase structure grammar, PSG
对抗训练	adversarial training, AT
对偶情感分析	dual sentiment analysis, DSA
对数线性	log-linear
多媒体系统	multimedia system
多模态到文本	multimodality-to-text

多模态系统	multimodal system
多头注意力	multi-head attention
多文档摘要	multi-document summarization
多项分布	multinormial distribution
多义性	polysemy
多语言机器翻译	multilingual machine translation, MMT
多语言神经网络机器翻译系统	multilingual neural machine translation, MNMT
多语言摘要	multi-lingual summarization
多源翻译	multi-source neural machine translation, MNMT
二元模型	bigram
翻译器	translator
反似然的训练	unlikelihood training
反向传播	back propogation, BP
反向翻译，回译	back translation
范畴语法	categorical grammar
范畴组合文法	combinatory categorial grammar, CCG
方差	variance
非确定问题	NP-hard
非枢轴特征	non-pivot feature
非终极符	non-terminal symbol
分布式语义	distributional semantics
分层递归网络	hierarchical RNN
分词词表	segmentation lexicon
分词单位	segmentation unit
分裂词	chink
封闭词类	close class
符号串	symbol sequence
符号主义	symbolicism
附加成分	adjunct

概率	probability
概率潜在语义分析	probabilistic latent semantic analysis, PLSA
概念层次网络理论	hierarchical network of concepts, HNC
感知机	perceptron
功能词	function word
功能结构	functional structure
构式模板	constructional template
构式语法	construction grammar
骨架分析	skeleton parsing
骨架语法	skeleton grammar
关联检测	link detection, LD
关联器	relater
观点挖掘	opinion mining
光学字符识别	optical character recognition, OCR
广义短语结构语法	generalized phrase structure grammar, GPSG
归纳法	induction
归一化	normalization
规则	rule
汉语框架语义知识库	Chinese FrameNet, CFN
汉语自动分词	Chinese word segmentation
合成类	complex type
合乎语法的	grammatical
黑盒	black box
后编辑	post-editing
后缀	suffix
后缀树聚类	suffix tree clustering, STC
互信息	mutual information
话题	topic
话题跟踪	topic tracking, TT

话题检测	topic detection, TD
话题检测与跟踪	topic detection and tracking, TDT
话体	telling
话头	naming
话头结构	naming structure
话语	utterance
环缀	circumfix
霍夫曼编码	Huffman coding
机器翻译	machine translation
机器可读词条	machine-readable entry
基本名词短语块	baseNP chunk
基线系统	baseline
基于规则的	rule-based
基于规则的有限状态组块	finite-state rule-based chunking
基于机器学习的组块	machine learning-based approaches to chunking
基于经验的	empirical-based
基于距离的调序	distance-based reordering
基于树结构的长短时记忆网络	tree-structured long short-term memory networks, Tree-LSTM
基于图的	graph-based
基于温度系数的采样	temperature-based sampling
基于信息的格语法	information-based case grammar, ICG
基于转换的	transformation-based
基于转移的	transition-based
级联	cascade
极性分类	polarity classification
集成学习	ensemble learning
计算机辅助语言教学	computer-assisted language learning
计算语言学	computational linguistics

加括号的方法	bracketed notation
假设管理	hypothesis management
监督 LDA	supervised latent Dirichlet allocation, SLDA
降噪自编码器	de-noising auto-encoding
交叉视角训练	cross-view training, CVT
交互任务	communicative goal
杰卡德距离	Jaccard distance
结构相关性学习	structure correspondence learning, SCL
经验主义	empiricism
精确率	precision
局部句法分析	partial parsing
矩阵	matrix
矩阵向量递归神经网络	matrix-vector recursive neural network, MV-RNN
句法单位	syntax unit
句子规划	sentence planning
句子划分	sentence split
句子聚合	sentence aggregation
聚类语法	convergent grammar
卷积神经网络	convolutional neural network, CNN
开放词类	open class
可观测变量	observed variable
跨语言词嵌入	cross-lingual word embedding
跨语言摘要	cross-lingual summarization
类别分布	categorical distribution
离差平均和法	Ward's method
理解型摘要	abstraction-based summarization
理论语言学	theoretical linguistics
理性主义	rationalism

连接主义	connectionism
链语法	link grammar
流利度	fluency
路由网络	routing network
论元	argument
逻辑表达式	logic form
马尔可夫链	Markov chain
马氏距离	Mahalanobis distance
曼哈顿距离	Manhattan distance
门结构的递归神经网络	gated recursive neural network, GRNN
蒙特卡洛算法	Monte Carlo
幂律分布	power law distribution, PLD
面向用户查询的摘要	query-based summarization
闵科夫斯基距离	Minkowski distance
模型融合	model stacking
目前最好的水平	state-of-the-art, SOTA
内容规划	content planning
内容筛选	content determination
欧氏距离	Euclidean distance
欧氏空间	Euclidean space
爬山攻略	Hillclimbing diagnostics
派生	derivation
拼写检查	spelling check
平均链接	average linkage
平均依存距离	mean dependency distance, MDD
评论型摘要	critical summary
朴素贝叶斯模型	naive Bayes model
普遍语言智能	general linguistic intelligence
普适依存关系	universal dependencies, UD

期望	expectation
起始符	beginning symbol
迁移学习	transfer learning
前缀	prefix
潜在变量	latent variable
潜在狄利克雷分布	latent Dirichlet allocation, LDA
潜在语义分析	latent semantic analysis, LSA
浅层分析	shallow parsing
乔姆斯基层级	Chomsky hierarchy
乔姆斯基范式	Chomsky normal form
乔姆斯基语言学	Chomskyan linguistics
切比雪夫距离	Chebyshev distance
情感分类	sentiment classification
情感极性转移	sentiment polarity shift
情感转移符	sentiment shifter
屈折	inflection
全链接	complete linkage
热点话题发现	hot topic discovery
人工神经网络	artificial neural network, ANN
人工语言	artificial language
人机交互	human-computer interaction
人造类	artificial type
三路门控神经网络	three-way gated neural network
三元模型	trigram
熵	entropy
熵编码	entropy encoding
上下文无关语法	context free grammar, CFG
上下文信息	context history
上下文有关语法	context sensitive grammar, CSG

社会学偏置	social bias
社交媒体	social media
深层结构	deep structure
深度记忆网络	deep memory network, DMN
深度优先的遍历	depth-first traversal
神经网络机器翻译	neural machine translation, NMT
神经网络架构搜索	network architecture search, NAS
生成词库理论	generative lexicon theory, GLT
生成器	generator
生成式对抗网络	generative adversarial network, GAN
生成式预训练	generative pre-training, GPT
识别器	recognizer
实体词	content word
视觉故事生成	visual story telling
适配器层	adapter layer
首次报道识别	first story detection, FSD
首字母恢复大写	re-case
首字母小写	lowercase
枢轴方法	pivot-based
枢轴特征	pivot feature
术语的自动抽取和标引	term extraction and automatic indexing
树库	treebank
数据到文本	data-to-text
数据增强	data argumentation
数据自举	bootstrap
双层形态学	two-level morphology
双向编码器表示	bidirectional encoder representations from transformers, BERT
双语语料挖掘方法	parallel-extraction

顺序翻译	monotone translation
算术编码	arithmetic coding
算子	operator
随机场	random field
随机过程	stochastic process
随机森林分类器	random forest classifier
贪心搜索	greedy search
特征逻辑	feature logic
条件计算	conditional computation
条件随机场	condition random field, CRF
条件依赖性	conditional dependency
通用型摘要	generic summarization
同形异义词	homograph
同义性	synonym
同音异义词	homonym
统计距离	statistical distance
统计语言模型	statistical language model
投票限制	vote-constrained
图灵测试	Turing test
图灵机	Turing machine
图神经网络	graph neural network, GNN
图像描述生成	image captioning
完全句法分析	full parsing
未登录词	unknown word
谓词 – 论元	predicate-argument
文本到文本	text-to-text
文本分类	text classification
文本观点挖掘	opinion mining
文本结构化	text structuring

文本聚类	text clustering
文本跨度	text span
文本情感分析	text sentiment analysis
文本实现	text realization
文本数据挖掘	text data mining
文本自动摘要	automatic text summarisation
文字识别	character recognition
问答系统	question answering system
无标记依存正确率	unlabeled attachment score, UA
无约束文本生成	zero-to-text
无约束语法	unrestricted grammar
物性结构	qualia
下推自动机	pushdown automaton
线性映射	linear mapping
线性有界自动机	linear-bounded automaton
相对熵	relative entropy
相关主题模型	correlated topic model, CTM
向量	vector
向量空间	vector space
效价转移符	valence shifter
新词识别	new entity recognition, NER
新事件检测	new event detection, NED
信息抽取	information extraction
信息度	informative
信息检索	information retrieval
信息论	information theory
行为主义	actionism
形式表示	formal representation
形式语法	formalized grammar

形态分析	morphological analysis
序列标记模型	sequence labeling model
压缩式摘要	compression-based summarization
演绎法	deduction
一元模型	unigram
依存句法树库	Universal Dependencies, UD
依存类型	dependency label
依存语法	dependency grammar
依存正确率	dependency accuracy, DA
依附关系	attachment
意义	meaning
音译	transliteration
用户模型	user model
有限状态转录机	finite state transducer, FST
有限状态自动机	finite state automaton, FSA
右分支	right branch
余弦相似度	cosine similarity
语法范畴	grammatical category
语法检查	grammar check
语境化的语言表示	contextualised language representation
语境序列嵌入	contextual string embeddings
语块	chunk
语块分析	chunk parsing
语料库语言学	corpus linguistics
语言实现	linguistic realization
语义角色标注	semantic role labeling, SRL
语音合成	speech synthesis
语音识别	speech recognition
预测	prediction

预训练	pre-training
元学习	meta-learning
灾难性遗忘	catastrophic forgetting
早期更新	early update
长短期记忆神经网络	long short-term memory neural networks, LSTM
召回率	recall
正则表达式	regular expression
正则语法	regular grammar, RG
知识库	knowledge base
知识蒸馏	distilling knowledge
直接成分分析法	immediate constituent, IC
直接支配元变量	immediate domination meta-variable
指称表达生成	referring expression generation
指代消解	anaphor resolution
指示型摘要	indicative summary
指数分布	exponential distribution, ED
中心词驱动短语结构语法	head-driven phrase structure grammar, HPSG
中心词语法	head grammar
中心语	head
中心语主导原则	head-driven principle
中缀	infix
忠实度	adequacy
终极符	terminal symbol
终极符序列	terminal symbol sequence
重写规则	rewriting rule
主题模型	topic model
主题桥接的 PLSA	topic-bridged PLSA
注意力机制	attention mechanism
转换 – 生成语法	transformational-generative grammar, TG grammar

转述	paraphrasing
转写	script conversion
转移概率	transition probability
状态	status
状态空间	state space
状态语义论	situation semantics
状态转移矩阵	transition matrix
子串	sub-string
子词	subword
子图	subgraph
自底向上	bottom-up
自顶向下	top-down
自动关联嵌入	automatic concatenation embeddings, ACE
自动机	automaton
自动文摘	text summarisation
自然类	natural types
自然语言接口	natural language interaction
自然语言理解	natural language understanding, NLU
自然语言生成	natural language generation, NLG
自适应的递归神经网络	adaptive recursive neural network, AdaRNN
自我加强	self-reinforcing
字符	character
字符串	character string
字符语言模型	character language model
组合门网络	gated combination neural network，GCNN
组块	chunking
最大概率法	maximum probability
最大间隔张量神经网络	max-margin tensor neural network, MMTNN
最大匹配法	maximum matching

最大熵模型	maximum entropy, ME
最大似然估计	maximum likelihood
最简方案	minimalist program, MP
左角分析法	left corner